Richard W. Sonnenfeldt

Mehr als ein Leben

Vom jüdischen Flüchtlingsjungen
zum Chefdolmetscher der Anklage
bei den Nürnberger Prozessen

Aus dem Amerikanischen
von Theda Krohm-Linke

Scherz

www.scherzverlag.de

Erste Auflage 2003
Copyright © 2002 by Richard W. Sonnenfeldt
Alle deutschsprachigen Rechte beim Scherz Verlag, Bern.
Alle Rechte der Verbreitung, auch durch Funk,
Fernsehen, fotomechanische Wiedergabe,
Tonträger jeder Art und auszugsweisen
Nachdruck, sind vorbehalten.

Bearbeitung der deutschsprachigen Ausgabe: Theda Krohm-Linke

ISBN 3-502-18680-4

Inhalt

Einleitung 7

1. Kindheit 15

2. England 67

3. Internierung 93

4. Amerika 119

5. In der US Army 137

6. Nürnberg 1945-46 161

7. Johns Hopkins University 209

8. Leben in Amerika 223

9. Rückkehr nach Gardelegen 253

Epilog 279

Danksagung 285

Richard bei seiner Ansprache
im Nürnberger Dokumentationszentrum, 25. April 2002

Einleitung

Mein Begleiter öffnete die Tür, schob seine Hand unter meinen Ellbogen und dirigierte mich in den dunklen Saal. Ich hörte leises Gemurmel, sah jedoch keine Gesichter, weil Blitzlichter aufflammten und Scheinwerfer mich blendeten. Plötzlich umringten mich Reporter mit Notizblöcken in der Hand und hielten mir ihre Mikrofone unter die Nase.
Überraschung!
Ich stand da wie erstarrt. Meine Gastgeber hatten im Gerichtssaal von Nürnberg, den ich noch einmal besichtigen wollte, bevor ich am nächsten Abend meine Rede auf Hitlers ehemaligem Parteitagsgelände halten sollte, eine Pressekonferenz arrangiert. Jetzt war mir klar, warum ich bis zum Ende der Sitzungen hatte warten müssen. Der Saal musste erst für die Medien geräumt werden.
«Sie waren der Chefdolmetscher der amerikanischen Anklage bei den Nürnberger Prozessen?», rief jemand.
«Ja», antwortete ich.
Als sich meine Augen an die Blitzlichter gewöhnt hatten, stellte ich fest, dass der Saal ganz anders aussah als 1946.
«Können Sie uns zeigen, wo die Nazis gesessen haben? Wo haben die Richter und die Ankläger gesessen? Und Sie, wo saßen Sie?» Die Fragen überschlugen sich.
Dort, links in dem großen Saal, hatten die Angeklagten gesessen. Manche hatten mit ihren Nachbarn geschwatzt, andere hatten ihre Sitznachbarn nur finster angeschaut. Ich konnte mich noch gut daran erinnern, dass Streicher, der niederträchtige antisemitische Pornograph, von allen gemieden wurde und dass

Hjalmar Schacht, Hitlers Finanzmagier, für seine Mitangeklagten nur Verachtung übrig hatte. Hinter den Angeklagten waren junge Angehörige der amerikanischen Militärpolizei mit glänzenden weißen Helmen platziert gewesen, die aufmerksam und unbeteiligt zugleich zu wirken versuchten.

Ich wies auf die Stelle, an der Justice Robert Jackson gestanden hatte, als wir alle wie gebannt seiner Eröffnungsrede lauschten. Die Glaskabinen an der hinteren Wand, wo die Gerichtsdolmetscher versucht hatten, jedes Wort und jede Nuance bei den Kreuzverhören, den Plädoyers und schließlich bei der Urteilsverkündung einzufangen, waren nicht mehr da. Ganz vorne rechts im Medaillon der marmornen Türfassung, welches eine geflügelte Sanduhr als Symbol der Vergänglichkeit zeigt, war der Zeugenstand gewesen, in dem die SS-Todesengel emotionslos von den Millionen von Menschen berichtet hatten, die sie auf dem Gewissen hatten.

Alle im Gerichtssaal hatten Kopfhörer getragen, dick wie Ohrenschützer, damit sie der Verhandlung folgen konnten, die simultan in vier Sprachen gedolmetscht wurde. Ich wies nach rechts, wo die Richterbank gestanden hatte, von der aus Sir Geoffrey Lawrence, einer der acht ernst blickenden Richter, mit würdiger Autorität den Vorsitz geführt hatte. Vor und unterhalb der Richtertische hatten sich die Plätze der Gerichtsstenografen und der anderen Hilfskräfte befunden. Rechts, direkt neben mir, war jetzt eine leere Fläche, wo früher die Ankläger aus Amerika, Russland, Großbritannien und Frankreich an ihren Tischen gesessen hatten. Und ich stand fast genau an der gleichen Stelle, wo ich früher die Zeugenaussagen überprüft hatte, die vor dem Prozess gesammelt worden waren.

Ich erzählte den Journalisten, dass Göring mir, seinem Lieblingsdolmetscher, zuzwinkerte, wenn er nicht gerade die Frauen auf der Besuchergalerie musterte. Dort war heute auch nur noch eine leere Wand.

Ja, ich hatte das Gefühl, auf einmal wieder zu hören, wie Sir Geoffrey Lawrence Joachim von Ribbentrop, Hitlers Außenminister, verwarnte, damit er endlich mit seinem ewigen Gebrabbel im Zeugenstand aufhörte. Und so gut ich es vermochte, zitierte ich Justice Jackson, den amerikanischen Chefankläger, der an unsere Verantwortung der Zivilisation gegenüber appellierte, als er die Bestrafung der Naziverbrecher forderte und alle ermahnte, gerecht zu urteilen, weil sie sonst selber von der Geschichte geächtet werden würden.

Im Jahr 2002 war der Gerichtssaal bereits wieder der Schauplatz für Verhandlungen des Nürnberger Schwurgerichts, aber vor mehr als einem halben Jahrhundert war er das Zentrum der internationalen Gerechtigkeit gewesen. Damals wurden zwölf der führenden Nazigrößen zum Tode durch Erhängen verurteilt, sieben zu Haftstrafen und drei wurden freigesprochen. Ich war damals zweiundzwanzig Jahre alt gewesen, verantwortlich für ein Dutzend Dolmetscher und vierzig Stenografen, die die Gespräche dokumentierten. Jetzt war ich beinahe achtzig.

Jemand stellte die Frage: «Was wurde durch den Prozess erreicht?», die ich folgendermaßen beantwortete: «Verbrechen, die im Namen von Hass, Rassenerhaltung und fanatischem Nationalismus begangen worden waren, wurden nach strengsten juristischen Maßstäben untersucht. Die Verbrecher wurden bestraft und die Unschuldigen freigesprochen. Es wurde jedoch noch etwas viel Wichtigeres erreicht: Die grausigen Verbrechen der Angeklagten sowie die von Hitler, Himmler und Goebbels, die Selbstmord begangen hatten, wurden durch die Unterlagen, die sie hinterlassen hatten, dokumentiert. Dadurch wurde es für alle Zeit unmöglich gemacht, dieses grauenhafte Kapitel der deutschen Geschichte, zu der auch der Holocaust gehört, zu vertuschen oder wegzudiskutieren.»

Jetzt rief jemand: «Was war die dramatischste Szene im Gerichtssaal, Herr Sonnenfeldt?»

«Als beschlagnahmte Filme von den unvorstellbaren Grausamkeiten in den Konzentrationslagern gezeigt wurden. Einige der Angeklagten und ihre Anwälte weinten fast, als sie die endlosen Reihen bejammernswerter menschlicher Gestalten sahen, die in den Tod getrieben wurden, die Haufen von Leichen und Sterbenden, von denen sich manche noch in Qualen wanden. Die meisten der Angeklagten, ihre Anwälte und auch die Ankläger und Richter waren so erschüttert, dass die Sitzung vertagt werden musste. Nur Göring zischte laut und augenzwinkernd, das sei doch nur ein Propagandafilm, so wie Goebbels sie immer hatte produzieren lassen. Als ob der Holocaust nur eine Ausgeburt der Fantasie wäre! Nun, der Film war auf jeden Fall echt. Der Stempel von Himmlers SS war darauf.»

Als Nächstes wollten die Reporter wissen: «Wie wurden Sie denn der Chefdolmetscher der amerikanischen Anklage? Waren Sie nicht nur einfacher Soldat, bevor Sie nach Nürnberg kamen?»

«Ja, das stimmt. Das wird alles in meinem Buch stehen», erwiderte ich.

«Stimmt es auch, dass Sie als jüdischer Jugendlicher vor den Nazis geflohen sind, knapp sieben Jahre, bevor sie nach Nürnberg kamen?»

«Ja», antwortete ich, «mein Bruder und ich wurden als Schüler in England aufgenommen.»

«Warum sind Sie jetzt hier?», wollten sie wissen.

«Ihr gerade eröffnetes ‹Dokumentationszentrum Reichsparteigelände› hat mich eingeladen, um über meine Gespräche mit den Nürnberger Angeklagten, mit Hitlers Generälen und den Kommandeuren der Konzentrationslager zu sprechen. Meine Gastgeber mussten erst warten, bis Ihr Bundespräsident, Johannes Rau, das Haus eingeweiht hatte. Es ist eine große Ehre für mich, der erste Redner hier zu sein.»

«Warum haben die Angeklagten überhaupt etwas gesagt?», fragte ein Reporter.

«Darüber habe ich mich zuerst auch gewundert. Sie hatten das Recht zu schweigen, aber sie wollten alle ihren Hals retten, indem sie ihre Gräueltaten toten Kollegen und übereifrigen Untergebenen in die Schuhe schoben.»

«Haben Sie als Einziger mit den Nazis geredet?»

«Nur wenige hatten die Gelegenheit, mit den Nazis im Gefängnis zu sprechen, bevor sie im Oktober 1945 als Kriegsverbrecher angeklagt wurden. Für einige Wochen war ich der einzige Dolmetscher der amerikanischen Ankläger. Ich dolmetschte alle Verhöre für sie und redete mit einigen auch privat. Damals war ich erst zweiundzwanzig und heute bin ich neunundsiebzig. Alle anderen, einschließlich der Anwälte, die mit den Nazis reden konnten, müssten mittlerweile hoch in den Neunzigern sein. Manche Leute gehen davon aus, dass ich als Einziger noch Lebender außerhalb des Gerichtssaales 1945 mit Nazis gesprochen habe.»

«Stimmt es, dass Sie den Angeklagten die Anklage überbracht haben?», wurde ich gefragt.

«Ja. Danach durften dann nur ihre eigenen Anwälte mit ihnen reden. Bei dieser Gelegenheit dolmetschte ich für die amerikanische, britische, französische und sowjetische Anklage, und Airey Neave vertrat das Internationale Tribunal. Neave war später Mitglied des Englischen Unterhauses und wurde von der IRA auf tragische Weise ermordet», antwortete ich.

«Wie haben die Angeklagten auf die Anklage reagiert?»

«Das können Sie alles in meinem Buch nachlesen», erwiderte ich. «Mehr gibt es im Moment nicht zu sagen, meine Damen und Herren.» Damit versuchte ich, dem Interview zu entkommen, aber ein paar Reporter versperrten mir die Tür.

«Nur noch ein paar Fragen», baten sie. «Stimmt es, dass Sie das Farbfernsehen erfunden haben?»

«Natürlich nicht!», erwiderte ich. «Aber ich gehörte zu der Hand voll von Ingenieuren und Erfindern, die 1950 das Farbfernsehen in Amerika entwickelt haben, und ich habe dabei fünfunddreißig Patente erhalten.»

Ein weiterer Reporter rief: «Es heißt, Sie hätten große Unternehmen geleitet und seien auch nach den Prozessen oft in Deutschland gewesen. Erzählen Sie uns davon.»

«Ja, ich war einige Male geschäftlich in Deutschland und Japan. Nach 1982 habe ich die Vorstände globaler Unternehmen beraten und viel dabei gelernt.»

«An welchen anderen aufregenden Projekten, außer dem Farbfernsehen, haben Sie noch gearbeitet?»

«In den sechziger und siebziger Jahren war ich in den Bereichen Computertechnik, Medizinische Technik, Produktionsanlagen und Kernenergie tätig. Ich habe auch Kommunikationssatelliten und Videogeräte entwickelt, alles, was neu war. In den achtziger Jahren war ich dann im Management tätig.»

Jemand sagte: «Wir haben gehört, dass England Sie 1938 als Flüchtling aufgenommen hat, Sie aber dann 1940 während der Schlacht um England als feindlicher deutscher Ausländer in ein Lager gesteckt und nach Australien deportiert wurden. Stimmt das?»

«Ja, das stimmt», erwiderte ich. «Woher wissen Sie das?»

«Es steht in Ihrem Lebenslauf. Dort heißt es auch, das Gefängnisschiff sei während der siebenunddreißigtägigen Reise nach Australien von einem deutschen U-Boot torpediert worden.»

«Wie Sie sehen, lebe ich noch», erwiderte ich.

Ich drängte mich zur Tür durch, aber schon wieder stellte sich mir ein Reporter in den Weg. «Ist es wahr, dass Sie mit Ihrem eigenen Boot alle Ozeane besegelt haben?», wollte er wissen.

«Ja, nicht alle, aber viele. Ich habe dann aber das Segeln aufgegeben. An meinem fünfundsiebzigsten Geburtstag war die Mannschaft so seekrank, dass sie mitten auf dem Atlantik noch nicht einmal mit mir anstoßen konnte. Jemand sagte mir, ich sei der älteste Mann, der dreimal in einem offenen Boot über den Atlantik gesegelt sei. Da habe ich beschlossen, das Schicksal jetzt nicht mehr herauszufordern.»

«Und worum geht es morgen in Ihrer Rede?»

«Kommen Sie hin und hören Sie es sich an», erwiderte ich.

Mittlerweile war ich an der Tür angekommen, aber da zupfte mich jemand am Ärmel.

«Nur noch eine letzte Frage bitte! Haben Sie die Angeklagten 1945 gehasst und hassen Sie die Deutschen heute?»

«1945 in Nürnberg wollte ich, dass die Schuldigen für die Verbrechen, die sie begangen hatten, bestraft werden, aber ich wollte nie wie ein Nazi hassen. Ich will nicht, dass Unschuldige verfolgt werden. Schuld wird nicht vererbt. Ich möchte, dass die Menschen in Frieden miteinander leben. Würde ich nach Deutschland kommen, wenn ich die Deutschen hasste? Ich sehe, dass viele Deutsche alles tun, dass sich so etwas wie der Holocaust nicht mehr wiederholt.»

Und fast schon in der Vorhalle, fügte ich hinzu: «Danke. Ich danke Ihnen sehr. Bis morgen dann.»

Als ich wieder draußen auf der Straße stand, dachte ich daran, wie ich als Zweiundzwanzigjähriger das Ende der Nürnberger Prozesse erlebt hatte. Das erste abenteuerliche Kapitel meines Lebens war vorüber gewesen und ich konnte endlich daran denken, ein normales Leben zu führen.

Und jetzt war ich sechsundfünfzig Jahre später wieder in Nürnberg. Ich hatte den Amerikanischen Traum erlebt, mir ging es gut und ich war dankbar, noch am Leben zu sein. Ein bisschen jedoch bedrückte es mich auch, auf dem Gelände eine Rede halten zu müssen, auf dem Hitler einst die Deutschen so in seinen Bann gezogen hatte, dass sie ihm bereitwillig ihr Leben opferten und Menschen wie mich vernichteten.

Ich musste an den alten chinesischen Fluch denken: «Möge es dein Schicksal sein, in interessanten Zeiten zu leben!» Zum ersten Mal hatte ich diesen Fluch gehört, als Hitler die deutschen Juden entrechtete, und dann wieder, als das U-Boot das Gefängnisschiff torpedierte, auf dem die Briten mich nach Australien deportierten. Damals hatte ich mich gefragt, ob interessante Zeiten wohl für mich das Ende bedeuteten.

Für vierzig Millionen unschuldiger Menschen, deren Schicksal es war, unter grauenhaften Bedingungen zu sterben, und für zehn Millionen Deutsche, die mit ihrem Leben dafür bezahlten, dass sie für Hitler kämpften, waren diese «interessanten Zeiten» sicher ein schrecklicher Fluch gewesen.

Aber mein Leben war nicht verflucht.

Die interessanten Zeiten hatten mich ein wenig härter gemacht, aber sie hatten mir auch unglaubliche Abenteuer und Möglichkeiten eröffnet. Und wenn ich morgen meine Rede halten würde, nur einen Steinwurf von der Bühne entfernt, auf der Hitler einst gewütet hatte, dann würde dies ein weiterer wundersamer Moment auf meiner Lebensreise sein. Nicht schlecht, wirklich nicht schlecht!

Ich hatte mehr als ein Leben in interessanten Zeiten gelebt, war aber nie eine Geisel des Schicksals gewesen.

Und davon handelt dieses Buch.

1. Kindheit

Die Familie Sonnenfeldt, Mai 1936 – v.l.n.r.: Richard (Wolfgang), Vater (Walther), Mutter (Gertrud), Bruder (Helmut)

Nach dreiundzwanzig Stunden Wehen saß ich immer noch so fest im Bauch meiner Mutter, dass ich mit der Zange auf die Welt geholt werden musste. Als ich alt genug war, um zu begreifen, wo die Kinder herkamen, erklärte mir Mutter immer, dass sie mich trotz der Qualen, die ich ihr bei meiner Geburt verursacht hatte, liebte. Ich bin am 3. Juli 1923 geboren, mitten in der schlimmsten Inflation, die Deutschland jemals erlebt hat, und meine Eltern mussten wie die meisten Deutschen ums tägliche Überleben kämpfen. Drei Jahre später, als die Verhältnisse schon wieder besser waren, kam mein Bruder Helmut in Dr. Strassmanns Klinik in Berlin zur Welt. Dort war auch ich geboren, und meine Mutter hatte in dieser Klinik als Assistenzärztin gearbeitet. Helmut hatte es so eilig, dass meine Mutter es kaum bis ins Krankenhaus schaffte. Ich bekam den Namen Heinz Wolfgang Richard Sonnenfeldt, und vielleicht hat ja meine Geburt deshalb so lange gedauert; Helmut hatte nämlich nur einen einzigen Vornamen.

Ihre Kinder gebar meine Mutter in Berlin, in der Großstadt, weil wir damals auf dem Land in Gardelegen wohnten. Dort wurden Kinder für gewöhnlich auf dem Küchentisch entbunden, unter der Mithilfe von stämmigen Hebammen, die Wasser kochten, die Männer fern hielten und die Babys auf die Welt holten. In Gardelegen gab es keine Gynäkologen, lediglich Hausärzte, und die wurden nur geholt, wenn die Hebamme mit den Komplikationen nicht mehr alleine fertig wurde. Seltsamerweise schien das vor allem mitten in der Nacht der Fall zu sein. Als letzte Rettung wurden die schwierigen Geburten ins Kreiskrankenhaus verlegt, allerdings nicht immer mit glücklichem Ausgang. Deshalb fand meine Mutter es sicherer, ihre Kinder von vornherein in einem modernen Krankenhaus in Berlin zur Welt zu bringen.

Vor Helmuts Ankunft erklärten meine Eltern mir, dass das neue Baby aus Mutters Bauch käme. Ich war noch zu klein, um zu fragen, was es darin tat oder wie es überhaupt dorthin gekommen war. Bis zu diesem Zeitpunkt hatte ich wie alle Kinder in Gardelegen geglaubt, der Storch bringe die Babys, und jetzt musste ich meinen Eltern versprechen, dieses besondere Wissen für mich zu behalten. Um in der Nähe des Krankenhauses zu sein, fuhr meine Mutter mit mir zu meinen Großeltern väterlicherseits in Berlin. Eines Abends kam auch mein Vater mit dem Zug aus Gardelegen, und früh am nächsten Morgen ging ich mit ihm zu Dr. Strassmanns Klinik, um meinen kleinen Bruder willkommen zu heißen. Als ich das runzelige Gesichtchen des Neugeborenen sah, soll ich angeblich gesagt haben: «Er ist sehr hässlich, aber das ist egal.» Im Laufe der Zeit wurde aus Helmut ein hübscher Junge und ein gut aussehender Mann. Ich habe immer noch im Ohr, wie meine Mutter später immer sagte: «Ich habe einen sehr hübschen Sohn und einen sehr intelligenten.» Nun, Helmut verlor sein gutes Aussehen nie, wurde jedoch auch ein weltgewandter, geschickter Diplomat. Vielleicht traf ja Mutters Beschreibung ihrer beiden Söhne nicht ganz genau zu.

Nach Helmuts Geburt wurde Mutter melancholisch, was heute «postnatale Depression» genannt wird. Mutter, Vater, Bruder Helmut und eine Krankenschwester fuhren wieder nach Gardelegen zurück, während ich bei Großmutter Martha und Großvater Max blieb, die im eleganten Berliner Stadtteil Tiergarten zusammen mit meiner Tante Käthe und ihrem Mann Fritz eine große Wohnung bewohnten.

Einmal machte ich in Tante Käthes Bett, wofür ich ausgeschimpft und verhauen wurde. In solchen Fällen war ich immer Heinz Wolfgang! Wenn ich jedoch artig Antwort gab oder kleine Gedichte aufsagte, dann war ich Wölfchen, eine Koseform meines Vornamens, die ich hasste, was jedoch niemanden davon abhielt, mich so zu nennen. Es war wichtig, wie man die Kinder oder den Ehegatten anredete, je nachdem, was man dadurch vermitteln wollte. Unwichtig waren jedoch die Beweggründe von Kindern – Missetaten erforderten Strafe!

Großvater Max war ein kräftiger, kugelköpfiger Mann mit einem Schnurrbart und stoppeligem grauem Haar. Er rühmte sich seiner Körperkraft, die er sogar unter Beweis stellte, wenn er gar nicht dazu aufgefordert wurde, indem er ständig seinen Bizeps spielen ließ. Er trug glänzende schwarze Schnürstiefel, Hemden mit abknöpfbaren, gestärkten weißen Kragen und in seiner vorgebundenen Krawatte steckte immer eine Krawattennadel. Auf seinem rundlichen Bauch hing die goldene Kette seiner Taschenuhr, die er jeden Tag Punkt zwölf Uhr aufzog. Großvater war stolz auf seine preußische Militärausbildung, und er kontrollierte jeden Tag mit seinem Spazierstock, ob die Hausmädchen die Betten auch faltenfrei gemacht hatten. Großvater brachte mir bei, wie man sich an der Schüssel, die im Schlafzimmer stand, richtig wusch: zuerst das Gesicht und, nach zweimaligem Schnauben, die Brust, Arme, Hände, Achselhöhlen und Genitalien. Dann wurde der Waschlappen ausgewrungen. Zum Abspülen folgte ein ähnliches Ritual, zweimaliges Schnauben eingeschlossen. Großvater Max führte eine Liste von Freunden und Familienmitgliedern, mit denen wir umgehen durften, und eine weitere Liste mit unerwünschten Personen. Wir mussten über seine Listen ständig auf dem Laufenden sein, sonst bekamen wir Schwierigkeiten.

Schon mit drei Jahren durfte ich freitags abends in Berlin mit der ganzen Familie am großen Tisch im Esszimmer essen. Obwohl wir keine bekennenden Juden waren, wurde der Freitagabend feierlich begangen. Der riesige Kronleuchter über dem Tisch hatte Glasbirnen mit gezwirbelten Spitzen, in denen gelbe Flämmchen zitterten. Wir lösten Zuckerwürfel in großen Teegläsern mit silbernen Haltern auf, und wenn niemand hinsah, steckte ich mir rasch einen Zuckerwürfel in den Mund und gab heimlich einen weiteren in meinen Tee. Von den Wänden blickten dralle blasse Damen mit tiefen Ausschnitten in vergoldeten Bilderrahmen auf mich herunter. Manche hatten elegant gekleidete Männer neben sich. Berlin war ganz anders als meine Heimatstadt Gardelegen. Dort gab es keine halbnackten Frauen.

In den Berliner Wohnungen gingen die Schlafzimmer von einem langen Korridor ab, und dahinter lagen das Wohnzimmer, das Ess- und das Herrenzimmer. Selbst in großen Wohnungen gab es nur ein Badezimmer für die Familie und ein «Klo», eine winzige Toilette mit einer Waschschüssel für die Dienstmädchen. Der rege Verkehr zur Toilette nach großen Festessen zog endlose, als humorig angesehene Kommentare nach sich, vor allem wenn ein Familienmitglied die Dienstmädchentoilette benutzen musste. Meine Großeltern hatten eine Badewanne mit fließend heißem Wasser, die allerdings nur einmal in der Woche benutzt wurde, als ob alles andere ein zu großer Luxus sei. In dem Gebäude befand sich eine breite Marmortreppe, die ich immer hinunterrannte, um den Aufzug zu überholen, dessen Schiebetür aus Messing ich für Gold hielt.

Erstaunlich fand ich als Kind vom Lande auch, dass es in Berlin Taxis, die mit schwarzweißen Streifen markiert waren, Straßenbahnen, Busse und sogar eine Untergrundbahn gab. In Gardelegen ging man zu Fuß, fuhr mit dem Fahrrad oder mit dem Pferdewagen. Außerdem wurde in Berlin in den Läden Flaschenmilch verkauft, die keine Haut hatte wie die gekochte Kuhmilch, die ich zu Hause trinken musste.

Als Mutter sich von ihrer Depression erholt hatte, kehrte ich nach Gardelegen zurück, wo Toiletten im Haus äußerst selten und Badewannen mit fließendem heißen Wasser nahezu unbekannt waren. In meiner Heimatstadt gab es keinen Aufzug und auch keine Treppenhäuser aus Marmor in den Mietshäusern – um genau zu sein, gab es noch nicht einmal Mietshäuser. In Berlin hatten die Telefone Wählscheiben. Die Gardelegener Telefone hatten eine Kurbel, damit man die Vermittlung anklingeln konnte, die einen dann zurückrief, nachdem sie den Anruf lokalisiert hatte. Wir hatten die Telefonnummer 547, eines von weniger als 200 Telefonen im Ort. Nebenstellen waren unbekannt und die Gespräche mit dem Fräulein von der Vermittlung dauerten oft länger als mit demjenigen, den man anrufen wollte. Die Hauptkommunikationsmittel waren Postkarten und Briefe, nicht das teure Telefon.

Auch einen Kindergarten gab es nicht. Auf die Schule bereiteten die Eltern ihre Kinder vor, und gespielt wurde dort auch nicht. Mein erster Schultag war der 1. April 1929. In meiner Klasse waren 47 Jungen, und als Erstes brachte uns Herr Horn, der Lehrer, bei, wie man sich die Nase putzt. «Drückt den Daumen auf ein Nasenloch, schnaubt, so fest ihr könnt, und achtet darauf, dass alles im Taschentuch landet, und dann macht ihr es auf der anderen Seite genauso. Ich will bei niemandem Rotz an der Nase sehen», sagte er. Danach inspizierte er unsere Gesichter, Hände und Taschentücher, um sich zu vergewissern, dass wir unsere Lektion auch gelernt hatten. Als Nächstes erklärte er uns, dass wir nur in den Pausen zur Toilette gehen dürften. Während des Unterrichts auszutreten war verboten. Schließlich machte er uns noch klar, dass er kein «Schwatzen» während der Schulstunde duldete. Naseputzen, zur Toilette gehen und Schwatzen, das waren unsere Themen am ersten Schultag. Als meine Eltern mich fragten, wie ich mitgekommen sei, antwortete ich: «Ich habe alles gekonnt.»

Bei kleineren Vergehen wurde man auf die Finger geschlagen, bei schlimmerem Fehlverhalten jedoch zog Herr Horn dem Missetäter die Hose samt Unterhose herunter und schlug mit dem Stöckchen vor den Augen der ganzen Klasse auf den nackten Hintern.

Eigentlich gab es nur sehr selten Disziplinprobleme, nur bei den Jungen, die zu dumm waren, um zu verstehen, was von ihnen erwartet wurde. Die meisten meiner Klassenkameraden hatten Eltern, die mit vierzehn, nach der achten Klasse, angefangen hatten zu arbeiten. Von den Gesprächen zu Hause wusste ich schon fast alles, was in der ersten Klasse gelehrt wurde. Da ich deshalb immer schon früh mit meinen Aufgaben fertig war, schickte mich mein Lehrer regelmäßig auf die Bank, damit ich seine Schecks einlöste, seine Rechnungen bezahlte, Brot und

Fleisch bestellte, und manchmal musste ich sogar zu ihm nach Hause gehen, um ihm zu berichten, was seine Frau gerade machte. So blieben intelligenten Kindern Probleme erspart. Meine Eltern, vor allem meine Mutter, erklärten mir immer, ich müsste in allem der Beste sein, wenn ich von ihr geliebt und bewundert werden wollte.

Mein Vater und meine Mutter wussten, genau wie vor ihnen ihre Eltern und ihre Zeitgenossen, immer, was zu tun war, und auch bei der Kindererziehung zogen sie niemanden zu Rate. Sie versuchten, ihre Kinder in die gleiche Form zu pressen, in der sie aufgewachsen waren, und es gab keine psychologischen Ratgeber, die jemanden hätten veranlassen können, von erprobten Methoden der Kindererziehung abzuweichen. Niemand fürchtete, dass «gerechte Bestrafung» schaden könnte. Im Gegenteil, Strafe war eine notwendige und wertvolle Lernerfahrung, die meine Eltern uns in der festen Überzeugung, uns etwas Gutes zu tun, angedeihen ließen. Niemand ermutigte Kinder, ihre Individualität auszudrücken oder ihre Persönlichkeit zu entwickeln; im Gegenteil, sie mussten lernen, ihre Bedürfnisse zu unterdrücken und sich gut zu benehmen. «Penisneid» und «Rivalität unter Geschwistern» waren noch nicht entdeckt worden, nur der Egoismus war bereits bekannt. Lern- oder auch physische Schwächen mussten durch Anstrengung überwunden werden. «Hyperaktivität» und andere neuzeitliche Störungen galten damals nur als schlechte Angewohnheiten, die routinemäßig durch harte Arbeit korrigiert wurden. Wenn ich mich über etwas beklagte, pflegten meine Eltern zu sagen: «Dann versuch es noch einmal.» Individualität drückte sich nur durch bestimmte Fähigkeiten, hervorragende Leistungen in der Schule und im Sport, aus, aber nicht durch das, was man heute als Persönlichkeitsentwicklung bezeichnen würde.

In jenen Tagen waren traditionelle Lebensweisheiten und Maximen die höchste «Wahrheit», die jedem klar machten, wie er sich zu benehmen hatte. Wir wuchsen mit Ermahnungen auf wie «Klage nicht, du musst dich abhärten». Wir wussten, dass Medizin scheußlich schmecken musste, um wirkungsvoll zu sein, wie zum Beispiel der verhasste Lebertran. Ich erinnere mich noch zu gut an einen Volksschulrektor, der seine Töchter aufforderte, sich fein zu machen, weil sie sonntags mittags in einem Landgasthof essen wollten, und dann das Vorhaben einfach abblies, damit sie lernten, mit Enttäuschungen fertig zu werden. Das pädagogische Prinzip, das dahinter stand, wurde nicht in Frage gestellt, aber man redete darüber, dass der Vater gelogen hatte. Es gab auch ständig Ermahnungen wie: «Du siehst nur den Splitter im Auge des anderen und nicht den Balken in deinem eigenen.»

In den zwanziger Jahren des vorigen Jahrhunderts galt es als das Allerwichtigste in Gardelegen, «rechtschaffen» und gesetzestreu zu sein. Dies kommt ganz wunderbar in dem alten deutschen Witz zum Ausdruck, in dem sich ein Fußgänger danach sehnt, von einem Autofahrer überfahren zu werden, der eine rote Ampel nicht beachtet hat.

Meine Eltern pflegten immer zu sagen: «Kinder darf man sehen, aber nicht hören.» Unser Esszimmertisch, eine geschnitzte Rokokomonstrosität, wies an den oberen Enden der Tischbeine barbusige Frauen auf, wie Galionsfiguren am Schiffsbug. Wir hatten den Tisch von meinen Großeltern väterlicherseits geerbt, und die Tischwäsche stammte aus der Familie meiner Mutter. Während sich die Erwachsenen unterhielten, fuhr ich mit den Fingern unter der weißen Tischdecke über die glatten weiblichen Rundungen, bis meine Mutter mir schließlich befahl: «Halte deine Hände immer über dem Tisch!»

Ich hatte – zu Recht – den Ruf, eigensinnig zu sein. Als Mutter mich einmal bestrafen wollte, schlug sie stattdessen mit der Hand an die Tischkante und brach sich den Mittelhandknochen. Mein Bruder Helmut dagegen war schon von klein auf der geborene Diplomat und besänftigte meine Mutter durch seinen Witz. Nach seiner ersten Musikstunde nannte er sie immer «Die Dominante», in Anspielung auf die Note, die eine Melodie beherrscht.

Größere Bestrafungen allerdings überließ meine Mutter, wie es damals üblich war, unserem Vater. «Warte nur, bis dein Vater davon erfährt», pflegte sie zu sagen. Dieses «warte nur» war natürlich schon ein Teil der Strafe, und obwohl er sonst eher sanft war, zögerte mein Vater nie, mir das Hinterteil zu versohlen. Ich habe immer noch im Ohr, wie er sagte, «Besser, *ich* bringe dir bei, was richtig ist, als fremde Leute!»

Weil es keinen Kindergarten oder Spielplatz gab, war Spielen in meiner Kindheit eine große Sache. Ich kann mich nicht daran erinnern, dass die Erwachsenen jemals mit uns gespielt hätten. Meistens wurde uns nur gesagt, wir sollten nicht so viel Lärm machen. Als ich älter wurde, spielte ich auf dem Bürgersteig vor unserem Haus, wo das Recht des Stärkeren galt. Wenn die Schwächeren sich bei ihren Müttern beklagten, wurden die Stärkeren manchmal verprügelt. Ich war stark und clever und besaß die natürliche Autorität des Arztsohnes, der mit Kindern weniger bedeutender Eltern spielte. Von mir wurde erwartet, dass ich der Anführer war. Die Kinder in Gardelegen hatten ihre eigene soziale Ordnung, die auf körperlicher Stärke, Ausdauer, Lautstärke und der Menge der Murmeln, die man besaß, basierte – und auf der gesellschaftlichen Stellung der Eltern. Heute staune ich über die sozialen Fähigkeiten meiner Enkel, die schon sehr früh gelernt haben, «zu teilen» und «abzugeben».

Auf dem Bürgersteig vor unserem Haus spielten wir Himmel und Hölle, Fangen, schusserten mit den Nachbarskindern oder liefen auf selbst gemachten Stelzen herum. Später, so ungefähr ab acht, spielten wir Räuber und Gendarm an der «Mauer», den Überresten einer dreihundert Jahre alten Stadtmauer, die den Ort einst umgeben hatte. Da war das «Salzwedeler Tor», ein altes, befestigtes Stadttor, dessen verfallende Mauern für uns verboten waren, aber wir kletterten natürlich doch darauf herum. Einmal sah uns ein Polizist und lief uns hinterher, aber wir konnten ihm entkommen. Mit seinem Notizbuch in der Hand kam er zu uns nach Hause, um meiner Mutter zu sagen, dass er mich dort gesehen hatte. Sie setzte ihre inquisitorische Miene auf und befahl mir, ihr in die Augen zu blicken. «Was hast du auf der verbotenen Stadtmauer gemacht?», fragte sie. «Das muss jemand anderer gewesen sein, ich war nicht da», log ich. Danach hatte ich Schuldgefühle, aber insgeheim freute ich mich, dass ich davongekommen war.

Gegenüber von unserem Haus war die Mädchenschule, aber die Mädchen hätten genauso gut auf dem Mond leben können. Jungen, die mit Mädchen spielten, galten als Memmen. Bis ich vierzehn war, war ich nie auf einem Geburtstagsfest mit Mädchen, und vor allem redete ich nicht mit ihnen.

Als ich zehn war, durfte ich auch außerhalb der Stadtmauern spielen. Einmal musste ich auf einer Weide auf einen Baum klettern, weil der Bulle hinter mir her war, und erst am Abend wurde ich von dem Bauern, der seine Herde zurück in den Stall trieb, aus meiner misslichen Lage befreit. Im Frühling waren die Wiesen voller Blumen. Dann lag ich stundenlang im weichen, süß duftenden Gras, umgeben von Butterblumen und Veilchen, blickte in die weißen Schäfchenwolken, die am Himmel entlangzogen, und träumte.

Wenn es im Herbst stürmisch wurde, ließen wir Drachen steigen, die größer waren als wir selber. Die alten Männer brachten uns bei, wie man sie baute und draußen auf den Wiesen vor der Stadt steigen ließ. Wenn man es richtig machte, standen sie hoch über den Häusern, aber manchmal stürzten sie natürlich auch ab, und in den Baumwipfeln, auf den Dächern und einmal sogar auf der Kirchturmspitze hingen unsere zerfetzten Drachen.

Die älteren Jungen hatten uns erzählt, wie man Schießpulver herstellen konnte, und eines Tages, als wir ungefähr zehn waren, bauten mein Freund Willy Grüder und ich eine Kanone in unserem Garten. Sie bestand aus einem Eisenrohr, das wir in die Erde gesteckt hatten. Wir kamen uns vor wie Soldaten! Wir füllten das Rohr mit Schießpulver, verschlossen es mit einem großen runden Stein und entzündeten dann die gewachste Kordel, die uns als Zündschnur diente. Glücklicherweise besaßen wir so viel Verstand, in den Holzschuppen zu rennen, um dort den großen Knall abzuwarten. Als wir uns wieder heraustrauten, war unsere «Kanone» vom Erdboden verschwunden. Dafür gab es aber auf einmal einen großen Aufruhr, weil «etwas» durch das Dach der Mädchenschule gedrungen war und den Wassertank auf dem Speicher beschädigt hatte. Jetzt lief das ganze Wasser in die Schule. Willy rannte nach Hause, und ich verzog mich sofort auf mein Zimmer. Kurz darauf kam Vater nach Hause und sagte: «Könnt ihr euch vorstellen, was in der Schule passiert ist?» Zum Glück war niemand verletzt worden. Zunächst leugnete ich alles, aber da in unserem Hof ein großer schwarzer Fleck war, musste ich schließlich doch gestehen. Ich bekam den Hintern versohlt und alle meine Privilegien wurden für mehrere Wochen gestrichen. Danach standen Willy und ich unter schärferer Beobachtung.

Im Winter spielten wir Eishockey mit selbst gemachten Stöcken und Schlittschuhen, die wir unter unsere Stiefel schnallten. Einmal geriet mein Daumen unter die Stahlkufe eines Schlittens, und die Wunde entzündete sich so, dass der Nagel entfernt werden musste. Meine Eltern legten mich auf ihr Bett, drückten mir eine Baumwollmaske aufs Gesicht, die mit Äthylchlorid beträufelt war, und dann musste ich zählen. Noch heute, über siebzig Jahre später, kann ich mich an den Geruch des Betäubungsmittels genau erinnern. Ich zählte bis acht und dann dröhnte es in meinen Ohren. Als ich wieder aufwachte, war mein Daumen, ohne Fingernagel, bereits verbunden und ich hörte meinen Vater sagen: «Dieses Äthylchlorid ist wirklich wundervoll. Es hat überhaupt keine Nachwirkungen.» Unter so einer Narkose richtete mein Vater gebrochene Knochen und renkte Schultern ein. Für Karbunkel, Furunkel, Verstauchungen und Prellungen gab es damals allerdings keine Narkose oder Schmerzmittel. Da musste man tapfer sein. Und ich erlangte eine gewisse Berühmtheit, weil ich schon einmal in Narkose versetzt worden war.

Jeden Winter starben in Gardelegen ältere Menschen an Lungenentzündung oder Grippe, und Kinder wurden von Diphtherie und Scharlach dahingerafft. In der kalten Jahreszeit behandelte Vater erst zwei Dutzend Patienten oder sogar noch mehr in der Praxis, bevor er mit seinen Hausbesuchen anfing. Ich weiß bis heute nicht, warum Ärzte sich eigentlich nie bei ihren Patienten anstecken. Helmut und ich durften jedenfalls den schniefenden, niesenden und fiebrigen Patienten im Erdgeschoss unseres Hauses nicht zu nahe kommen, und glücklicherweise blieben uns Diphtherie, Scharlach und Typhus, häufige Erkrankungen in jener Zeit, erspart. Wir waren gegen Pocken geimpft und bekamen nur die üblichen Kinderkrankheiten wie Masern, Windpocken und Keuchhusten. Wenn wir Fieber hatten, wickelte Mutter uns von Kopf bis Fuß in Handtücher ein, die in Eiswasser getaucht worden waren. Während unsere Körperwärme die Handtücher erwärmte, schwitzten wir ausgiebig eine Stunde lang. Dann wurden wir wieder ausgewickelt und in saubere Schlafanzüge gesteckt. Bei hohem Fieber wurde diese Prozedur mehrmals am Tag wiederholt. Ich hasste die Behandlungsmethode beinahe mehr als die Krankheiten, die dadurch geheilt werden sollten.

In den zwanziger Jahren standen den Ärzten nur beschränkte Mittel zur Bekämpfung von Krankheiten zur Verfügung. Aspirin wurde für alles eingesetzt, und Morphium wurde großzügig verabreicht, um die starken Schmerzen Todkranker zu lindern. Es gab Lebertran und Insulin, das gerade zur Kontrolle von Diabetes entdeckt worden war, außerdem wurde Rotlichtbestrahlung für alles Mögliche benützt, von Tuberkulose bis hin zu Akne. Widerlich riechende schwarze Salben mit Ingredienzien aus fernen Ländern wurden gegen Infektionen auf die Haut aufgetragen, und später gab es auch einen Impfschutz gegen Diphtherie. Patienten hatten absolutes Vertrauen zu Ärzten, selbst diejenigen, die erst gewaschen werden mussten, bevor man bei ihnen eine Krankheit diagnostizieren konnte. In der Regel brauchten Ärzte eine große Überzeugungsgabe, um ihren Patienten die Zuversicht zu vermitteln, dass sie aus eigener Kraft wieder gesund werden konnten, ohne ihnen dabei Hoffnungen zu machen, die sie nicht erfüllen konnten.

Anders als heute, wo oft noch eine dritte und vierte Meinung eingeholt wird, akzeptierten die Menschen damals, dass manche ernsthaften Erkrankungen eben nicht geheilt werden konnten. Vater wies die Familie eines alten Patienten mit Lungenentzündung einmal darauf hin, dass er wahrscheinlich die Nacht nicht überleben würde. Am nächsten Tag stand ein Sarg im Wohnzimmer der Familie. Er wollte gerade sein Beileid aussprechen, als der Sohn zu ihm sagte: «Vater ist nicht gestorben, aber wir konnten den Sarg so günstig erwerben.» Der Vater lebte im Übrigen noch einige Jahre, und ich habe mich immer gefragt, was sie wohl mit dem Sarg gemacht haben.

Meine Eltern prägten mir ein, dass Sorglosigkeit meine Gesundheit nachhaltig schädigen könne und dass moralische Fehltritte, zu denen auch sexuelle Promiskuität gehörte, ernsthafte Konsequenzen nach sich zögen. Wir waren ganz anders als die Nachkriegsgenerationen, die scheinbar überhaupt keine Konsequenzen fürchteten.

Arglosigkeit war ein weiteres Wesensmerkmal meiner Eltern. Sie lehrten mich, wie verwerflich es ist, zu stehlen oder zu lügen, um einer Strafe zu entgehen. Unehrenhaftigkeit in jeglicher Form war schlecht, und mir wurde von früh auf beigebracht, meine Missetaten und Fehler zu gestehen. Ich habe auch niemals erlebt, dass meine Eltern versucht hätten, jemanden hinters Licht zu führen, obwohl die Wahrheit bei einer unheilbaren Krankheit oft schockierend war.

Der Glaube meiner Eltern war eine Mischung aus jüdischer Moral und lutherischen Idealen. In ihrer Lebensweise jedoch waren sie absolut preußisch. Mit dieser Ethik waren sie aufgewachsen, und für sie war es ein Liebesdienst, ihren Kindern die Einstellung zu vermitteln, nach der sie ihr ganzes Leben lang gestrebt hatten.

Als ich im vierten Schuljahr war, schickte mein Vater mich für vier Wochen zu einer Bauersfamilie, damit ich etwas über das Leben lernte. Ihr Haus hatte ein Strohdach, es gab weder fließendes Wasser noch Toiletten, kein Gas und keinen Strom. Das Licht von Kerzen und Kerosinlampen war zu schwach zum Lesen, wenn es draußen dunkel geworden war. Aber das spielte keine Rolle, weil die Bibel sowieso das einzig vorhandene Buch war. Ich wurde um vier Uhr morgens geweckt und musste dabei helfen, die Schweine, Kühe und Hühner zu füttern, die alle mit uns unter einem Dach lebten. Nach dem Frühstück, das aus

Schwarzbrot mit Speck und Malzkaffee bestand, fuhr ich in einem Ochsenkarren mit meiner Gastfamilie aufs Feld, um Kartoffeln auszugraben. Zum Mittagessen gab es wieder Schwarzbrot mit Blut- oder Leberwurst und Wasser von der Pumpe, das wir aus uralten Metallbechern tranken. Um diese Tageszeit schmerzte mein Rücken bereits so sehr, dass ich mich kaum noch auf den Beinen halten konnte. Wenn wir um fünf zum Abendessen wieder zu Hause eintrafen, war ich so müde, dass ich kaum noch essen konnte, und schlief sofort auf meinem mit Stroh gefüllten Kartoffelsack ein. Auch sonntags mussten die Tiere bei Tagesanbruch gefüttert werden, aber dann blieb die ganze Familie zu Hause, um Werkzeug zu reparieren, für die Woche vorzukochen, zu waschen und sich auf den Montag vorzubereiten, ob es nun regnete oder die Sonne schien. Meine Gastgeber sprachen plattdeutsch, was es heute kaum noch gibt und ich schon lange nicht mehr verstehe. Diese Bauern beklagten sich nie. Sie sangen sogar während ihrer harten Arbeit und ich lernte, wie viel leichter mein Leben in Gardelegen war.

In den zwanziger Jahren wurden die wenigen Autos, die es in Gardelegen gab, niemals für etwas verwendet, das man auch zu Fuß oder mit dem Fahrrad erledigen konnte. Das hätte als Verschwendung und unnötiger Luxus gegolten. In jenen Tagen wurden die Wagen mit einer Handkurbel angelassen, und dann mussten sie erst eine Zeit lang stotternd und spuckend warmlaufen. Ein amerikanisches Auto mit einem elektrischen Anlasser war der Gipfel des Luxus. Im Winter legte man Decken über die Kühlerhaube. Wenn das Wetter schlecht war, konnte man nur hoffen, dass die Plastikvorhänge an den Seitenfenstern den Regen, kalte Luft oder Schnee aus dem Innenraum der «Cabriolets» abhielten, in denen wir mit Kaninchenfelldecken über den Knien saßen.

Um die endlose Kurbelei im Winter zu vermeiden, spannte einer der Autobesitzer im Ort sein Pferd davor. Wenn der Motor ansprang, kam das Tier rutschend auf dem eisigen oder nassen Pflaster zum Stehen, wenn der Fahrer die Kupplung losließ, und nicht selten machte das Auto einen Satz nach vorne und fuhr dem

Pferd in die Hacken. Bremste der Fahrer, ging der Motor wieder aus. Dann wurde zum Entzücken der umstehenden Gaffer das Ganze wiederholt, wobei sich das Pferd beim zweiten Mal meistens weigerte, weil es ja wusste, was ihm bevorstand, und mit der Peitsche dazu gebracht werden musste, seine Pflicht zu tun. Dieses Spektakel lockte immer zahlreiche Gardelegener auf die Straße.

Was taten die Leute in Gardelegen den ganzen Tag? Mutter sang in einem Chor namens «Liedertafel». Frauen spielten auch Karten, Domino oder Mah Jongg. Die Jagd, Fahrrad- oder Motorradclubs waren beliebte Freizeitvergnügen für Männer, und abends fanden politische Versammlungen statt. Die meisten Familien besaßen kein Radio, und die örtliche Tageszeitung hatten sie in weniger als einer Stunde durchgelesen. Selbst mechanische Grammophone waren eine Seltenheit. Das alltägliche Leben erforderte hingegen viel Zeit. Kochen, Backen, Putzen, Einkaufen und Gartenarbeit hielt die Hausfrauen auf Trab. Manchmal fand nachmittags ein Kaffeeklatsch statt. Die meisten Einwohner von Gardelegen bauten ihr eigenes Gemüse an, entweder im Garten hinter dem Haus oder auf einem Stück Land außerhalb des Ortes. Manche Familien hielten Hühner und Kaninchen. Es gab immer etwas zu tun, und wenn bloß Socken zu stopfen oder irgendetwas zu reparieren war. Aber niemand war hektisch oder in Eile.

An den Sommerabenden saßen die Leute vor ihren Häusern. Manche beobachteten ihre Nachbarn auch durch große ovale Spiegel, die außen an den Fenstern angebracht waren, unbemerkt von drinnen. Diese Spiegel hießen «Spione», und man tuschelte über das, was man in ihnen sah. Die Häuser waren dicht aneinander gebaut, und ungestört war man nur innen im Haus oder in den Büschen außerhalb der Stadt. Wenn man sich einmal einen Ruf oder einen Spitznamen erworben hatte, dann behielt man ihn auch sein Leben lang. Jeder wusste, was er vom anderen zu erwarten hatte.

Unsere Straße hieß Sandstraße. Wir besaßen ein großes, zweistöckiges verputztes Haus mit einem ausgebauten Speicher und einem tiefen Keller, der durch einen Geheimgang mit den anderen Häusern verbunden war und zum Rathaus führte, ein Überbleibsel der Kriege im Mittelalter. Hinter dem Haus befanden sich ein Werkzeug- und ein Holzschuppen und eine so genannte Waschküche. Und im Hof gab es eine große Grube für Abfall und Asche. Im Parterre befanden sich die Praxis meines Vaters, das Zimmer unseres Hausmädchens und eine große Halle, in der unsere Fahrräder, Schlitten und Gummistiefel standen. Unsere Wohnung lag im ersten Stock.

In der Nachbarschaft wohnten ein Schreiner, ein Schmied und ein Radmacher, der die Naben, Speichen und Felgen von Hand baute, wie es seit Jahrhunderten gemacht worden war. Es gab eine Fahrradwerkstatt, eine Bäckerei, eine Kneipe, einen Fassbauer und einen Hufschmied, der den Pferden neue Eisen verpasste. Ich sehe noch heute das lodernde Feuer vor mir und höre das helle Klirren des schweren Hammers, mit dem der muskulöse Schmied, den nackten Oberkörper nur durch eine Lederschürze geschützt, das glühend rote Eisen in den Huf trieb. Noch heute rieche ich das verbrannte Horn und höre die Pferde wiehern und stampfen.

Weiter unten an der Straße saß ein buckeliger Schneider mit gekreuzten Beinen zwischen seinen Bügeleisen und nähte unsere Kleider. Er hatte Tuberkulose. «Lass dich bloß nicht von ihm anhauchen!», sagte Mutter. Neben uns wohnte Malermeister Fehse mit seiner Schwester Anna. Sie trug jahraus, jahrein dunkle, bauschige Röcke mit passendem Mieder und Holzschuhe. Der Malermeister lief immer nur ungewaschen, mit Farbklecksen auf der Kleidung, leicht schwankend und ganz offensichtlich angetrunken herum. Neben Fehse wohnte der Schreiner Schühler, in dessen Laden es immer nach Leim roch, den er herstellte, indem er Pferdeknochen und Gräten in einem Topf über dem Kohlenfeuer kochte.

Neben Schühler befand sich die Fahrradwerkstatt von Gäde. Er trug einen blauen Mechanikeranzug und sein eisengraues Haar war wie mit dem Lineal gescheitelt. Fahrräder waren die universellen Transportmittel. Meines hatte einen schweren Rahmen mit Ballonreifen und einem Gepäckträger. Es wog mindestens zweimal so viel wie die Rennräder, die meine Kinder später unbedingt haben wollten. Als ich sechs war, durfte ich Gäde im Laden helfen, und meine Mutter kaufte mir dafür extra ein blaues Arbeitshemd. Ich arbeitete an den alten Rädern, die keinen Freilauf hatten, selbst wenn es bergab ging. Gäde brachte mir bei, Reifen zu flicken und Speichen einzuziehen, und ich konnte es kaum erwarten, bis die Schule aus war und ich zu ihm laufen konnte.

Weiter unten in der Sandstraße war der Damenfriseur. Der Geruch nach verbranntem Holzalkohol, mit dem Trockenhauben und Lockenwickler erhitzt wurden, wurde nicht immer von den Düften nach Babypuder und Flieder überdeckt, die die frisierten Damen umgaben, wenn sie aus dem Salon kamen. Um die Ecke lag Behrens' Motorrad- und Autowerkstatt. Dort gab es auch eine Zapfsäule, an der man mit einem großen Schwengel Benzin in hohe Glasgefäße pumpen konnte, in denen der Treibstoff gemessen wurde. Dieses Gemisch mit dem beißenden Geruch wurde damals «Leuna-Benzin» genannt. An Behrens grenzte Mangelsens Bäckerei, in der es wunderbar nach Teig und Hefe roch. Er backte knusprige Brötchen, die uns seine Tochter jeden Morgen vor die Tür legte. Es gab auch köstliches deutsches Bauernbrot, das mit Wasser gebacken wurde und so wunderbar roch, wenn es frisch war. Weiter unten an der Straße wurde «Garley-Bier» nach einem Rezept aus dem Jahre 1459 gebraut. Hinter der Brauerei wohnte der «Gewittermaler» Hüsch, der so genannt wurde, weil dunkle Wolken und Blitze sein bevorzugtes – und vielleicht einziges – Motiv waren.

Als ich acht war, wurde ich von Gädes Fahrradwerkstatt zu Behrens' Motorradwerkstatt befördert. Später durfte ich auch den Elektriker und den Klempner begleiten, und auch sie ließen mich kräftig zupacken, was eine gute Übung für die Zukunft war.

Einmal im Monat wurde unsere Straße für den Verkehr gesperrt, wenn die Bauern aus der Umgebung ihren Pferdemarkt abhielten. Schon am Vormittag war dann das Pflaster bedeckt mit dampfenden Pferdeäpfeln, an denen die Spatzen pickten. Schnaubend und wiehernd stampften die Pferde mit den Hufen, wenn ihnen die Händler das Maul öffneten, um ihre Gebisse zu inspizieren, bevor sie über den Preis verhandelten. An anderen Tagen war Viehmarkt, und dann war die ganze Straße von Kuhfladen übersät. Ich kann mich noch gut daran erinnern, wie die Katzen immer versuchten, ein paar Tropfen Milch aus den Eutern der Kühe aufzuschnappen. Am Spätnachmittag des Markttages feierten die Händler lärmend in Krökels Kneipe, drei Häuser von unserem entfernt. Wenn sie dann literweise Bier in sich hineingeschüttet hatten, urinierten sie in den Rinnstein. Diese unvergessliche Mischung aus dem Gestank nach Bier und Urin und dem Geruch nach Pferde- oder Kuhexkrementen war widerlich und herzhaft zugleich.

Zwei Häuser von uns entfernt, in der schmaleren der beiden Straßen, die an unserer Ecke mündeten, der Rendelbahn, wohnte eine Frau mit zwei Töchtern. Mein Schlafzimmerfenster lag ihrem Haus am nächsten und manchmal hörte ich mitten in der Nacht Geschrei und das Zuknallen von Türen. Tagsüber sah man die Frauen nie auf der Straße, sie lehnten sich nur häufig aus dem Fenster. Meine Eltern erklärten mir, sie hätten oft männliche Freunde zu Besuch. Das war ein ganz normaler Bestandteil des Alltagslebens in Gardelegen.

Jeden Morgen kam der Milchwagen an unserem Haus vorbei, und der Milchmann füllte lauwarme Milch aus großen Zinnkrügen in die Milchkannen. «Rohmilch», wie sie genannt wurde, musste zuerst in einem großen Eisentopf abgekocht werden, damit die Bazillen getötet wurden, bevor man sie trinken konnte. Ich hasste die Haut, die sich auf der Milch bildete, wenn sie abkühlte, und sehnte mich immer nach der Flaschenmilch, die ich aus Berlin kannte.

In unserem Wohnzimmer stand ein runder, schmiedeeiserner Koksofen, dessen Lüftungsklappe geschlossen werden konnte, sodass die Kohlen die ganze Nacht über glühten. Heute frage ich mich, warum eigentlich niemand von dem giftigen Kohlenmonoxyd krank geworden ist. Am Morgen wurde die Asche ausgeleert und eiförmiger Koks nachgefüllt. Das Modell galt als äußerst fortschrittlich. Noch fortschrittlicher wurde es, als mein Vater 1932 eine kohlenbefeuerte Dampfheizung im Wartezimmer installierte, mit der die Radiatoren in seinem Sprechzimmer und zwei Behandlungsräumen betrieben wurden. Wir nannten es «Zentralheizung». Wenn wir die Asche ausleerten, gaben wir immer ein wenig Wasser darauf, damit die Ascheflocken nicht umherflogen, wenn wir sie durch das Haus zu der großen Abfallgrube im Hof trugen. In Gardelegen gab es keine regelmäßige Müllabfuhr. Alle paar Monate kam der von Pferden gezogene Müllwagen vorbei, und wenn wir dann den Abfall mit Schubkarren aus dem Hof transportierten, huschten riesige Ratten herum, die wir mit unseren Luftgewehren zu erschießen versuchten.

Auch unsere Toiletten im Haus, die sich in den kältesten und zugigsten Kammern befanden, galten als äußerst modern. Die Wassertanks waren hoch oben an der Wand angebracht und sie tropften ständig, während die Rohre schwitzten und an den Verbindungsstellen leckten. Die meisten Leute benutzten kein Toilettenpapier, sondern in Quadrate geschnittene Zeitungen, die an einem Nagel in der Wand hingen. Unsere Familie verwendete richtiges Toilettenpapier, aber unsere Hausmädchen nahmen ebenfalls Zeitung.

Einmal im Jahr kaufte Mutter ein lebendes Schwein, das der Schlachtermeister Fritz Schulz dann bei uns im Hof schlachtete. Er zerrte das Tier von seinem Ochsenkarren und lockte es durch unsere Haustür, vorbei an der Praxis meines Vaters, bei der Hintertreppe vorbei in den Hof. Die ganze Zeit über quiekte das Schwein vor Angst über die bevorstehende Exekution. Meine Mutter und die Mädchen hatten bereits riesige Kessel mit kochendem Wasser vorbereitet. Meister Fritz setzte dem Tier eine röhrähnliche Vorrichtung mit einer explosiven Ladung an den Kopf und schlug mehrmals mit dem Hammer darauf, bis das Tier laut quiekend zusammenbrach. Seine Beine zuckten noch einige Minuten lang, bis der Schlachter dem toten Schwein die Kehle aufgeschnitten hatte und das warme Blut in einem großen

Kessel auffing, damit Wurst und andere Köstlichkeiten daraus gemacht werden konnten. Das galt als humanere Tötungsart und war sicherlich auch nicht so unappetitlich wie die alte Methode, dem lebenden Schwein die Kehle aufzuschneiden, sodass es sich zu Tode blutete.

Das Schwein zu zerlegen, es zu kochen, die Haut für den Gerber abzuziehen, den Schwanz für die Kinder zum Spielen abzuschneiden und die unerwünschten Teile auszusortieren, dauerte den ganzen Tag. Über dem Schlachtplatz kreisten die Krähen, und alle Hunde und Katzen aus der Nachbarschaft lauerten darauf, dass etwas für sie abfiel. Mutter und die Mädchen arbeiteten mit blutbespritzten Schürzen Hand in Hand mit Fritz. Bei jedem Stück mussten sie abwarten, bis der Fleischbeschauer seinen blauen Stempel darauf setzte, um zu bekunden, dass es frei von Trichinen war, und dafür bekam er einen Schnaps. Schweinefleisch war ein wichtiger Bestandteil unserer Ernährung. In unserem tiefen Keller hingen Dutzende von geräucherten Würsten und Pökelfleisch, das in Fässern aufbewahrt wurde. Obwohl der Hof nach getaner Arbeit gründlich geschrubbt wurde, hing der Geruch noch tagelang in der Luft. Vater und ich hassten ihn.

Unsere Wäsche wurde in der Waschküche gewaschen, die sich ebenfalls hinter dem Haus befand. Am ersten Montag jedes Monats kam die Waschfrau. Sie war eine große, kräftige Frau mit Holzschuhen, die alle Kleidungsstücke auf Waschbrettern schrubbte, bevor sie die Wäsche – zuerst die weiße – in riesigen Bottichen über Holzfeuer kochte. Im Winter fror die Wäsche auf den Leinen im Garten bretthart. Leintücher und andere glatte Teile wurden in unserer handbetriebenen Kaltmangel gebügelt oder zur mit Dampf erhitzten Heißmangel gebracht, die von zwei netten Frauen in unserer Straße betrieben wurde. Alles andere wurde mit schweren Bügeleisen mit Holzgriffen geplättet, von denen jeweils eins über einem Kohlefeuer erhitzt wurde, während das andere in Betrieb war. Später bekamen wir einen Gasofen, sodass wir die Bügeleisen erhitzen konnten, ohne dass sie Ruß ansetzten. Das Waschen dauerte mehrere Tage. Kleidungsstücke, aus denen wir herauswuchsen, wurden an bedürftige Kinder in der Nachbarschaft weitergegeben.

Bevor wir morgens zur Schule gingen, fünf volle Tage und einen halben Tag am Samstag, wuschen wir uns mit kaltem Wasser, oder zumindest sollten wir das. Das Wasser gossen wir aus einem Krug in die Porzellanwaschschüssel, die auf unserer Kommode stand. Zuletzt putzte man sich die Zähne und spuckte in die Waschschüssel. Ich sehe noch heute das graue, seifige Wasser vor mir. Im Winter war das Wasser im Krug manchmal gefroren. Deodorant kannten wir nicht, aber die Sommer in Gardelegen waren gemäßigter als in Amerika, sodass wir nicht so viel schwitzten. Es gab Teerseife, Lavastein und kratzige Bürsten für hartnäckigen Schmutz auf den Händen.

Im Winter trugen wir im Bett dicke Wollschlafanzüge. Die Unterwäsche wurde einmal in der Woche gewechselt. Wir besaßen eine Badewanne und einen holzbefeuerten Heißwasserboiler, was ungewöhnlich für Gardelegen war. Einmal in der Woche, am Samstagnachmittag, badete die ganze Familie nacheinander. Zuletzt waren unsere beiden Hausmädchen an der Reihe. Das Badezimmer lag neben dem Zimmer, das ich mit meinem Bruder Helmut teilte, und die Tür zwischen den Zimmern hatte ein Schlüsselloch – wissen Sie noch, wie groß damals die Schlüssellöcher waren? Helmut und ich beobachteten die nackten Mädchen durch dieses Schlüsselloch, bis sie schließlich Verdacht schöpften und ein Handtuch davor hängten.

Als ich klein war, spielte unser jüngeres Dienstmädchen, Martha, häufig Verstecken unter dem Bett mit mir, und gegen Mitte der Woche war ihr Körpergeruch eine Mischung aus etwas Unangenehmem und seltsam Vertrautem.

Überhaupt spielten Gerüche eine große Rolle in meiner Kindheit und Jugend. Noch heute, über siebzig Jahre später, kann ich den Geruch von Kühen, Pferden und Schweinen sofort ausmachen. Auch den Duft von Tannen, Fichten, frisch gesammelten Pilzen und Kartoffeln werde ich nie vergessen. Ich erkenne den Geruch von Hunden und Katzen, die eigentlich ein Bad nötig gehabt hätten. Zu meiner Kindheit gehört der Duft der

Kohle- oder Holzfeuer aus unseren verschiedenen Öfen, die Gerüche aus der Bäckerei, dem Metzgerladen, der Schmiede, der Kneipe mit dem Rinnstein davor, dem Frisiersalon und der Drogerie. Nie werde ich die öffentliche Suppenküche auf dem Höhepunkt der Wirtschaftskrise vergessen, wenn das Aroma der Kartoffelsuppe sich mit den Ausdünstungen der ungewaschenen Menge armer Leute vermischte. Letztes Jahr war ich in Gardelegen in der Apotheke, die früher meinen Vater belieferte, und erkannte den antiseptischen Geruch sofort wieder. War es Kampfer? Oder eher der Geruch nach «Odol», dem Mundwasser, mit dem ich mir vor dem Zahnarztbesuch immer den Mund ausspülen musste?

Meine Mutter

Meine Mutter war eine geborene Gertrud Liebenthal. Sie war das einzige Kind und stammte aus der Nähe von Brunsbüttelkoog, dort wo der Nordostseekanal, die Verbindungslinie zwischen Ost- und Nordsee, in die Nordsee mündet. Sie glaubte immer, ihr Vater habe eigentlich einen Sohn gewollt, aber stattdessen hatte er ein rothaariges, kräftiges Mädchen bekommen. Als Jugendliche nahm sie heimlich Gesangsstunden, weil sie Wagnersopranistin werden wollte, aber ihr Vater verbot ihr, Opernsängerin zu werden. «Keins meiner Kinder wird jemals auf einer öffentlichen Bühne stehen!», sagte er.

Hausfrau wie ihre Mutter wollte meine Mutter nie werden, und so beschloss sie, Medizin zu studieren, um «es ihm zu zeigen», wie sie uns später erklärte. Damals war es ungewöhnlich für eine Frau zu studieren, aber ihr Vater gestattete ihr den Besuch der medizinischen Fakultät an der berühmten Berliner Universität. Sie redete ganz offen über ihre Studentenzeit, wobei sie auch ihr starkes Geltungsbedürfnis erwähnte, als sei es eine natürliche Veranlagung, die sie hatte befriedigen müssen. Es überrascht nicht, dass Mutter als Studentin auf Ablehnung und Bewunderung zugleich stieß, wie sie es ihr ganzes Leben lang tat. Manche Leute verehrten sie, und es gab auch einige wenige Menschen, denen sie Bewunderung entgegenbrachte, allerdings betrachtete sie kaum jemanden als gleichwertig. Sie besaß bewundernswerte Eigenschaften und Absichten, aber sie provozierte auch viel Reibung und Widerspruch. Ihr Leben bestand aus einer Ansammlung von guten Taten, Streitigkeiten und Ärger.

Von Großvater Hermann, ihrem Vater, redete Mutter stets mit einer Mischung aus Bewunderung und Ablehnung. Ich weiß nicht, ob sie jemals auf seinem Schoß gesessen, ob er ihr vor dem Schlafengehen vorgelesen oder ihr einen Gutenachtkuss gegeben hat. Für sie war er der Klügste von vier Brüdern, auch wenn er nicht, wie zwei seiner Brüder, einen Doktortitel führte. Großmutter Millie stand zeit ihres Lebens im Schatten ihres Mannes und für sie empfand Mutter auch keine Bewunderung. Von meinem Vater hingegen, ihrem Schwiegersohn, wurde Millie viel zärtlicher geliebt als von ihrem Mann oder ihrer Tochter.

Mutter erzählte gern Geschichten über ihre Familie. Großvater Hermann litt an chronischem Asthma und konnte deshalb nicht in Vollnarkose versetzt werden, als seine Gallenblase entfernt werden musste. Der Chirurg behalf sich mit örtlicher Betäubung und Großvater Hermann bat darum, dass ein Spiegel über seinem Kopf angebracht wurde, sodass er den Fortgang der Operation beobachten konnte.

Das Asthma hatte er sich angeblich als Elfjähriger bei einem Wutanfall zugezogen. Er wollte mit der Postkutsche von der Schule nach Hause fahren und stellte seinen Koffer schon einmal auf den Sitz, weil er noch eine Besorgung machen wollte. Als er zurückkam, stand sein Koffer wieder auf der Straße, ein Mann hatte sich auf seinen Platz, den letzten freien Sitz in der Kutsche, gesetzt, und der Kutscher wollte Großvater nicht mehr mitnehmen. Wütend beschloss er, neben der Kutsche nach Hause zu laufen, um «es ihnen zu zeigen». Er gewann das Zwanzig-Kilometer-Rennen gegen die Pferde, aber danach brach er mit einem Asthmaanfall zusammen, und die Krankheit blieb ihm sein ganzes Leben lang.

Großvater Hermann war Vorsitzender des Stadtrats in Brunsbüttelkoog und überlebte das Ende des Ersten Weltkrieges und seine geliebte Monarchie nur um drei Jahre. Seine jüdische Herkunft hatte ihn nie interessiert, und als er 1921 starb, wetteiferten der protestantische und der katholische Pfarrer um die Ehre, ihn beerdigen zu dürfen, weil es keinen jüdischen Friedhof gab. Der Protestant gewann und hielt eine so liebevolle Predigt an seinem Grab, dass sein Bischof ihn dafür tadelte. Aber der Pfarrer ließ sich davon nicht beeindrucken und warf dem Bischof stattdessen Mangel an christlicher Nächstenliebe vor.

Einer von Großvater Hermanns Brüdern, Ludwig, den ich nur einmal in meinem Leben gesehen habe, war Landarzt in einem kleinen Ort in Pommern, und ein weiterer, Eugen, dem ständig ein Tropfen an der Nasenspitze hing, war Viehhändler.

Der Onkel jedoch, von dem Mutter am meisten sprach, war Onkel Emil, ein bekannter Physiker, der Pionierarbeit bei der Weiterentwicklung und Erforschung von Glühbirnen leistete. Die deutsche Kaiserin, die Schirmherrin des Kaiser-Wilhelm-Instituts, des führenden deutschen Forschungsinstituts, war, wollte, dass mein Großonkel Emil es leitete. Deshalb bat sie ihn, sich taufen zu lassen, was für Juden unerlässlich war, wenn sie Führungspositionen im kaiserlichen Deutschland übernehmen wollten. Aber Onkel Emil weigerte sich, obwohl er Agnostiker und außerdem mit einer Christin verheiratet war, und konnte deshalb den Posten nicht bekommen.

Man erklärte mir, dass im Kaiserreich deutschen Juden die Offizierslaufbahn in der Armee, eine Karriere im Öffentlichen Dienst und Lehrstühle an der Universität verweigert wurden, es sei denn, der Monarch erteilte eine Sondererlaubnis. Juden, die sich um die kaiserliche Gunst bemühten, galten als überehrgeizig, und wenn sie sich taufen ließen, wurden sie als Heuchler und Karrieristen angesehen.

Die deutschen Juden im Kaiserreich strebten aber nicht nur nach Anerkennung durch den Monarchen, sondern wollten bei ihren nicht-jüdischen Mitmenschen auch nicht als zu strebsam gelten. Wenn diese Gefahr bestand, mahnten sie sich gegenseitig,

«Mach kein Risches» (was ungefähr so viel bedeutet wie «Ruf keinen Hass hervor»). Diese seit Generationen überlieferten Verhaltensweisen verschwanden auch nicht plötzlich, als während der Weimarer Republik die Juden für kurze Zeit gleichberechtigt waren. Immer noch galt die Warnung, dass man sich zwar hervortun, die Ambitionen jedoch nicht zu deutlich zeigen dürfe. Mir bereitete diese Einstellung immer Probleme, weil sie mir so heuchlerisch vorkam.

Meine Mutter erzählte stets voller Zuneigung und Stolz von ihrem Großvater Rosenbaum, einem winzigen Mann, der weit über achtzig geworden war. An einem lauen Sommerabend saß er mit seiner Familie vor seinem Haus, als ein strammer junger Mann auf ein paar Rosenbüsche zeigte. Er neckte den alten Mann mit einem Gedicht: «Bäumelein, Bäumelein, du bist zu klein, ein Baum zu sein.» Daraufhin erhob sich mein achtzigjähriger Urgroßvater und brach dem jungen Mann den Arm. Vor Gericht wurde er freigesprochen wegen «berechtigtem Zorn».

Bei uns zu Hause gab es oft Reibereien zwischen Mutter und den Schwestern meines Vaters: Meine Mutter hatte das Gefühl, sie brächten ihrem Studium nicht die gebührende Hochachtung entgegen, da sie selber an keiner Universität studieren konnten. Es gab auch Streit zwischen ihr und meinem Onkel Fritz, dessen männlichem Standpunkt sie sich nie unterwerfen wollte. Onkel Hans, der jüngste Bruder meines Vaters, weigerte sich, Mutter ernst zu nehmen. Seine junge Frau, Lottie, legte sich nie ernsthaft mit Mutter an. Die beiden stritten sich nur darüber, wessen Hausmädchen die besseren Manieren hatte.

Mutter konnte wundervoll mit Patienten umgehen, die Hilfe brauchten, wie überhaupt mit jedem, der zu irgendeinem Thema Anleitung benötigte. Und ich kann nur sagen, sie verstand es, ihren Auftritt zu inszenieren! Wenn sie zu einer Gruppe von Menschen trat, erwartete sie, dass alle Gespräche sofort erstarben und jemand aufsprang, um ihr Hut und Mantel abzunehmen. Oft nahm sie einfach ihre Arzttasche mit, auch wenn es gar nicht erforderlich war. Die Leute sollten ruhig wissen, dass sie nicht nur Frau Doktor war, weil sie die Gattin eines Arztes war, sondern dass sie selber Ärztin war.

Zwar wurde Mutter nie Wagnersängerin, aber sie sang fehlerfrei, mit einer Stimme, die Glas zum Zerspringen brachte. Ich höre sie noch heute singen, wenn sie sich am Klavier selber begleitete, oder im Chor, wo man ihre Stimme deutlich heraushörte.

In echten Notfällen oder wenn sie wirklich wütend war, konnte Mutter unglaublich effizient sein. Ohne ihre Energie, ihren Mut und ihre Genialität wäre unsere Familie unweigerlich zugrunde gegangen. Gab es jedoch keine Krise zu bewältigen, so nutzte Mutter ihre Energie, um das Benehmen, die Erscheinung oder die Sprechweise anderer zu verbessern, ob das nun erwünscht war oder nicht. Sie war nicht immer leicht zu ertragen. Als Kind hätte ich es zwar nicht so formulieren können, aber ich wusste, dass die Persönlichkeit meiner Mutter so übermäßig dominant war, dass es mich große Anstrengung kostete, mich davon zu befreien. Sie erwartete immer Leistung von mir und deshalb fühlte ich mich in ihrer Gegenwart selten wohl.

Mein Vater

Mein Vater, Walther Herbert Sonnenfeldt, wuchs in einer bürgerlichen jüdischen Familie in Berlin auf und wurde Arzt, weil er es als seine Aufgabe sah, den Menschen einen Dienst zu erweisen. Er ließ sich in Gardelegen nieder, da dort ein Arzt gebraucht wurde. Genauso wie seine Mutter glaubte er fest daran, dass man unter allen Umständen integer bleiben, Missgeschick und Ungerechtigkeit schweigend ertragen und Glück mit Demut genießen müsse. Prahlen war verpönt, andere mussten die eigenen guten Eigenschaften erkennen und loben. Vater brachte mir zum Beispiel bei, dass ich für meine Handlungen selber verantwortlich sei und nie jemand anderem die Schuld an meinen eigenen Fehlern geben dürfe. Er akzeptierte die preußischen Sitten, übte sie aber bescheiden, demütig und sanft ohne jede

Arroganz aus. Dabei war er jedoch ein charakterstarker Mann, der schrecklich wütend werden konnte, wenn er nur ausreichend provoziert wurde.

Vater war der Erste in seiner Familie väterlicherseits, der ein Universitätsstudium absolvierte. Als 1914 der Erste Weltkrieg ausbrach, befand er sich im dritten Jahr seines Medizinstudiums und meldete sich, wie die meisten «Deutschen jüdischen Glaubens», sofort freiwillig zum Dienst in der kaiserlichen Armee. Da er noch kein approbierter Arzt war, diente er vier Jahre lang als so genannter «Armeearzt unter Aufsicht» und bekam für seinen Einsatz im Feld das Eiserne Kreuz. Als behauptet wurde, die Juden hätten sich vor dem Militärdienst im Ersten Weltkrieg gedrückt, brachte mein Vater immer stolz Zahlen an, die bewiesen, dass die Juden sogar größere Verluste als die Bevölkerung im Allgemeinen aufzuweisen hatten.

Bevor er sich freiwillig meldete, hatte mein Vater in seiner Studentenverbindung das obligatorische Duell hinter sich gebracht, bei dem er sich seinen «Schmiss» verdient hatte. Eine seiner Lieblingsgeschichten war, wie er sich an einem Abend in Russland während einer Kampfpause mit seinen Kumpanen aus einem nahe gelegenen Feldlazarett mit Wodka betrunken hatte. Später wurde er von einer Patrouille schlafend und völlig hinüber im Schnee gefunden. Ihm wurde ein Verweis erteilt und der General fragte ihn, ob der Sachverhalt wirklich stimmte. «Ja, Euer Exzellenz», antwortete mein Vater. Daraufhin sagte der General: «Das hat mir ja sehr imponiert.» Eigentlich aber hielt Vater nicht viel vom Trinken. Wenn ich ihm Jahre später sein abendliches Bier aus Krökels Kneipe holte, musste ich den ganzen Weg über immer laut pfeifen, um zu beweisen, dass ich keinen Schluck davon trank.

Im Ersten Weltkrieg versorgte mein Vater Zehntausende von verwundeten und kranken Soldaten und erwarb sich dabei die medizinische Erfahrung, die ihn später zu einem so hervorragenden Allgemeinarzt machte. Im Feld formte sich auch seine medizinische Philosophie: «Manche werden gesund, andere jedoch nicht, ganz gleich, was ich tue. Einigen kann man mit Medikamenten und Bettruhe helfen. Meine Aufgabe ist es, den Menschen Trost und Hoffnung zu geben und ihnen bei der Genesung zu helfen.» Von meinem Vater hieß es, er könne den Patienten schon durch Handauflegen helfen. Ihnen das Selbstvertrauen zu schenken, sie würden wieder gesund, ohne Versprechungen zu machen, war damals die eigentliche Kunst der Ärzte, und mein Vater war ein Meister darin.

Während seines Heimaturlaubes von der Front besuchte mein Vater seine Professoren an der Universität in Berlin und lernte Mutter kennen. Nach bester deutscher Soldatentradition küsste er sie unter einer Laterne, kurz darauf verlobten sie sich. Der Militärdienst wurde meinem Vater auf das Studium angerechnet und er machte sein Examen zwei Jahre vor Mutter.

Zu den schönsten Erfahrungen meiner Kindheit gehörte es, wenn ich Vater bei Hausbesuchen begleiten durfte. Er besuchte zahlreiche Patienten zu Fuß, und auf diesen Gängen stellte er mir Rechenaufgaben oder erzählte von geschichtlichen Ereignissen und seiner eigenen Kindheit. Das Band, das damals zwischen uns entstanden ist, hat ein Leben lang gehalten. Obwohl Vater mich für Missetaten bestrafte, als ich klein war, hatten wir nie ernsthaften Streit, als ich erwachsen wurde.

Die Familie der Mutter meines Vaters, Martha Caro, kam aus Breslau in Schlesien. Sie konnten ihre Vorfahren bis auf Marthas Urgroßvater, Steiner, zurückverfolgen, der Ende des 18. Jahrhunderts durch königliche Proklamation preußischer Bürger wurde, weil er Munitionskörbe für den König von Preußen herstellte. Anfang des 19. Jahrhunderts zogen die Caros nach Berlin, was damals bei den Juden in Mode war.

Kurz bevor sie starb, erzählte mir Großmutter Martha, wie ihre eigene Großmutter gestorben war. Eines Morgens bat Großmutter Steiner, damals in den Neunzigern, ihr Dienstmädchen, die Zinkwanne herauszuholen, Wasser heiß zu machen und ihre besten Kleider zurecht zu legen. Sie ließ sich von dem Mädchen baden und sagte dann: «Heute sterbe ich.» Dann zog sie ihr bestes purpurrotes Kleid an, setzte sich in ihren Lieblingssessel, faltete die Hände – und starb.

Vater hatte zwei Schwestern und einen Bruder. Tante Erna, die älteste, hatte ein Herz aus Gold und ein sonniges Gemüt, aber Mutter machte sich so oft ungerechterweise darüber lustig, wie dumm sie sei, dass ich mich immer bemüßigt fühlte, sie in Schutz zu nehmen. Nach Vater kam Tante Käthe, sehr etepetete, aber nett. Sie heiratete Onkel Fritz, der schon früh Waise wurde.

Da er als Waise nicht das Geld für ein Universitätsstudium hatte, ging Fritz mit vierzehn in die Lehre, um Geschäftsmann zu werden. Eines Tages schickte ihn sein Chef zur altehrwürdigen Reichsbank, um die Gehälter abzuheben. Er wies den Kassierer darauf hin, dass dieser ihm hundert Reichsmark zu viel gegeben habe, aber dieser antwortete: «Mach, dass du wegkommst, du junger Schnösel, ein Kassierer der Reichsbank macht keine Fehler.» Mein Onkel widersprach noch einmal, als er jedoch auch damit keinen Erfolg hatte, steckte er das Geld ein und ging. Eine Woche später sah er eine Todesanzeige, aus der hervorging, dass der Kassierer der Reichsbank Selbstmord begangen hatte, nachdem Buchprüfer entdeckt hatten, dass in seiner Abrechnung hundert Reichsmark fehlten. Als Onkel Fritz mir die Geschichte erzählte, wurde mir klar, dass er in gewisser Weise aus demselben Holz geschnitzt war: Ein Perfektionist und Tyrann zugleich, verwöhnte er meine Tante Käthe genauso, wie er sie unterdrückte.

Onkel Hans war der jüngste der Sonnenfeldt-Kinder und bis zu seinem Tod mit über achtzig das Enfant terrible der Familie. Er hatte, ebenso wie mein Vater, einen riesigen Schmiss auf der rechten Wange. Der Vorsitzende einer schlagenden Verbindung hatte ihn mit einer spöttischen Bemerkung über Juden zum Duell herausgefordert und ihm dabei eins über sein, wie er sagte, großes Maul gezogen.

Onkel Hans studierte Chemie und machte eine Seifenfabrik auf, die aber Pleite ging. Auch sein nächster Versuch, die Fabrikation von Schokolade, war kein Erfolg. Dann studierte er Volksökonomie (eine Mischung aus Ökonomie, Steuergesetzgebung und Verfassungsrecht) und erwarb seinen Doktortitel in diesem

Fach. Meine Mutter behauptete immer, seine Dissertation sei nicht auf ganz ehrlichem Wege zustande gekommen.

Als arbeitsloser Herr Doktor las Hans in den zwanziger Jahren über die gigantische Pleite der Stinnes-Dynastie, die Milliarden von Mark verloren hatte. Bewaffnet mit seinem frisch erworbenen Wissen über die Steuergesetzgebung überredete Onkel Hans die Gläubiger von Stinnes, sich von ihm vor Gericht vertreten zu lassen, damit sie eine Steuerrückzahlung von über 800 Millionen Mark bewilligt bekamen. Seine Provision betrug acht Millionen Mark, im armen Deutschland damals eine ungeheure Summe. Hans bekam achtzig Bündel brandneuer Tausendmarkscheine, die er in einem Koffer zu einem Familientreffen mitbrachte. Vor den Augen der Eltern, Geschwister, Schwager und Schwägerinnen, Hausmädchen und dem Fahrstuhlführer öffnete er den Koffer und sagte zu seinem Vater: «Zähl nach!» Dann verteilte er Geld an die Bedürftigen, die auf seine Einladung da waren. Von diesem Zeitpunkt an bis zu seiner Flucht vor den Nazis elf Jahre später war er der Mann mit der goldenen Hand. Na ja, nicht alles, was er berührte, wurde zu Gold, aber er verstand es auf jeden Fall, die Dinge zum Glitzern zu bringen.

Deutschland im Jahr 1932

Wenn ich abends meinem Vater Bier in Krökels Kneipe holte, hörte ich häufig, wie die Gäste über anale und andere Körperfunktionen, die als komisch galten, Witze rissen. Je mehr sie jedoch getrunken hatten, desto häufiger schlich sich Schadenfreude in die Äußerungen ein, was dann nicht mehr so witzig war. Es herrschte eine seltsam fremdenfeindliche Stimmung, Haß und Verachtung für alles Ausländische. Russen galten als Untermenschen und Tiere; Polen wurden als schlampig und zurückgeblieben verspottet, Österreichern und Italienern konnte man nicht trauen, weil sie so gerissen waren; die Franzosen waren degeneriert, Bayern waren weniger wert als Preußen, und Juden waren schmutzig, verschlagen und betrügerisch.

Nichts war so gut wie deutsches Essen, deutsche Kleidung, deutsche Literatur oder eben auch «deutsches Blut». Das war kein gutmütiges Geplänkel mehr, sondern es waren gnadenlose Vorurteile, die seit jeher Feindseligkeiten zwischen den Völkern begünstigen. Nur die Engländer und Skandinavier blieben von der allgemeinen Verachtung verschont. Engländer galten zwar als perfide, wurden aber wegen ihrer Fähigkeit, Kriege zu gewinnen, und wegen ihrer Neigung, auf die Deutschen herabzublicken, bewundert. Die Skandinavier galten – wohl in Reminiszenz an ihre Vorfahren, die alten nordischen Gottheiten – als zäh, sauber und aufrecht. Als 1931 die Wirtschaft in Deutschland vollends zusammenbrach, erreichten Hass und Verachtung den Höhepunkt. Die Arbeitslosigkeit in Deutschland war so groß, dass manche Patienten meine Eltern nur mit Nahrungsmitteln oder irgendwelchen Hilfsdiensten bezahlen konnten, weil sie kein Geld hatten. Vater und Mutter wurden als «Armenärzte» bekannt, weil sie immer halfen, auch wenn sie nichts dafür bezahlt bekamen.

Ein Bauer gab meiner Mutter einmal für einen Hausbesuch ein Dutzend Eier. Als sie über den Hof ging, fielen die Eier aus ihrer Tasche heraus in einen Kuhfladen. Sie sammelte die, die nicht kaputtgegangen waren, auf, wischte sie ab und steckte sie wieder in die Tasche. In jener Zeit wurden keine Nahrungsmittel verschwendet. Selbst halbfaulige Äpfel wurden gekocht oder für Kuchen verwendet. Hunger hatten wir nie. Mein typisches Pausenbrot in der Schule bestand aus Graubrot mit Speck und hausgeräucherter Schweinewurst. Obst oder Kuchen gab es nicht, und Wasser holten wir uns an der Pumpe im Schulhof. Und diese Ernährung hielt uns relativ gesund!

Mutters wohltätige Impulse wurden in den Jahren 1930-1933 stark gefordert. Häufig läuteten Bettler bei uns an der Tür, und Mutter gab ihnen meistens etwas zu essen. Einmal nahm ein Bettler nur zögernd den Teller mit Erbsensuppe an, den sie ihm reichte. Nach einer Weile läutete er wieder und gab den blank geputzten Teller zurück. Als am nächsten Tag meine Mutter ihren Regenschirm aufspannte, der in einem Ständer vor der Haustür steckte, regnete es kalte Erbsensuppe auf sie. Offensichtlich wird Wohltätigkeit nicht immer belohnt.

Ich wusste nie, woher diese Bettler kamen, wo sie hingingen oder wo sie schliefen. Wir nannten sie Schnorrer, und sie hatten einen untrüglichen Instinkt dafür, sich gerade die Häuser herauszupicken, wo man ihnen auch etwas gab. Manche waren bettelarme Juden, die es aus dem «Osten» nach Gardelegen verschlagen hatte, und es wurde uns stets deutlich vermittelt, dass wir etwas Besseres seien als sie.

Im Deutschland vor der Hitlerzeit waren Gleichheit und Gleichberechtigung eher Schlagworte als Realität. Wenn sie mit einem Höhergestellten redeten, verhielten sich die Deutschen immer unterwürfig, änderten jedoch ihr Verhalten sofort, wenn ein Untergebener vor ihnen stand. Viele Jahre später hörte ich die Redensart «Jeder Deutsche muss jemanden über sich haben» und mir kam in den Sinn, dass dies gleichzeitig bedeutete, es müsse auch jemand unter ihm sein! Mir fiel schon früh auf, dass selbst Mutter weniger selbstbewusst auftrat, wenn sie jemandem gegenüberstand, der einen höheren Rang einnahm als sie. In Gardelegen gab es eine adelige Dame, der sie mit äußerstem Respekt begegnete, während sie ansonsten recht selbstbewusst war. Ein solches Verhalten war in jener Zeit ganz normal.

Statusdenken war allgegenwärtig, und wirklich gleich waren sich die Bürger nur in ihrer Ehrfurcht vor dem Staat, mit Institutionen wie Armee, Polizei, Gericht und Schule. Wir lebten in einer Gesellschaft, in der Uniformen und Autorität verehrt wurden. Ich kann mich noch gut erinnern, dass Arbeiter immer den Hut oder die Kappe zogen, wenn sie mit meinem Vater sprachen – bevor er ein verachteter Jude wurde. Der Sohn des Arztes zu sein verlieh mir in meiner Kindheit einen gewissen Rang unter meinen Spielkameraden.

Es gibt ein deutsches Wort, das in keiner anderen Sprache ein Äquivalent hat: Zivilcourage. Lange bevor Hitler den totalen Gehorsam verlangte, scheuten sich die Deutschen schon davor, sich gegen eine Autorität zu wehren oder, Gott bewahre, einen uniformierten Repräsentanten des Staates anzugreifen. Wenn es um Rang oder Autorität ging, waren Ehrerbietung, Heuchelei und Unterwürfigkeit die Norm, nicht Zivilcourage.

Die Deutschen fühlten sich wohl, wenn alles sauber und ordentlich war. Rang war Rang und wurde durch Titel verstärkt und ausgedrückt. Jemand, der einen Traktor besaß, war «Herr Traktorbesitzer», und der Bäcker war «Herr Bäckermeister», während der einfache Arbeiter noch nicht einmal mit Herr angeredet wurde. Die Frau des Arztes war Frau Doktor. Das mag nicht für die gesamte deutsche Gesellschaft gegolten haben, aber in der Sandstraße, wo ich aufwuchs, war es an der Tagesordnung. Mir jedenfalls war die Hackordnung in der Nachbarschaft sehr wohl bekannt.

In den zwanziger Jahren, während der Weimarer Republik, basierten Klasse und Rang offiziell auf der Ausbildung und nicht so offensichtlich auf ererbten Titeln und Reichtum, wie es im Kaiserreich der Fall gewesen war. Dieser Wandel in den Kriterien wirkte sich auf die deutsche Gesellschaft jedoch nicht so aus, wie man hätte meinen können. Eine Gymnasialausbildung kostete nicht nur Geld, sondern minderte auch das Familieneinkommen: Die Kinder konnten als Gymnasiasten hierzu nicht mehr in dem Maße beitragen, wie wenn sie die Schule mit vierzehn verlassen hätten. Für Familien, die ihre eigenen Nahrungsmittel anbauten, Familien, in denen die Mutter noch die Kleider nähte, war es nicht leicht, Kindern über vierzehn den Besuch des Gymnasiums zu ermöglichen. Ausbildung hatte immer noch etwas mit Vermögen zu tun und so änderte sich auch die Gesellschaft nicht so schnell, wie man hätte erwarten können. In der Weimarer Republik konnte sich das Proletariat zwar in politischen Parteien zusammenschließen, blieb jedoch wirtschaftlich benachteiligt, weil es sich die bessere Ausbildung nicht leisten konnte.

Aufgrund ihrer politisch liberalen Einstellung lehnten meine Eltern Militarismus und Klassenprivilegien auf der intellektuellen Ebene ab, aber die Gesellschaft, in der wir lebten, verehrte Uniformen, Helden und Siege. Wir hatten große, prachtvoll gebundene Bücher mit Bildern aus der «heroischen» Zeit der deutschen

Geschichte. Lithographien des preußischen Generals Blücher, der Napoleon bei Waterloo eine Niederlage bescherte, wobei allerdings der Duke of Wellington nicht erwähnt wurde. Aufwühlende Bilder von preußischen Siegen über Dänemark, Österreich und Frankreich, Kriege, die Bismarck gewonnen hatte und aus denen er das Reich schuf. Auch der heldenhafte Hindenburg, der damalige Reichspräsident, war auf einem Pferd mit dem Säbel in der Hand abgebildet, ein militärischer Held, der die russischen Horden vertrieb.

Mit der Taschenlampe las ich abends im Bett unter der Decke glühende Berichte von Deutschlands siegreichem Marsch nach Belgien und Frankreich zu Beginn des Ersten Weltkrieges, aber es wurde kein Wort darüber verloren, dass sich Deutschland ergeben musste, um die Alliierten davon abzuhalten, weiter ins Land vorzudringen. Mir wurde beigebracht, dass Deutschland gezwungen gewesen war, zu kapitulieren und das Diktat des Versailler Vertrags zu akzeptieren, weil ihnen linke Verräter wie Walter Rathenau, der die Kriegsrohstoffabteilung im preußischen Kriegsministerium aufgebaut hatte, und Rosa Luxemburg, eine kommunistische Reichstagsabgeordnete, in den Rücken gefallen waren. Beide waren im Übrigen Juden gewesen und nach dem Krieg ermordet worden. Erst 1945 bei den Nürnberger Prozessen sah ich den Beweis dafür, dass die deutschen Generäle 1918 die weiße Fahne gehisst hatten, während ihre Truppen noch in Frankreich und Belgien kämpften, um sich nicht auf deutschem Boden ergeben zu müssen. Die verlogene Dolchstoßlegende wurde von den Nazis und den Rechten endlos wiederholt, und die Linke hat sich nie dagegen gewehrt. In den Geschichten, die ich mit der Taschenlampe unter der Bettdecke las, dürsteten die Deutschen nach Wiederherstellung ihres Stolzes und der Tilgung ihrer Schmach.

Der Vertrag von Versailles benannte und bestrafte Deutschland als alleinigen Anstifter des Ersten Weltkrieges (eine fragwürdige Behauptung), sah allerdings die Ursache für Deutschlands Niederlage nicht im militärischen Versagen. Es mussten Reparationszahlungen erbracht werden, die sich das Land nicht leisten konnte, und durch den Versailler Vertrag wurden der Armee strenge Restriktionen auferlegt, die diese kriegerische Nation noch mehr demütigten. Hunger und Obdachlosigkeit, verursacht durch die weltweite Wirtschaftskrise, begleitet von Wut und Ressentiments gegen die Sieger des Ersten Weltkrieges, die noch durch die Lügen des Militärs geschürt wurden, machten aus den Deutschen eine niedergeschlagene, paranoide Gesellschaft. Und soweit ein Kind solche Dinge spüren kann, hegte auch ich derartige Gefühle.

Mein Herz schlug schneller, als man mir als Schuljunge beibrachte, wie ein Soldat zu marschieren, mit einem Stock über der Schulter, der mein Gewehr darstellen sollte. Meine Familie trauerte wie alle anderen Familien dem verlorenen Ruhm Deutschlands nach, und auch wir strebten danach, den deutschen Nationalstolz wieder herzustellen. Im vierten Schuljahr hörte ich Hitlers Namen häufiger. Er war ein Veteran, ein tapferer, hoch dekorierter Soldat, der den Einsatz von Giftgas in den Schützengräben miterlebt hatte und immer wieder betonte, wie sehr er den Krieg hasse. Er versprach dem deutschen Volk Arbeit und Essen und wollte aus Deutschland wieder eine Nation voller Ehre und Stolz machen. 1932 und 1933 erwähnte er zunächst noch nichts von dem Rassenhass, den er in «Mein Kampf» dargelegt hatte und später mit solcher Vernichtungskraft schürte.

Wir besaßen eins der wenigen Radios in Gardelegen, und Vater lud den protestantischen Pfarrer und den katholischen Priester ein, sich mit ihm zusammen das Wahlergebnis von 1932 anzuhören. Auf gesellschaftlicher Ebene begegneten sich diese beiden Kirchenmänner nur in unserem Haus. Deutschland war zerrissen durch einen bitteren, oft tödlichen Streit zwischen dem linken Lager, also der kommunistischen und der sozialdemokratischen Partei, und den Nazis sowie der monarchistischen deutschen Nationalpartei auf der rechten Seite. Das Zentrum, die hauptsächlich katholische Partei der Mitte, war nicht stark genug, um den Hass zwischen beiden Seiten auszugleichen. Es ist seltsam, dass ich mich noch so gut daran erinnere, wie mein jüdischer Vater sagte, «Dieser Hitler klingt ziemlich vernünftig», wobei die beiden Kirchenmänner ihm vehement widersprachen. 1932 versuchte Hitler, auch die Stimmen vom Zentrum zu bekommen, weil die Linke, die Kommunisten und die Sozialdemokraten, nie für ihn stimmen würde. Die Rechte hatte er bereits auf seiner Seite. Also mäßigte Hitler seine Botschaft, damit er auch die politisch Gemäßigten erreichte. Er brauchte ihre Stimmen, um von Hindenburg, dem betagten Reichspräsidenten und Symbol für die deutschen Werte, zum Kanzler ernannt zu werden.

Bei der Wahl bekam Hitler weniger als fünfunddreißig Prozent der Stimmen, nicht genug, um eine nationalsozialistische Regierung zu bilden. Sechs Monate später, am 30. Januar 1933, nachdem einige Koalitionen gescheitert waren, ernannte Hindenburg Hitler zum Kanzler einer weiteren Koalitionsregierung. Mit konventionellen Methoden hatten es die anderen nicht geschafft, Deutschland wieder auf die Beine zu bringen, und nun war Hitler an der Reihe.

Die Nazis kommen an die Macht

Vier Wochen nach Hitlers Ernennung, am Abend des 27. Februars 1933, wurde der leer stehende Reichstag, der Sitz des Deutschen Parlaments, in Brand gesetzt. Das Feuer gefährdete niemanden, aber die Nazis interpretierten es als einen Angriff auf Gesetz und Ordnung. Am nächsten Morgen erhielt Hitler von Hindenburg ein so genanntes «Ermächtigungsgesetz, um die Demokratie zu wahren». Dass der Reichspräsident die Macht hatte, ein solches Dekret zu erlassen, war ein fataler Fehler in der Weimarer Verfassung, und Hitler verstand, ihn zu seinem Vorteil zu nutzen. Obwohl das Gesetz eigentlich nur dazu gedacht war, mit bewaffneten Aufständen oder unprovozierten Notfällen fertig zu werden, gab es dadurch Hitler sofortige, unbeschränkte Macht, um die Freiheiten der Bürger zu beschneiden, ohne dass die Gerichtsbarkeit eingreifen konnte. Somit konnten die Nazis Oppositionsführer «zu ihrem eigenen Schutz» einsperren. Am

5. März 1933 rief Hitler Neuwahlen aus, aber die Nationalsozialisten erreichten trotzdem nur vierundvierzig Prozent der Stimmen. Daraufhin schickten sie so viele Oppositionsabgeordnete ins Gefängnis, dass sie und ihre Verbündeten eine Zweidrittelmehrheit erreichten und im Parlament beschlussfähig waren. Am 24. März 1933 bestätigte der Reichstag den Präsidentenerlass und stimmte für die «Verordnung zum Schutz von Volk und Staat», die Hitler uneingeschränkte Macht über das Leben in Deutschland verlieh. Heute ist mir natürlich klar, was geschah, aber damals war ich noch zu jung, um es zu begreifen, und niemand erklärte es mir. Wahrscheinlich verstanden noch nicht einmal die meisten Erwachsenen, dass Hitler Deutschland jetzt vollkommen in der Hand hatte.

Am 1. April 1933 bekam ich mit, wie die Nazis jüdische Geschäfte und Handwerksbetriebe boykottierten. Eines unserer Dienstmädchen hatte mich von der Schule abgeholt. Vor unserem Haus standen zwei SA-Männer in ihren braunen Uniformen. Damals war bei solchen Einsätzen auch noch die mit Revolvern bewaffnete Polizei dabei. Viele von Vaters Patienten, auch die, denen gar nichts fehlte, kamen an diesem Tag zu ihm in die Praxis, um ihre Loyalität zu bekunden. Aber die einfachen Leute würden es später nie mehr wagen, sich gegen die Nazis zu erheben. 1933 allerdings repräsentierten die Nazis noch nicht den Staat. Vater notierte in seinem Tagebuch, dass seine Praxis noch zwei weitere Jahre lang, bis 1935, florierte, da Mutter und er die beliebtesten Ärzte in der ganzen Stadt waren und gebraucht wurden. Danach ging es bergab.

Bis dahin hatte ich nie einen jüdischen Gottesdienst besucht, und dass ich Jude war, wusste ich nur, weil ich im Vergleich zu anderen Jungen beschnitten war. An diesem Tag 1933 jedoch setzten sich meine Eltern mit allen anderen jüdischen Familien in Gardelegen in Verbindung. Es hatte nie eine jüdische Gemeinde im Ort gegeben, aber jetzt schlossen sich die Juden zusammen.

Jener Tag war ein Wendepunkt in meinem Leben. Ich war ein deutscher Junge gewesen, der Sohn des Arztes, Klassenbester, ein natürlicher und beliebter Anführer der anderen Kinder. Plötzlich wurde aus mir ein Mitglied einer verachtenswerten Rasse, ein Verräter an Deutschland und eine unerwünschte Person. Wir hofften jedoch trotzdem immer noch, dass dies nur vorübergehend sei. Ich erinnere mich nur zu gut daran, wie die Erwachsenen erklärten, dieses Mal sei Hitler zu weit gegangen und er würde bald von der Bildfläche verschwinden. Alle dachten, Präsident Hindenburg würde dafür sorgen, dass er abgesetzt würde.

Ich war mittlerweile auf dem Gymnasium. Statt neunundvierzig Klassenkameraden, wie in der Grundschule, waren wir nur noch sechzehn in der Klasse, darunter sechs aus den umliegenden Dörfern. Es gab auch drei Mädchen, die getrennt von den Jungen saßen. In meinem zweiten Monat auf dem Gymnasium hatte ich das letzte erfreuliche Schulerlebnis. Wir machten eine Schwimmprüfung, und ich war der Einzige aus meiner Klasse, der den Kopfsprung vom Dreimeterbrett beherrschte. Bevor jemand merkte, dass ich der Judenjunge war, klatschten alle.

Meine Welt begann sich zu verändern, zunächst langsam, dann aber immer schneller, wie ein Schneeball, aus dem eine Lawine wird. Zuerst traf mich die Gründung der Hitlerjugend. Viele meiner Klassenkameraden traten ihr bei, bekamen den Dolch mit dem eingravierten Hakenkreuz und die Uniform. Die Mädchen schlossen sich im BDM (Bund Deutscher Mädel) zusammen, und auch sie zogen singend durch die Stadt, wenn es ins Ferienlager oder zu Spielen ging. Die Jungen lernten Schießen und Selbstverteidigung und trieben Sport.

Der Hitlerjugend war es verboten, mit Juden zu sprechen oder zu spielen. Anfangs, bevor überhaupt jemand begriff, wie viel Böses sich unter der scheinbar wohltätigen Oberfläche verbarg, litten Helmut und ich darunter, ausgeschlossen zu sein. Jahre später erinnerte sich Mutter daran, wie Helmut, der damals erst sieben war, hinter der Gardine stand und sehnsüchtig auf die Hitlerjugend blickte, die singend durch die Straßen marschierte. Die jüdischen Gemeinden in größeren Städten organisierten

Jugendaktivitäten wie den Bar Kochba Sport Verein, aber in Gardelegen, wo es nur fünf jüdische Kinder unterschiedlichen Alters gab, war das unmöglich. Mutter machte zwar Ausflüge mit uns, aber das entschädigte uns nicht für das Gefühl des Ausgeschlossenseins und die Unannehmlichkeiten, die wir ertragen mussten, zumal fanatische Betreuer immer mehr Gift in die Köpfe der Hitlerjugend träufelten. Ich kann mich noch gut an ein Lied erinnern, «Und wenn das Judenblut vom Messer spritzt», das zu einer schnellen, fröhlichen Marschmelodie gesungen wurde. In Gardelegen waren das jedoch zunächst nur Worte. Noch niemand war körperlich verletzt oder vertrieben worden, und noch waren keine jüdischen Geschäfte geschlossen worden.

Auch 1934 hielt die Polizei die Nazirandalierer noch in Schach. Präsident Hindenburg lebte noch, und da er als Nationalheld verehrt wurde, hütete Hitler sich, ihn zu provozieren. Dann jedoch starb er und alle spekulierten, wer wohl seine Nachfolge antreten würde.

Hitler ließ Hindenburg in einem Staatsbegräbnis von wagnerianischen Ausmaßen beisetzen. Dann erklärte er sich, unter Missachtung der Verfassung, die er bereits pervertiert hatte, um an die Macht zu kommen, zum obersten Führer von Deutschland. Alle, das Militär und die Verwaltung, Polizei, Lehrer und die Gerichtsbarkeit, mussten jetzt einen Treueeid auf Hitlers Person ablegen – nicht auf die Verfassung, nicht auf ihr Land, sondern auf Hitler, den Führer. Und es war ein Verbrechen, den Eid zu verletzen. So wurde Hitler der Staat und Antisemitismus wurde zur Staatspolitik und zum Gesetz.

Um die verfassungsmäßige Justiz zu umgehen, hatte Hitler bereits «Volksgerichtshöfe» geschaffen, in denen nur Parteimitglieder saßen. Der Reichsjustizminister – im Übrigen ein seltsamer Titel im nationalsozialistischen Deutschland – erklärte: «Früher haben wir gefragt: ‹Was ist Gesetz?› Heute fragen wir nur noch: ‹Was will der Führer?›» Weder die protestantische noch die katholische Kirche äußerten moralische Bedenken. Auch die Zeitungen waren fest in der Hand der Nazis. Der Rundfunk, das staatlich kontrollierte Radio, wurde Goebbels' Propagandainstrument. Ausländische Sender zu hören war verboten. Bücher, die nicht der nationalsozialistischen Doktrin entsprachen, wurden verbrannt. Jegliche Form von Opposition galt als Verrat.

Ohne auf den Rat seiner Militärberater zu hören, besetzte Hitler erneut das Rheinland, dessen Entmilitarisierung im Versailler Vertrag festgelegt worden war. Deutschland war noch nicht wieder bewaffnet, und unverständlicherweise ließen Frankreich und England, die gut bewaffnete Tschechoslowakei, Polen und die mächtige Sowjetunion ohne jeden Einwand zu, dass Hitler den Vertrag ignorierte. Nachdem er die Opposition im eigenen Land mundtot gemacht hatte, legitimierten auch Deutschlands Erzfeinde ihn, indem sie schwiegen. Bei uns in Gardelegen waren alle außer sich vor Freude über die Wiederherstellung der deutschen Würde, sogar Hitlers Widersacher oder Juden wie meine Eltern und wir Kinder. Man sang Lieder über den Rhein, die Loreley und die Nibelungen. Die Deutschen fühlten sich wie wagnerianische Helden. In unserer Straße wie in ganz Deutschland wurden die Fahnen gehisst, manchmal sogar die alte kaiserliche Fahne.

Nachdem Hitler den Staat erobert hatte, machte er sich daran, die deutsche Seele zu erobern. Meine Familie fühlte sich immer noch als Deutsche und noch hatten wir Deutschland nicht mit Nationalsozialismus gleichgesetzt. Warum sollten wir auch? Wir glaubten ja immer noch, dass Hitler sich entweder nicht mehr lange halten oder gemäßigter werden würde. Die Wiederbesetzung des Rheinlands war jedoch wirklich ein entscheidender Moment, und spätestens da hätten wir begreifen müssen, dass Hitler an der Macht bleiben würde. Es war niemand mehr da, der ihn hätte stürzen können: Seine fanatischen Braun- und Schwarzhemden standen hinter ihm, die Armee war wiederbewaffnet worden, und die sechzig Millionen Deutschen waren begeistert von seinen Taten. Zwischen 1933 und 1935 holte Hitler Deutschland aus der Depression heraus. Die Löhne stiegen, die Arbeitslosenzahlen sanken und noch verlangten seine antisemitischen Äußerungen von gewöhnlichen Bürgern nichts Unrechtes.

Warum sollten sich die Deutschen ängstigen, wenn noch nicht einmal die meisten Juden so alarmiert waren, dass sie das Land verließen?

Obwohl niemand Hitler bedrohte, so brauchte er doch, wie jeder Diktator, Feinde. Verbal dienten ihm England, Frankreich, Polen und die Tschechoslowakei als Zielscheibe, die meisten Hasstiraden richteten sich jedoch gegen die Sowjetunion. Diese Länder waren seine äußeren Feinde. Hinter ihm standen «gute» Deutsche, und somit blieben als einzige mögliche Feinde im Innern die Juden. Sein Hass, sein Neid und seine Verschlagenheit, die verzerrten geschichtlichen Darstellungen und das Gift des unverstandenen Künstlers, all das, was er in «Mein Kampf» beschrieben hatte, trat jetzt zutage.

Gemieden und gedemütigt, aber noch nicht von den Nazis tödlich getroffen, besannen sich viele deutsche Juden auf ihre

Richards (Wolfgangs) Bar Mitzvah, Gardelegen, Juli 1936, mit Eltern, Bruder, Großvater, Onkeln, Tanten, und weiteren Familienmitgliedern. Richard ganz rechts im weißen Hemd in der dritten Reihe von oben bei seinem Vater

Religion, ob nun aus einem Identifikationsbedürfnis oder aus Schuldgefühl heraus, das kann ich nicht sagen. Plötzlich wollten auch meine Eltern sich wie Juden verhalten, vor allem meine Mutter. Mir gefiel das nicht. Nach meiner Bar Mizwah 1936 weigerte ich mich, noch mehr mit Religion zu tun zu haben. Ich wusste, dass die Tatsache, dass die deutschen Juden ihren Glauben nicht praktizierten, nichts mit dem Nationalsozialismus zu tun hatte, und wenn wir jetzt althergebrachte Rituale wieder aufleben ließen, so würde das gegen Hitler nichts ausrichten. Ich wollte kein gläubiger Jude sein, nur weil Hitler die Juden verfolgte.

Nach den Olympischen Spielen in Berlin 1936, die Hitler mit Gräuelberichten von antisemitischem Terror nicht verderben wollte, zog sich die Schlinge langsam immer enger zu. Aber immer noch ging alles nur schrittweise vor sich. In dieser Zeit verlor mein Vater die meisten seiner Patienten, weil die Versicherungen jüdischen Ärzten nichts mehr bezahlen durften. Meine Eltern kämpften ums Überleben, und meine erfinderische Mutter verwandelte mehrere Zimmer unseres großen Hauses in ein Genesungsheim für Berliner Juden. Weil es nur wenige jüdische Hebammen und noch weniger jüdische Geburtsstätten gab, wurde ein weiteres Zimmer zu einem Kreißsaal umfunktioniert. So hatten meine Eltern wenigstens ein Einkommen.

Da das Menetekel an der Wand mittlerweile nicht mehr zu übersehen war, gerieten die Juden nun in Panik. Bevor 1935 die so genannten Nürnberger Gesetze in Kraft traten, hatten nur diejenigen das Land verlassen, die befürchten mussten, umgebracht oder verhaftet zu werden. Mit dieser offenen Verletzung der Bürgerrechte jedoch legte sich die Schlinge um den Hals jedes deutschen Juden. Die Nürnberger Gesetze machten aus den Übergriffen von Schlägertypen staatlich anerkannte Politik. Juden durften keinen Beruf mehr ausüben. Sie wurden zu Aussätzigen, leichte Beute für ihre Verfolger und jeden, der ihnen etwas antun wollte. Jetzt hatten sie keine Möglichkeit mehr, sich ihren Lebensunterhalt zu verdienen. Alle Deutschen mussten Antisemiten sein. Und doch kannte ich selbst auch 1938 noch nieman-

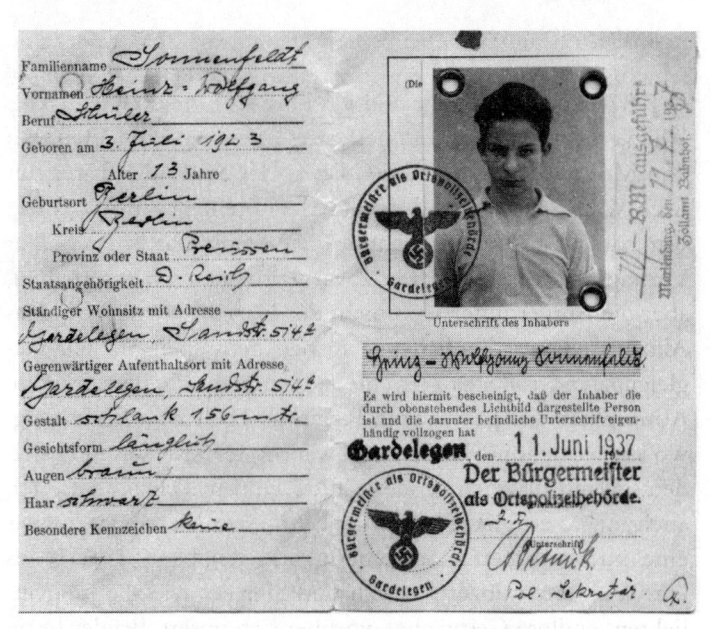

Richards Personalausweis, 11. Juni 1937

den, der umgebracht worden war, obwohl allen mittlerweile die Schlinge bereits um den Hals lag. Über Konzentrationslager wurde nur getuschelt.

Zwischen 1933 und 1938 erlebten Helmut und ich, wie sich alle unsere Freunde von uns abwandten. Die Eltern dieser Kinder mussten ihre berufliche Laufbahn, ihre Geschäfte, ihr Einkommen und ihren gesellschaftlichen Status schützen. Wenn ihre Kinder sich mit Juden einließen, waren ihr Besitz und ihre Zukunft in ernster Gefahr. In allen Läden hingen Schilder, auf denen stand, «Juden sind hier nicht erwünscht», und die anderen Kinder verspotteten mich als stinkenden, diebischen Perversen. Als Heranwachsender erfuhr ich, was es bedeutete, vollkommen von Gleichaltrigen isoliert zu sein – wobei ich mich gleichzeitig natürlich fragte, ob nicht doch etwas Wahres an den gemeinen Beschimpfungen war. Einmal jagte mich eine Bande von ungefähr zwanzig Jungen als «dreckigen Juden», bis ich Steine nach ihnen warf. Erst da ließen sie mich in Ruhe. Da ich keine Freunde hatte, entwickelte ich Hobbys und baute Radios für meine Familie.

1937 erlebten Helmut und ich kurz eine freie Gesellschaft. Wir verbrachten die Sommerferien bei einer alten Freundin von Mutter in Danzig oder Gdansk, der Stadt, die später mit Lech Walesa die Wiege der polnischen Freiheit wurde. Danzig war vor 1939 eine so genannte Freie Stadt, was im Versailler Vertrag festgeschrieben war. Zwar wurde deutsch gesprochen, aber die Bürger unterlagen nicht der Nazi-Gesetzgebung. Das Alltagsleben war ähnlich wie in den deutschen Städten vergleichbarer Größe, es herrschte jedoch nicht die bedrückende Atmosphäre eines totalitären Regimes. Das Leben in Danzig, wo es auch schöne Strände gab, war so viel besser als in Hitlerdeutschland, dass ich es idealisierte. Und in Danzig hatte ich auch meine erste Romanze. Ihr Name war Marianne, sie war eine Nichte unserer Gastgeberin und ein bisschen älter als ich. Wir waren unzertrennlich und führten, wie alle Jungverliebten, endlose Gespräche, worüber sich unsere Brüder lustig machten.

Mit dem Sommer in Danzig endete auch meine erste Liebelei. Die beiden jüdischen Mädchen in Gardelegen waren nicht im richtigen Alter und abgesehen davon interessierten sie mich auch nicht. Und eine Beziehung mit einem arischen Mädchen einzugehen war mir natürlich verboten. Heimlich jedoch warf ich einigen Blicke zu, und manche erwiderten sie auch. Bei einer Romanze zwischen einem jüdischen Heranwachsenden und einem arischen Mädchen wäre der Junge ins Gefängnis gekommen und das Mädchen wäre auf der Straße als Judenliebchen angespuckt worden. Folglich ergab sich aus heimlichen Blicken nie eine Verabredung.

Viel ernster als mein nicht vorhandenes Liebesleben war jedoch die bittere Erkenntnis, dass wir Deutschland verlassen mussten. Aber was sollten wir tun?

Freunde hatten Mutter einmal mit einer jüdischen Familie bekannt gemacht, die vor ungefähr zehn Jahren auf dem Weg von Russland nach Baltimore, wo sie mittlerweile einen Lebensmittelladen besaß, durch Gardelegen gekommen war. Mutter nahm Kontakt mit ihnen auf, und sie luden sie nach Amerika ein. Während ihres Aufenthaltes dort halfen sie ihr dabei, den vorgeschriebenen Fürsprecher zu finden, der für ein amerikanisches Einwanderungsvisum unerlässlich war. Mutters Rückkehr aus Amerika war eine freudige Zeit, weil wir jetzt ein Ende unseres Leidens in Deutschland absehen konnten. In ein paar Monaten würden wir eine Quotennummer und dann ein Visum für die Vereinigten Staaten bekommen. Hochgemut feierten wir.

Inzwischen war das Leben in Gardelegen zur Hölle geworden. Ich hatte einen beschränkten Lehrer namens P. Er war «Oberschullehrer» und durfte eigentlich im Gegensatz zu Gymnasiallehrern mit Doktortitel nur Kunst und Mathematik für die fünfte Klasse unterrichten.

Eines Tages, im Jahr 1937, begann dieser Lehrer seinen Unterricht mit dem Hitlergruß und brüllte «Heil Hitler!». Ich als der einzige jüdische Junge in der Klasse erwiderte den Gruß nicht, und als er mich daraufhin anschrie, erklärte ich ihm, dass ich das als Jude nicht dürfe (es gab tatsächlich eine solche Verordnung). Er geriet außer sich vor Wut, mit verzerrtem Gesicht schrie er mich mit überkippender Stimme an. Dann holte er keuchend Luft und erklärte mir, ich solle mich draußen in eine dunkle Ecke der Halle stellen, bis er den Hitlergruß beendet habe. Von da an musste ich mehrmals in der Woche draußen warten, bis alle meine Klassenkameraden an meinem Lehrer vorbei in die Klasse marschiert waren und ihm den Hitlergruß entboten hatten. Dann ließ er jemanden rufen, «der Jude kann jetzt hereinkommen». Da die Deutschen immer schon zur Schadenfreude neigten, war das für einige meiner Klassenkameraden ein großer Spaß. Ich habe meinen Eltern nie davon erzählt.

Besagter Lehrer verkündete auch in der Klasse meines Bruders, dass er den Schülern etwas über die Juden erzählen wolle und dass solange der Jude das Klassenzimmer verlassen müssse. Helmut, der damals elf war, sagte: «Ich möchte aber lieber bleiben, weil ich auch hören will, was Sie zu sagen haben.» Daraufhin brabbelte der Lehrer alles Mögliche über die Juden, so wie sie in «Der Stürmer», Julius Streichers berüchtigtem Hetzblatt, dargestellt wurden: Sie seien hässlich, schmutzig, geldgierig, brächten kleine Kinder um, zettelten internationale Verschwörungen an, seien gemeine Verführer und Feinde des deutschen Volkes mit stinkendem Atem und abwegigen Gedanken. Als er fertig war, soll Helmut gesagt haben: «Danke für Ihre Erklärung!» Er war der einzige Lehrer, der sich an jüdischen Kindern vergriff, und es gab Gerüchte, er sei geheimer Chef der örtlichen Gestapo. Interessanterweise hatte ebendieser Mann eine riesige Nase mit einem enormen Höcker und war somit die Personifizierung der groben Karikaturen aus dem «Stürmer». Ich habe mich immer gefragt, ob er vielleicht so ein glühender Nazi war, weil er fürchtete, wegen seiner Nase für einen Juden gehalten zu werden.

Ich hatte noch einen weiteren Zusammenstoß mit meinem damaligen Klassenlehrer, wobei er mir einen Tadel wegen «jüdischer Arroganz» ins Klassenbuch eintrug, der später auch auf meinem Zeugnis erschien. Da ich mit vierzehn nicht mehr schulpflichtig war, erklärte ich meinen Eltern, ich wolle von der Schule abgehen. Sie sorgten jedoch dafür, dass ich auf ein jüdisches Gymnasium nach Berlin wechseln konnte, wo einige der besten Lehrer der Welt unterrichteten. Kurz darauf wechselte auch Helmut an diese Schule. In seinem Gardeleger Abgangszeugnis stand, dass er von nun an eine «Judenschule» besuchte, was nach dem Sprachverständnis der Nazis einen Ort bedeutete, an dem es drunter und drüber ging und Autorität, Disziplin, Ordnung und Sauberkeit einer Nazi-Schule nicht mehr gewährleistet waren.

Ich war fünfzehn, als ich nach Berlin zog. Zuerst wohnte ich bei Tante Lottie und Onkel Hans, die in mir einen fantastischen Babysitter für ihren siebenjährigen Sohn sahen. Aber ich hatte andere Dinge im Sinn. Meine neue Schule war koedukativ und es gab dort ein paar Mädchen, die mich interessierten und umgekehrt. Also sorgte ich dafür, dass ich von Tante Lottie zu Tante Käthe ziehen konnte, wo ich kommen und gehen durfte, wie es mir beliebte, solange ich mein Bett machte und einige wenige Pflichten erfüllte – und aufpasste, dass ich nicht in Schwierigkeiten geriet. Onkel Fritz warnte mich: «Ich möchte nichts Schlechtes über dich hören», und ich sorgte dafür, dass dieser Fall nicht eintrat. Ich mochte meine Schule. Am liebsten verabredete ich mich mit Fritzie, einem gut gebauten Mädchen in meinem Alter. Wir hatten heiße Rendezvous am Wannsee, wo man sich ungestört küssen konnte. Ich hoffe, sie hat den Holocaust überlebt. Helmut wohnte bei Tante Erna, der lieben, guten Seele, die sich als Schneiderin durchschlug. Ernas sechzehnjähriger Sohn hatte eine Freundin, und ich hatte immer den Verdacht, dass Helmut bei ihr im Haus ein paar Dinge aufschnappte. Er schien gern dort zu wohnen, aber ich sah ihn während meiner Zeit in Berlin nicht allzu oft.

Man hat mich gefragt, wie ich 1938 in Berlin eine so schöne Zeit verleben konnte, nachdem man mich aus Gardelegen verjagt hatte. In Gardelegen kannte jeder jeden, aber in Berlin, der Vier-Millionen-Stadt, war ich anonym. Ich kann mich nicht erinnern, jemanden aus Tante Käthes Mietshaus gekannt zu haben, und draußen auf der Straße war ich nur einer in der Menge. In meinen ledernen Kniebundhosen, Schnürstiefeln und der kurzen Schülerjacke erregte ich keine Aufmerksamkeit. Mit fünfzehn war meine Nase noch nicht so groß wie heute und meine Ohren, die immer schon abgestanden haben, wiesen noch nicht so deutlich auf meine jüdische Herkunft hin. Meine Haare waren braun und nicht lockiger als die der gleichaltrigen arischen Jungen. Genau wie sie hatte ich Pickel, und meinem Akzent hörte man an, dass ich vom Lande kam.

Diese Anonymität erstreckte sich auch auf meine erwachsenen Verwandten, die weder schlecht rochen noch die groben Gesichtszüge hatten, die die Nazis den Juden zuschrieben. Onkel Fritz, ziemlich groß und mit einer römischen Nase, war preußischer Soldat gewesen, und er war stolz auf seine militärische Haltung. Als er eines Abends aus der S-Bahn stieg, kamen ihm zwei SS-Männer entgegen, hielten ihm eine mit Hakenkreuz verzierte Blechbüchse unter die Nase und sagten: «Heil Hitler.

Spenden Sie etwas für die Winterhilfe (eine Nazi-Kampagne, in der für die Ärmsten der Armen gesammelt wurde).» Onkel Fritz entgegnete: «Es tut mir Leid, ich bin Jude. Ich kann nicht mitmachen.» Daraufhin meinte einer der beiden: «Ach komm, Kumpel, verschon uns mit diesem Judengerede. Die Ausrede haben heute schon mindestens zehn andere versucht.»

Plötzlich jedoch wurde die Situation so hoffnungslos, dass kein Humor der Welt mehr dagegen half. Während wir noch auf unsere Visa warteten, verhängte Franklin Roosevelts Regierung auf einmal einen Einwanderungsstopp für deutsche Juden. Der Zeitpunkt hätte nicht schlechter gewählt sein können. Zehntausende versuchten, das Land zu verlassen, und wir waren bisher nur noch nicht gegangen, weil wir auf unsere Visa für Amerika warteten. Jetzt konnten wir nirgendwo mehr hin. Wir kamen uns vor, als ob wir in der Falle säßen, und hatten Angst.

Eines Tages rief mich meine Mutter in den Behandlungsraum in der Praxis meines Vaters. Ich sehe sie noch genau vor mir, wie sie in ihrem weißen Kittel vor mir stand und mich ernst anblickte. Sie fragte mich, was ich dazu meinte, wenn wir unserer Verzweiflung mit einem gemeinsamen, schmerzlosen Selbstmord ein Ende setzen würden. Wir würden einfach alle zusammen einschlafen. Die Vorstellung gefiel mir jedoch nicht. Ich sagte Nein, und das Thema kam nie wieder zur Sprache. Es freute mich, dass sie mich nach meiner Meinung gefragt hatte, und später dachte ich häufig darüber nach, was wohl geschehen wäre, wenn ich mit «Ja» geantwortet hätte. Vielleicht war ich damals einfach noch zu jung, um die volle Bedeutung dieser Unterhaltung zu erfassen.

Aber meine Mutter fand zu ihrer Tatkraft zurück. Immer schon erfinderisch und genial veranlagt, ließ sie all ihre Beziehungen spielen und schaffte es wie durch ein Wunder, dass Helmut und ich als Internatsschüler an die New Herrlingen School in England gehen konnten. Unser Schuljahr begann im Herbst 1938, während unsere Eltern in Deutschland weiter auf unsere Visa warten wollten, die in einem Jahr ausgestellt werden würden. Dann sollte sich die gesamte Familie wieder in Amerika treffen. Also verbrachte ich im Sommer 1938 zum letzten Mal meine Ferien in Gardelegen bei meinen Eltern. Ich verabschiedete mich von den wenigen Juden, die noch dort waren, und von den nichtjüdischen Deutschen, die es wagten, mir heimlich auf Wiedersehen zu sagen. Die Freunde aus meiner Kindheit waren nicht darunter. Nur zwei Patienten meiner Eltern, die es den medizinischen Fähigkeiten meines Vaters zuschrieben, dass sie überhaupt noch lebten, kamen nach Einbruch der Dunkelheit vorbei, um sich zu verabschieden.

In den letzten verbleibenden Tagen in Gardelegen war ich der Anführer einer Gruppe von Jungen, die in Hütten in der Nähe der Stadtmauer wohnten. Normalerweise hätte ich diese ungewaschenen, stinkenden, armseligen Bengel, deren Eltern nichts zu verlieren hatten und sich nicht darum scherten, ob sie gute Deutsche waren, gemieden. Es waren kleine Ganoven, die hier und dort etwas mitgehen ließen, und ihre unverstellte körperliche und geistige Offenheit war eine interessante Erfahrung für mich. Deutsche, die etwas zu verlieren hatten, sorgten dafür, dass sie ihren Besitz behielten. Sie und ihre Kinder wollten sich mit mir nicht sehen lassen, aber diese Jungen waren froh darüber, dass ich ihr Anführer war, und ich sehnte mich nach Gesellschaft. Glücklicherweise wurden wir bei unseren Missetaten nie erwischt, sonst wäre mein Vater ins Gefängnis gekommen oder es wäre ihm noch Schlimmeres passiert.

Am 19. August 1938 bestiegen Helmut, meine Mutter und ich in Gardelegen den Zug nach Ostende in Belgien, um von dort aus mit der Fähre über den Kanal nach Folkestone in England überzusetzen. Es war die Zeit vor dem Münchener Abkommen. Wir hofften zwar auf Frieden, wünschten uns aber auch glühend, dass Hitler eine Niederlage erleiden würde. Vater hatte kein Visum für England bekommen. Vielleicht wollten die Briten verhindern, dass eine ganze Familie bei ihnen Asyl suchte.

Vater winkte, als der Zug aus dem Bahnhof in Gardelegen fuhr, und ich sah, dass er weinte. Er hatte keinen Einfluss mehr auf unser Schicksal und wusste nicht, ob er seine Söhne jemals wiedersehen würde. Das muss für ihn der grausamste Schlag gewesen sein. Er glaubte daran, dass Liebe stärker war als Macht, und er besaß ein eisernes Verantwortungsbewusstsein. So gut er konnte, hatte er uns immer gegen sadistische Nazis verteidigt. Weder damals noch später hat er jemals den Glauben an das Gute im Menschen verloren, selbst dann nicht, wenn er mit blanker Grausamkeit konfrontiert wurde. Und an jenem Tag weinte er. Auch mir kamen beinahe die Tränen, aber ich tröstete mich mit dem Gedanken, dass wir ja bald in Amerika alle vereint sein würden.

Es dauerte über zwölf Stunden, bis der Zug aus Deutschland heraus war, und wir fragten uns schon, ob wir es jemals über die Grenze schaffen würden. Bald jedoch lenkte mich Zorn ab, weil meine Mutter darauf bestand, ich solle mich in eine Decke einwickeln, damit mir nicht kalt würde. Mit fünfzehn Jahren musste ich doch schließlich selber wissen, ob ich eine Decke brauchte oder nicht! Wir stritten uns ausgiebig, wodurch die Zeit schneller verging. Die deutsche Grenzpolizei und die Belgier überprüften unsere Papiere derart beiläufig, dass wir es kaum fassen konnten, so leicht über die Grenze gekommen zu sein. Mir wurde es erst völlig klar, als die Menschen auf der Kanalfähre Englisch sprachen.

Jahrelang hatten wir uns gefragt, ob wir Deutschland wohl jemals lebend verlassen würden. Und jetzt waren wir auf einmal frei. Es war irgendwie ungewöhnlich, weil wir ja nicht nach grauenhaftem Leiden entkommen waren. Wir waren gedemütigt worden und hatten Angst vor Unheil gehabt, das uns jedoch nie getroffen hatte. Jetzt konnten wir endlich daran glauben, dass uns nichts Böses mehr geschehen würde. Als die weißen Klippen der englischen Kanalküste in Sicht kamen, überdeckte meine Vorfreude auf ein neues Leben in einem englischen Internat bereits die Angst der Vergangenheit.

Meine Eltern hatten uns unbezahlbare Werte mitgegeben. Vater lehrte mich, dass Tapferkeit, Aufrichtigkeit, Integrität und Mitgefühl durch ein reines Gewissen belohnt werden und dass der Dienst an der Menschlichkeit eine Ehre war. Mutter vermittelte mir, dass ich alles erreichen konnte, wenn ich es nur wollte, und dass ich etwas «Besonderes» war. Sie lehrte mich, mutig, erfinderisch und stark zu sein. Beiden waren Aufrichtigkeit und Unvoreingenommenheit wichtig, und sie lebten nach ihren Prinzipien. Obwohl es mir damals noch nicht bewusst war, brachte ich diese Werte mit in das neue Leben, das jetzt begann.

2. England

Richard als Schüler in England, April 1939

Als wir in Folkestone ankamen, beherrschte ich noch nicht einmal hundert Wörter auf Englisch. Meine Zunge war außerdem auch noch nicht an das englische «Arrr» gewöhnt, das von nun an das deutsche «R» ersetzte. Und dann gab es noch das leidige Problem mit dem englischen «W», für das es in Deutschland keine Entsprechung gibt.

Von Folkestone aus nahmen wir den Zug nach Faversham in Kent, wo wir in einen Regionalzug umstiegen. Die Züge hatten gepolsterte Sitze, keine Holzbänke, wie in der dritten Klasse in Deutschland. Die Waggons waren hellgrün und glänzend schwarz gestrichen, genau wie die Lokomotive, die ganz anders aussah als die rußigen deutschen Lokomotiven. An den Seiten und um den Schornstein herum hatte sie sogar goldene Streifen, die Griffe an den Türen waren aus Messing. Es war ein richtig fröhlicher Zug. Erstaunt betrachtete ich die parkähnliche Landschaft, durch die wir fuhren. Alles sah so ganz anders aus als die öden Kartoffel-, Roggen- und Spargelfelder in Gardelegen. Die englischen Kühe waren braunweiß und viel dicker als die schwarzweißen Kühe, die ich kannte. Schafe und Ziegen grasten auf den Weiden und auf ordentlich mit Hecken eingefassten Koppeln galoppierten Pferde. Die Bahnhöfe waren sauber, manche sogar mit Blumen geschmückt. Ich kam mir vor wie in den Ferien. 1938 war das ländliche Kent eine hübsche Gegend mit seinen grünen Wiesen und den weiß verputzten Steinhäusern, die von hohen Hecken umgeben waren. Am ersten Tag meiner neuen Freiheit in England zogen weiße Schäfchenwolken über den blauen Morgenhimmel. Ich hatte das Gefühl, in einer neuen Welt angekommen zu sein.

Ein Fahrer, der mit einem Akzent sprach, den ich später als «Kent» zu identifizieren lernte, holte uns ab und brachte uns zur New Herrlingen School in Bunce Court in Otterden, in der Nähe von Lenham. Die gewundenen, von hohen Hecken eingerahmten Straßen hatten weiße und gelbe Mittelstreifen. Wir hielten vor einem großen dreistöckigen Herrenhaus mit vielen Fenstern, Dutzenden von Kaminen und einem hübschen Rosengarten davor. Das war das Haupthaus der Schule.

Ein Junge in meinem Alter brachte mich zu einer strohgedeckten Hütte mit zwei Zimmern. Daneben stand auf der einen Seite das Stromhäuschen, auf der anderen Seite wohnte der Chauffeur. Früher waren hier bestimmt die Dienstbotenquartiere gewesen. In unserer Hütte waren vier Jungen untergebracht, und ich teilte das Zimmer mit Gaby Adler, einem deutschen Jungen, der schon seit einigen Jahren auf der Schule war und fließend Englisch sprach. Das andere Zimmer belegten Peter Morley und noch ein Junge. Die Unterbringung war zwar primitiv, aber wir waren für uns. Mein Bruder bekam ein Bett im Schlafsaal zugewiesen, der sich im Haupthaus befand. Die jüngeren Schüler wurden von einer Lehrerin und ihrem Mann, der in der Schreinerwerkstatt arbeitete, betreut.

Obwohl ich mich noch lebhaft daran erinnere, wie mein Vater beim Abschied auf dem Bahnhof in Gardelegen geweint hat, weiß ich kaum noch, ob ich meiner Mutter in England überhaupt auf Wiedersehen gesagt habe. Ich war immer noch böse auf sie, weil sie im Zug so auf mir herumgehackt hatte. Jedenfalls war ich froh, endlich frei und allein zu sein, und außerdem ging ich sowieso davon aus, dass ich meine Eltern bald in Amerika wiedersehen würde.

In England erschloss sich mir eine neue Welt. Bei uns daheim in Preußen galten osteuropäische Länder als unterlegen, Frankreich als schmutzig, Österreich konnte man nicht trauen, Italien war unzuverlässig und Amerika weich und verwöhnt, aber die Engländer wurden mit Bewunderung betrachtet. Vielleicht lag das ja daran, dass Deutschland nie einen Krieg gegen England gewonnen hatte, England hingegen nicht nur die Franzosen und die Spanier besiegt hatte, sondern auch an der deutschen Niederlage im Ersten Weltkrieg beteiligt gewesen war. 1938 war Großbritannien immer noch ein Weltreich, etwas, was Deutschland immer angestrebt, aber nie erreicht hatte. Und jetzt war ich in dem Land, das zu bewundern und zu respektieren man mir beigebracht hatte.

Ich musste vieles lernen und ebenso viel vergessen. Zahlreiche Schüler an der New Herrlingen School waren vor den Nazis geflüchtet, wie mein Bruder und ich. Es gab allerdings auch Kinder, deren Eltern geschieden waren, ein paar englische Jungen und Mädchen und ein paar wenige Tschechoslowaken und Polen. Einige der Schüler waren 1934 gekommen, als Bunce Court eröffnet wurde. Zwar sprachen sogar die englischen Kinder deutsch, aber die offizielle Schulsprache war Englisch, und auch der gesamte Unterricht fand auf Englisch statt. Ich weiß noch, dass ich ungefähr acht Wochen lang kaum den Mund aufbekam, aber dann erzählte mir mein Zimmergenosse Gaby, dass ich im Schlaf fließend Englisch gesprochen hätte. Er forderte mich auf, es auch einmal in wachem Zustand zu versuchen, und ich war erstaunt, wie gut es funktionierte. In den nächsten sechs Monaten wurde mein Englisch immer besser, und bald mochte ich die Sprache lieber als das Deutsche mit seinen endlosen Sätzen und seiner komplizierten Grammatik. Im Englischen kam man viel schneller auf den Punkt.

Während ich also weit weg von den Fallstricken deutscher Satzstrukturen und preußischer Kulturbeschränkungen war, ganz zu schweigen von der Bedrohung durch Hitler, war ich nun auch kein Jugendlicher in einer deutsch-jüdischen Familie mehr. Dort war die Beziehung zwischen Eltern und Kind nicht nur durch deutsche Sitten geprägt, sondern hatte auch den Beigeschmack von jüdischem Schuldbewusstsein und Paranoia gehabt, und diese beiden Komponenten waren entweder durch Strafandrohung oder Liebesentzug durchgesetzt worden. Die Kultur der Schule dagegen beruhte auf Gleichberechtigung, man wurde als Individuum durch die Gruppe geschützt und war gleichzeitig für sie verantwortlich, vielleicht sogar in noch stärkerem Maße als an anderen englischen Schulen. Für mich war die Schule das einzige England, das ich kannte, und sie wurde mir zu einem geistigen Zuhause, das ich in dieser Form nicht kannte, einem Zuhause, das ich bis heute liebe.

Die Direktorin deutsch-jüdischer Abstammung, Anna Essinger, war mit Anfang zwanzig an die University of Wisconsin gegangen, um dort ihren M.A. zu machen. Dort hatte sie sich den Quäkern angeschlossen. Als sie nach Deutschland zurückkehrte, gründete sie die New Herrlingen School in der Nähe ihres Elternhauses in Süddeutschland, als Internat mit humanistischen Prinzipien. Eines ihrer Ziele war es, bei ihren Schülern, die gemeinsam mit den Lehrern für das Leben und die Führung der Schule verantwortlich waren, Verantwortungsbewusstsein und Gemeinschaftssinn zu entwickeln. Nach dem Umzug nach England hatte die Schule nur noch wenige Vollzeitbeschäftigte: ein halbes Dutzend Lehrer, zwei Sekretärinnen, einen Gärtner, einen Chauffeur und eine Köchin mit einer Hilfskraft. Die Schüler beteiligten sich an allen anfallenden Aufgaben und Pflichten. Dazu gehörten auch Abwaschen, Putzen, den Garten pflegen, die Öfen heizen und natürlich sein Zimmer aufzuräumen. Wesentlich war die Ausbildung durch hoch qualifizierte Mentoren, die mit Schülern arbeiteten, die lernwillig und wissbegierig waren. In dieser Gemeinschaft wurde das leidenschaftliche Credo zu intellektueller Freiheit, Integrität und sozialer Verantwortung aufgefüllt mit dem englischen Sinn für Fairness und der Demokratie einer Nation, die in der jüngsten Geschichte nicht von fremden Besatzern zerstört worden war. Mein England im Jahr 1938 war nicht korrumpiert von dem jahrhundertealten Hass, der in Sieg und Niederlage das nationalistische Europa überzogen hatte. Seit dieser Zeit war Bunce Court mein Shangri-La.

In der Zwischenzeit warteten meine Eltern in Gardelegen auf ihre amerikanischen Visa. Es tröstete sie zwar, ihre Söhne in England in Sicherheit zu wissen, aber sie wurden in vollem Ausmaß von der bösen Macht Hitlers getroffen. Im November 1938 sandte meine Mutter meinem Bruder und mir ein Telegramm, in dem sie verschlüsselt berichtete, dass unser Vater ins Konzen-

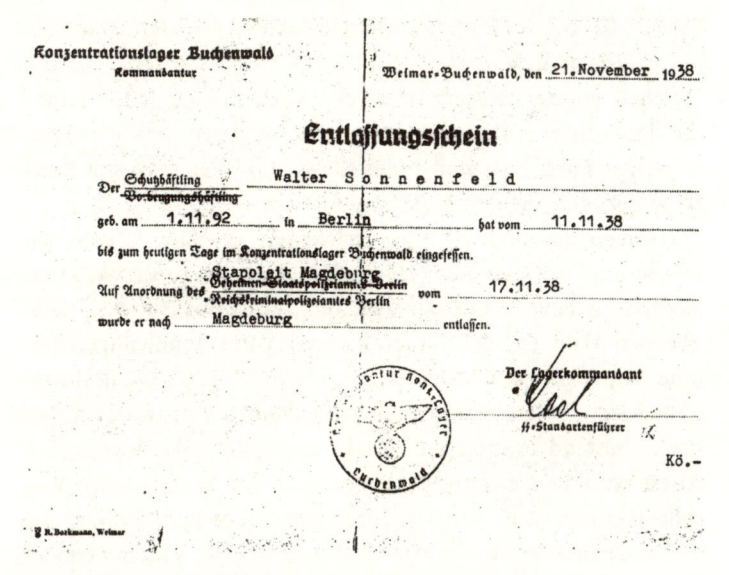

> **Konzentrationslager Buchenwald**
> Kommandantur
>
> Weimar-Buchenwald, den 21. November 1938
>
> ### Entlassungsschein
>
> Der Schutzhäftling Walter Sonnenfeld
> geb. am 1.11.92 in Berlin hat vom 11.11.38
> bis zum heutigen Tage im Konzentrationslager Buchenwald eingesessen.
> Auf Anordnung des Stapoleit Magdeburg vom 17.11.38
> wurde er nach Magdeburg entlassen.
>
> Der Lagerkommandant
> SS-Standartenführer
> Kö.-

Entlassungsschein von Richards Vater aus dem Konzentrationslager Buchenwald
(sein Name war «Walther», nicht «Walter»)

trationslager gekommen sei. Das war natürlich ein schrecklicher Schock, und wir wussten gar nicht, wie wir mit Mutter darüber kommunizieren sollten, ohne sie zu gefährden. Ihr Telegramm traf nach der «Kristallnacht» ein, die so genannt wird, weil Nazihorden die Schaufenster jüdischer Geschäfte einschlugen und plünderten, wobei Tausende von jüdischen Männern verhaftet wurden. Alle englischen Zeitungen und auch der Rundfunk berichteten darüber, und wir erfuhren furchtbare Dinge. Mein Bruder und ich hatten kaum die erste Meldung verdaut, als Mutter auch schon das zweite Telegramm schickte. Vater war aus dem Konzentrationslager Buchenwald wieder entlassen worden. Das Geheimnis dieser unerwarteten Rückkehr wurde erst sieben Jahre später gelöst. Hermann Göring, der zweithöchste Nazi, hatte zunächst die Verhaftung der jüdischen Männer angeordnet und dann in einer plötzlichen Anwandlung von Sentimentalität für hoch dekorierte Kämpfer des Ersten Weltkrieges befohlen, diejenigen wieder freizulassen, die das

Eiserne Kreuz für Tapferkeit im Feld erhalten hatten. Dazu gehörte auch mein Vater.

Schon vor der Verhaftung meines Vaters hatten meine Eltern ihr Haus und ihre Praxis verloren, und sie waren zu einem alten jüdischen Paar, Lina und Julius Hesse, und deren Kusine Lina Riess gezogen, die den Holocaust nicht überlebten.

Mein Bruder und ich waren erleichtert, als Vater freigelassen wurde, und wir glaubten, zumindest eine Zeit lang, seine Verhaftung sei einfach nur ein weiterer Warnschuss für die Juden gewesen. Bald jedoch erfuhren wir, dass Vater eingewilligt hatte, innerhalb von sechs Monaten mit meiner Mutter Deutschland ohne festes Ziel zu verlassen. Die amerikanische Einwanderungssperre bestand immer noch und meine Eltern blickten voller Angst auf einen Zeitpunkt, hinter dem das Nichts stand. Was sollte dann werden? Vater würde vermutlich wieder ins Konzentrationslager kommen und auch Mutter bliebe vielleicht nicht verschont. Wären Helmut und ich nicht so jung und unser Leben nicht so aufregend gewesen, dann hätten uns die Ereignisse wahrscheinlich völlig gelähmt.

Mein tägliches Leben in England war weit entfernt von dem Leiden meiner Eltern in Nazi-Deutschland. Natürlich dachte ich jeden Tag an sie. Sie belasteten uns Kinder erst gar nicht mit Berichten über das Entsetzen, das sie erduldeten, und sie wären wahrscheinlich auch verhaftet worden, wenn sie versucht hätten, uns mehr zu erzählen. Wir glaubten ja zu wissen, wie es ihnen erging. Aber wie groß Demütigung, Entsetzen und Verzweiflung wirklich waren, begriff ich erst, als ich nach dem Tod meines Vaters seine Memoiren las. Ihre einzige positive Empfindung war das Wissen, dass sich mein Bruder und ich in Sicherheit befanden.

Helmut und ich sahen einander jeden Tag, aber in der Schule lebten wir getrennte Leben. Die unterschiedlichen Klassen oder «Jahrgänge», wie sie genannt wurden, waren Gruppen für sich. Unsere Tage waren ausgefüllt. Gelegentlich redeten wir über unsere Eltern, vor allem wenn die Zeitungen mal wieder über die Zustände in Deutschland berichteten. Aber wir hatten viel zu tun und wir waren Jugendliche.

1938 wurden so genannte Kindertransporte organisiert, um jüdische Kinder aus Deutschland, Polen und der Tschechoslowakei zu retten. Anna Essinger, unsere überaus erfinderische Direktorin, sammelte Spenden, damit sie so viele Kinder wie möglich in ihrer Schule aufnehmen konnte. Sie hatten einen ganz anderen kulturellen und religiösen Hintergrund als die Schüler, die bereits in Bunce Court waren und meistens aus jüdischen «Oberschichtfamilien» kamen. Abgesehen von den Bettlern, die bei uns in Gardelegen an der Haustür geläutet hatten, kam ich hier zum ersten Mal in engen Kontakt mit Juden aus Osteuropa, die die Kultur des «Schtetl» und ihre orthodoxe Religion mitbrachten. Ihr Benehmen und ihr Aussehen unterschieden sich deutlich von meinem. Obwohl meine Mutter spät im Leben praktizierende Jüdin geworden war und mein Vater eine tolerante Einstellung hatte, fiel es mir schwerer, mit den redegewandten Ostjuden umzugehen, als mit den zurückhaltenden Engländern. Glücklicherweise allerdings führte das bei mir nicht zu Vorurteilen. Viele Jahre später heiratete ich eine Frau russisch-jüdischer Herkunft und gewann ihre Familie lieb. Aber 1938 war ich ein wenig überfordert mit den unterschiedlichen Kulturen: der englischen, die ich idealisierte und der ich angehören wollte, der der osteuropäischen Juden, die ich zu verstehen versuchte, und der Kultur, in der ich aufgewachsen war. Ich versuchte, gut und schlecht voneinander zu trennen und mir mein eigenes kulturelles Zuhause zu schaffen.

Der Unterricht in Bunce Court beschränkte sich auf die englische Sprache und englische Literatur, Geschichte, Mathematik und Naturwissenschaft. Die Klassen waren klein, fünf bis acht Schüler, und die Lehrer waren hervorragend. Die englische Sprache war für mich das anstrengendste, aber auch das liebste Fach. Da ich mit einem guten Gedächtnis gesegnet bin, erweiterte sich mein Vokabular beträchtlich und es fiel mir immer weniger schwer, die Werke von Thomas Hardy, Samuel Butler und die Tagebücher von James Boswell zu lesen. Es war so, als hätte diese englische Welt nur auf mich gewartet.

Im Dezember 1938, vier Monate nach meiner Ankunft in

England, wurden Fritz Feuerman, einer meiner Klassenkameraden, und ich von einer englischen Familie eingeladen, Weihnachten bei ihnen zu verbringen. Sie wohnten in Jarrow on Tyne, einem Industriehafen im Norden Englands, nahe der schottischen Grenze. Die Einladung kam von einem Freund meines Mathematiklehrers, Benson Herbert, dem ich mich sofort angeschlossen hatte und der mir fast vom ersten Tag an privat Mathematikunterricht gab, weil mich das Fach interessierte. Ein paar Tage vor Weihnachten fuhr uns Mr. Herbert nach London. Von dort ging der Zug nach Newcastle. Die Fahrt sollte nur eine Nacht dauern, aber schwere Schneefälle in den Midlands hielten uns auf. Hinter Durham sahen wir voller Neid den Flying Scotsman, den schnellsten Zug Englands, an uns vorbeirasen. Als wir endlich in Newcastle ankamen, waren wir hungrig, verdreckt und müde und fürchteten uns ein bisschen vor unserer ersten Begegnung mit Engländern außerhalb der Schule. Mr. Headley, unser Gastgeber, holte uns am Bahnhof ab und brachte uns bei einer Dame unter, deren Mann zur See fuhr. Ihre erwachsene Tochter wohnte bei ihr. Sie machte uns Frühstück, und dann zeigte uns Mr. Headley die Stadt, unter anderem auch sein Bestattungsinstitut. In Gardelegen blieb die Leiche zu Hause, bis man sie schließlich in den Sarg legte und zum Friedhof schaffte. Auf jeden Fall war ich noch nie in einem Bestattungsunternehmen gewesen. In einem unbeobachteten Moment schlich ich mich zu einem Sarg und schaute hinein. Es lag wahrhaftig eine echte Leiche darin!

Die Leute in Jarrow machten uns mit Tee und Crumpets bekannt, mit Ingwerbier (dem ersten englischen Nahrungsmittel, das mir nicht schmeckte), mit Steak und Nierenpastete, Lamm, Porridge, Kippers und Minzepastete. Ich fand alles großartig und gelegentlich nahm ich tatsächlich auch einen kleinen Whiskey oder etwas Portwein zu mir. Meiner Meinung nach war das englische Essen, das immer so verteufelt wurde, hervorragend. Und dann gab es da noch die Kamine. Ich war noch nie in einem Haus mit einem Kamin gewesen. Wir waren zum Tee bei einer Familie eingeladen, die eine hübsche, sechzehnjährige Tochter hatte, ein englisches Mädchen wie aus dem Bilderbuch, mit blauen Augen, blonden Haaren und einem Elfenbeinteint. Sie stand immer vor dem prasselnden Kaminfeuer, sodass wir unter ihrem Spitzenkleid ihre Beine und ihren Körper sehen konnten. Das war wirklich ein reizendes Bild! Ein anderer Freund war Zahnarzt. Er hatte zwei kleine Söhne, denen er – nur so zum Spaß – ein bisschen Lachgas verabreichte. Auch ich versuchte es und setzte mich mit einer Narkosemaske auf dem Gesicht in seinen Behandlungsstuhl. Es war eine wunderbare Familie, und als ich ihnen von den Nöten meiner Eltern erzählte, boten sie ihnen sofort Unterkunft an, wenn es ihnen gelingen sollte, aus Deutschland herauszukommen. Ich half ihnen sogar dabei, die notwendigen Papiere vorzubereiten, musste aber dann feststellen, dass auch ein britisches Visum Monate dauern würde.

Zu Weihnachten packte Mr. Headley unsere Gastgeberin, ihre Tochter, sich und uns in eine große gemietete Limousine, und wir fuhren in den tief verschneiten Lake District, wo wir in einem hübschen Landgasthof feierten. Mr. Headley und die Tochter waren zwar äußerst diskret, aber wir merkten schließlich doch, dass sie ein Paar waren. Wir unternahmen Ausflüge nach Durban und Carlisle und sogar nach Schottland, wo meine Kenntnisse in Deutsch und Englisch es mir ermöglichten, sogar die schottischen Worte zu verstehen, die unsere Gastgeber nicht kannten.

Niemand hätte zwei Halbwüchsige warmherziger aufnehmen können als diese Familien in Jarrow. Aber dort lernte ich auch, das Wort «Flüchtling» zu hassen, weil es mich durch meine Vergangenheit klassifizierte. Und dabei war ich doch auf dem Weg in die Zukunft, wenn ich auch nicht wusste, was mich erwartete. Hitler war die Vergangenheit und er sollte nicht die Macht haben, mich zu brandmarken.

Während ich Weihnachten in Jarrow verbrachte, fuhr mein Bruder Helmut nach London, um dort eine englisch-jüdische Familie zu besuchen, die ihm von eben der Tante Erna vorgestellt wurde, bei der er in Berlin gewohnt hatte. Sie arbeitete in London als Hausmädchen. Auch unser Vetter Henry war dort und hatte Arbeit bei der Londoner Niederlassung des Berliner Kaufhauses N. Israel gefunden, wo er seine Lehre gemacht hatte. Helmut war damals viel familienbewusster als ich und genoss die Zeit mit seinen Verwandten.

Wieder in der Schule, brauchte ich bald nicht mehr abzuwaschen und zu putzen, weil ich mit einer Gruppe von Jungen das «Cottage» neben dem Haupthaus elektrifizierte. Dort befand sich der Kindergarten, den eine reizende junge Engländerin leitete. Gwenn war blond, blauäugig und unglaublich verführerisch für Heranwachsende. Abends konnte sie das Haus nur mit Kerzen und Kerosinlampen beleuchten. Ich war noch keine sechzehn, aber die Direktorin, die wir alle «TA» nannten (die Abkürzung für Tante Anna), genehmigte mir das Elektrifizierungsprojekt, nachdem mein Mathematik- und Physiklehrer Benson Herbert, der noch nie ein elektrisches Kabel verlegt hatte, sein Okay gegeben hatte.

Das Cottage lag fast eine Viertelmeile vom Stromhäuschen entfernt. Wer außer Peter Morley, mit dem ich heute noch befreundet bin, damals in meiner Mannschaft war, weiß ich gar nicht mehr. Wir fällten Bäume, entfernten die Rinde und imprägnierten die Stämme mit Kreosot, damit sie nicht verrotteten. Dann gruben wir mit Hacke und Spaten tiefe Löcher und steckten die Stämme hinein, damit wir an ihnen die Drähte befestigen konnten. Die Arbeit dauerte Monate, aber schließlich installierten wir im Cottage elektrisches Licht, Fassungen mit Glühbirnen und allem Drum und Dran. Das war vielleicht ein Jubel, als das Licht anging! 1961 besuchte ich die Schule noch einmal. Mittlerweile war sie zu einem Altersheim umfunktioniert worden, aber die Masten, die Drähte und die Glühbirnen waren immer noch da, genau wie wir sie 1939 installiert hatten. Ein Freund erzählte mir später, dass auch 1990 alles noch unverändert war. Das ist nur ein Beispiel dafür, wie die Schule mit ihren minimalen Ressourcen uns ermutigte, unabhängig und erfinderisch zu sein.

Den Strom erzeugte ein alter Dieselmotor, der mit Paraffin betrieben wurde. Wir drehten ein großes Schwungrad, und wenn das Rad dann in Schwung gekommen war, wurde der

Kompressionshebel geschlossen, und für gewöhnlich zündete die Maschine in dem Moment, in dem das Schwungrad seine letzten Umdrehungen gemacht hatte. Die Maschine betrieb einen Generator, der eine Reihe von Batterien auflud, die wiederum das gesamte Schulhaus mit Strom versorgten. Im Sommer wurde sie selten angeworfen, im Winter jedoch, wenn es früh dunkel wurde, lief sie viele Stunden am Tag. Natürlich hatten wir keine elektrischen Heizkörper, keine Elektroherde, Ventilatoren, Waschmaschinen oder Trockner, sondern nur Glühbirnen, die nach heutigem Standard schwach waren, höchstens fünfundzwanzig und vierzig Watt, und ein paar Radios. Wir hatten also keinen übermäßig großen Strombedarf. Und obwohl das Licht nur schwach war, kamen wir zurecht.

Allerdings war der Strom nicht immer zuverlässig und manchmal war die ganze Schule zu den unpassendsten Zeiten in tiefste Dunkelheit gehüllt, wie zum Beispiel beim Abendessen oder während der Stunden, in denen wir unsere Hausaufgaben machten. Wir Jungen fanden das gar nicht so schlimm. Wir jagten dann in der Dunkelheit hinter den Mädchen her, die noch nicht einmal immer kreischten.

Das Leben an der Schule wurde bestimmt durch eine große Bronzeglocke, mit der alle geweckt und zum Frühsport gerufen wurden. Danach duschten wir (mit kaltem Wasser natürlich) und nach dem Frühstück begann der Unterricht. Nicht weit von der Glocke im Großen Haus stand eine große Standuhr mit vergoldetem Zifferblatt und Gewichten an den Pendeln, die wie Ananas geformt waren. Diese Uhr gab die «Richtzeit» für die gesamte Schule an. In Kent ist es im Juni morgens um vier Uhr schon hell. Einmal stellten wir die Uhr mitten in der Nacht um zwei Stunden vor, und als sie sieben Uhr zeigte, läuteten wir die Glocke, um alle zu wecken, obwohl es in Wirklichkeit erst fünf Uhr morgens war. Auch wir gingen mit den anderen zum Frühsport auf die Wiese. Eine der Lehrerinnen blickte auf ihre Armbanduhr und wunderte sich, warum sie zwei Stunden nachging, aber das war, außer bei der großen Standuhr, bei allen Uhren der Fall.

Die Direktorin fragte noch nicht einmal, wer der Übeltäter

war. Aber danach war die Zugangstür zur großen Uhr immer abgesperrt – wir fanden jedoch sowieso, dass einmal genug war.

Natürlich spielte an unserer Schule auch der Sportunterricht eine Rolle: Laufen, Hoch- und Weitsprung, Schlagball, Diskus und Stabhochsprung. In Letzterem war ich ganz gut, und ich war auch der Beste im Laufen über eine halbe Meile. Meine beste Zeit waren zwei Minuten und zwölf Sekunden, was heißt, dass wir natürlich nicht Weltklasse liefen. Ein paar der Lehrer spielten Tennis auf Rasenplätzen, die nicht so einwandfrei gepflegt waren. Manchmal spielten wir auch Feldhockey, und dabei ging es ganz schön rau zu. Ich habe einmal einen anderen Jungen mit dem Hockeyball am Kopf getroffen. Er wurde ohnmächtig, und ich hatte schreckliche Angst, bis er wieder zu sich kam. Als wir gegen eine Privatschule in Maidstone spielten, schlugen sie uns haushoch. Ich bat den Trainer der anderen Mannschaft, unser Spiel zu kritisieren, und er sagte nur lapidar: «Ihr habt zu viele Stars.» Das war wohl seine Art, mir mitzuteilen, dass es um unser Mannschaftsspiel nicht zu gut bestellt war. Aber wir hatten ja auch keinen Trainer.

Eines der englischen Mädchen, eine große, hübsche Blondine, hatte ganz hellblaue Augen, und ich konnte den Blick nicht von ihr wenden. Ich schmolz immer dahin, wenn sie mich im Speisesaal ansah. Apropos Speisesaal, ich liebte das Essen in Bunce Court. Heute würde meine Familie es vermutlich als einfach bezeichnen, was sicher nicht als Kompliment zu verstehen wäre. Aber ich liebte die Steak-und-Nieren-Pastete, bei der man sich die besten Stücke herausfischen konnte, wenn man als Erster den Servierlöffel in die Hand bekam und damit unter die Kruste bohrte. Oder der warme Haferbrei an einem kalten Morgen. Man nannte ihn *Porridge*, und wenn er eine Weile gestanden hatte, sah es aus, als hätte jemand darauf gespuckt, aber er schmeckte einfach wundervoll. In Deutschland hatte es immer Brötchen nur mit Butter oder Schmalz (Margarine war tabu) gegeben, aber hier hatten wir Butter und Marmelade, Himbeer-, Erdbeer- oder Brombeermarmelade, die wir selbst einkochten. Ich liebte Würstchen und Eier mit Speck – und dann war bei all diesem tollen Essen noch Betty im Speisesaal! Unsere Blicke trafen sich viele Male, bevor ich all meinen Mut zusammennahm und sie fragte, ob sie mit mir spazieren gehen wolle. Danach gingen wir viele Male spazieren und hielten nur Händchen, bevor ich sie zum ersten Mal küsste. Ich spürte gar nichts Besonderes, was mich überraschte, also probierte ich es gleich noch einmal. Allerdings wollte sie nicht immer mit mir spazieren gehen, was mich ärgerte.

Eines Tages überredete ich Peter, mit dem ich mir die kleine Hütte teilte, während seiner Ferien in London auf den Flohmarkt zu gehen, um gebrauchte Radioröhren, die «Valves» genannt wurden, Spulen, Kondensatoren, Widerstände, Draht, Lötmetall und einen Lautsprecher zu kaufen. Schüler durften eigentlich keine Radios haben, aber ich baute mir eines aus diesen gebrauchten Teilen, und selig hörten meine Zimmergefährten und ich spätabends Jazz auf Radio Normandie, einem Piratensender, der von einem Fischkutter in der Nordsee sendete. Seine Erkennungsmelodie war «Blue Skies Around the Corner». Allerdings war in jener Zeit keineswegs blauer Himmel in Sicht. Unser Radio wurde konfisziert, nachdem die Direktorin uns eines Abends erwischt hatte. Bald jedoch baute ich ein neues Radio, dieses Mal mit Kopfhörern.

Im April 1939, noch bevor ein englisches Visum ausgestellt werden konnte, durften meine Eltern wie durch ein Wunder auf einmal nach Schweden einreisen. Freunde hatten dafür gesorgt, dass sie dort auf ihr amerikanisches Visum warten konnten. Wir waren natürlich erleichtert und glücklich, dass sie endlich in Sicherheit waren und eine weitere Hürde auf dem schwierigen Weg der Familienzusammenführung in Amerika – unserem letztendlichen Ziel – genommen worden war.

In meinem zweiten Jahr wurde ich in das Haus der älteren Jungen verlegt, ein Fertiggebäude mit einzelnen Zellen, in denen ein Bett, ein winziger Schrank mit einem Vorhang statt einer Tür, ein Stuhl, ein kleiner Tisch und ein Regal standen. Es war wie eine Klosterzelle, aber ich fand es fabelhaft, endlich mein eigenes Zimmer zu haben, in dem ich die Tür hinter mir zumachen konnte. In dem Haus wohnten sechzehn Schüler und unser Geschichtslehrer, Mr. Horowitz. Seinen Vornamen weiß ich bis heute nicht. An Schultagen mussten wir um neun Uhr abends auf unseren Zimmern sein und samstags und sonntags um elf Uhr. Betty Macpherson und ich blieben oft länger draußen und schlichen uns dann in unsere Zimmer, sie ins Haupthaus und ich in meine Zelle. Mr. Horowitz tat immer so, als merke er es nicht.

Eines Abends kam mich Betty besuchen und blieb bis nach der Sperrstunde. Kurz darauf hörte ich Schritte und die Stimme der Direktorin, die nach mir suchte. Sie unterhielt sich gerne mit mir über Politik, Geschichte und die Welt im Allgemeinen, als ob ich ihr gleichgestellt sei, und sie hatte sich ausgerechnet diesen Abend für ihr Plauderstündchen ausgesucht. Was sollte ich tun? Ich schob Betty in meinen Schrank und zog den Vorhang vor. Als TA ins Zimmer trat, stellte ich fest, dass Bettys Füße unter dem Vorhang hervorlugten. Glücklicherweise (natürlich nur in diesem Kontext) hatte TA sehr schlechte Augen und dicke Brillengläser. Unsere Unterhaltung nahm einfach kein Ende, und ich merkte, dass der Vorhang sich leicht bewegte, offenbar durch Bettys Atem. Als es dunkel war, erbot ich mich, TA durch den Garten zum Haupthaus zurückzubegleiten. Sie nahm mein Angebot dankend an, der Vorhang blähte sich noch ein bisschen mehr, und als ich zurückkam, war Betty verschwunden.

Im Frühling 1939 wurde ich zusammen mit Fritz Feuermann, der mit mir in Jarrow gewesen war, nach Guernsey eingeladen, auf eine der britischen Kanalinseln mit eigener Währung, in der Nähe von St. Malo an der französischen Küste. Wir erhielten die Einladung, weil Edith Clarke, die Sekretärin der Direktorin, und ich dicke Freunde geworden waren. Sie war eine winzige Frau, deren Vater anglikanischer Pfarrer war. Er hatte drei Töchter großgezogen, die alle recht unkonventionell, wenn auch nach humanistischen Grundprinzipien lebten. Clarklet, wie wir sie nannten, freundete sich mit Betty und mir an und lud uns, Joyce Wormleighton, die Schwester meines Englischlehrers, und Peter Ryan, einen weiteren englischen Schüler der Schule, sonntags zum High Tea in ihre winzige Wohnung auf der Wilkens Farm ein, ein altes Steinhaus, das ungefähr eine halbe Stunde von der Schule entfernt lag. Unsere Lieblingsbeschäftigung an diesen Nachmittagen bestand darin, vor einem prasselnden Kaminfeuer bei Tee, Scones oder Minzepastete und manchmal auch Rotwein Stücke zu lesen. Auf diese Weise habe ich mich durch zahlreiche Theaterstücke von Shakespeare und Shaw sowie den hintergründigen Humor von Oscar Wilde gearbeitet. Es war einfach ein unschuldiges und großartiges Vergnügen. Ich weiß noch, wie wir immer über die Wiesen zurückgingen und dabei im Dunkeln über die Schafe stolperten. An manchen Abenden türmten sich Wolkenberge am Himmel und der Vollmond strahlte unglaublich hell. Betty und ich gingen immer gemeinsam zurück und küssten uns dabei leidenschaftlich. Je mehr wir übten, umso besser wurde wahrscheinlich unsere Technik.

Clarklets Schwester Lillian lebte auf Guernsey mit Miriam Leale zusammen, die von der Insel stammte. Sie luden uns für die Frühjahrsferien ein, und Clarklet kam mit. Wir nahmen den Zug bis zur Fähre in Weymouth und fuhren dann über den breitesten Teil des Kanals nach Guernsey. Ich erinnere mich noch, so als ob es gestern gewesen wäre, wie ich auf dem Schiffsdeck lag und in den sternenübersäten Himmel blickte, der im Rhythmus des Schiffes schwankte. Das war die weiteste Schiffsreise, die ich bis dahin gemacht hatte.

Lillian Clarke und Miriam Leale, unsere Gastgeberinnen, bewohnten ein Haus auf Guernsey und teilten sich ein Schlafzimmer. Offensichtlich waren sie unzertrennlich und machten alles gemeinsam. Lillian arbeitete, aber Miriam hatte Privatvermögen. Sie fuhr ein Wolseley Cabrio, das ein beleuchtetes weißes Emblem auf dem Kühlergrill hatte, was ich fantastisch fand. Miriam zeigte uns die ganze Insel, auf der es zahlreiche Gewächshäuser voller Tomaten gab. Von Anfang an drückte sie jedem von uns trotz unserer Einwände einen «quid», eine Fünfpfundnote, in die Hand, «damit ihr mich nicht belästigen müsst, wenn ihr etwas braucht».

In meinem Zimmer fand ich ein Exemplar von Havelock Ellis, was ich meinen Gastgeberinnen gegenüber nie erwähnte, und auch sie sagten nichts dazu. Fritz und ich hatten nicht gewusst, dass es so etwas überhaupt gab. In der Praxis meines Vaters hatte ich lediglich in Abwesenheit meiner Eltern manchmal seine Fachbücher durchgeblättert, um etwas über die weibliche Anatomie zu erfahren. Aber dieses Buch hier war etwas ganz anderes, hier ging es um Sex und wie man Freude daran hat! Fritz und ich rissen es uns gegenseitig aus den Händen.

Nach und nach dämmerte mir, dass Miriam und Lillian mehr als nur Freundinnen waren. Als ich das herausfand, kannte ich sie jedoch beide schon als reizende Frauen, beide völlig unterschiedlich, wunderbare Reiseführerinnen und Gastgeberinnen. Deshalb schockierte mich meine Entdeckung bei weitem nicht so, als wenn sie mir als Lesbierinnen vorgestellt worden wären.

Nach ein paar Tagen in Guernsey setzten wir mit einem winzigen Dampfboot nach Sark über, wo die Dame, die Herrscherin der Insel, als absolute Monarchin regierte. Sark oder Sarque, wie es auf den inseleigenen Geldscheinen geschrieben wurde, duldete keine motorbetriebenen Fahrzeuge, und auf der Insel gab es keinen Strom und kein fließendes Wasser. Wir fünf trafen uns dort mit drei weiteren Frauen und verlebten eine großartige Zeit am Strand. Auf die mächtigen Wellen, die bei Ebbe den Wechsel der Gezeiten ankündigten, musste man aufpassen. Einmal erwischte mich beinahe eine, es war richtig beängstigend, aber ich schaffte es gerade noch rechtzeitig zurück zum Strand. An den Abenden lasen wir Theaterstücke bei Kerzenlicht oder vergnügten uns mit Partyspielen wie Scharaden und Rätselraten. Ich lernte Whist und Bridge spielen. Ach, die Freuden eines vergangenen Zeitalters! Wir amüsierten uns so prächtig, und niemand von uns fand es seltsam, dass sechs lesbische Frauen und zwei männliche Jugendliche ein Ferienoktett bildeten. Als wir schließlich in die Schule zurückkehrten, brach der letzte Friedenssommer für sechs Jahre an.

Am Ende des Schuljahres wurde ich wieder nach Guernsey eingeladen. Es war die Zeit nach München, als Chamberlain «Frieden in unserer Zeit» versprochen hatte, während Hitler insgeheim schon mit dem Gedanken an Krieg spielte. Fritz, der mich auf der ersten Reise begleitet hatte, fuhr, wie andere Schüler auch, zu seiner Familie in die Tschechoslowakei.

Auf Guernsey gab es ein Ferienlager für Kinder aus den Slums von London, das ein gewisser Reverend Jimmy Butterworth leitete. Er war ein lebhafter, kleiner Mann, und Miriam Leale, die ihn unterstützte, nahm mich zu einer Tanzveranstaltung ins Camp mit. Die Kinder waren ganz anders als die Engländer, mit denen ich bisher zu tun gehabt hatte. Die Mädchen waren sehr forsch und die Jungen äußerst aggressiv. Es waren Cockney-Jugendliche aus den Slums von London, Kinder, deren Väter oder Mütter wegen Diebstahl oder Schlimmerem im Gefängnis saßen, Kinder, die von der Schule geflogen oder in Besserungsanstalten gewesen waren. Reverend Butterworth bot ihnen frische Luft, Tanz und Gebet, und sie genossen es, ihrer tristen häuslichen Umgebung entkommen zu sein. Wenn ich nicht so schüchtern gewesen wäre, hätte ich dort viele Freundschaften schließen können. Ich stand jedoch nur staunend und ehrfürchtig da, während sie herumhopsten, bis ein rothaariges Mädchen mit einer lustigen Himmelfahrtsnase und hüpfenden Brüsten mich zum Tanzen aufforderte. Ich konnte zwar nicht tanzen, tat aber mein Bestes. Sie schmiegte sich so eng an mich, wie es bisher noch kein anderes Mädchen getan hatte, und das war ein tolles Gefühl. Schließlich gab sie mir einen Gutenachtkuss und sagte: «Bis dann, Heinie. Komm bald wieder.» Ach ja, mein deutscher Akzent war eben noch nicht vollständig verschwunden! Wieder in der Schule, war ich fest entschlossen, an meinem Akzent zu arbeiten. Mein englischer Wortschatz hingegen wurde immer größer, weil Norman Wormleighton, unser Englischlehrer, uns ganze Seiten aus dem New Oxford Concise Dictionary auswendig lernen ließ.

Aber ganz andere, viel gewaltigere Ereignisse standen uns bevor.

Nur zwei Wochen bevor der Krieg in Europa begann, kehrte ich aus Guernsey zurück und erfuhr, dass man meinen Eltern endlich das englische Visum bewilligt hatte. In der Schule lag ein Brief von ihnen, in dem sie mich fragten, was sie tun sollten.

Mich fragten? Ja, sie fragten mich. Damals erfuhr ich zum ersten Mal, wie emotionslos und scharf mein Verstand reagiert, wenn wichtige Entscheidungen anstehen. Es war nicht das letzte Mal, dass mich meine Eltern um Rat fragten.

Jahrzehnte später fand ich eine Kopie des Briefes, den ich ihnen nach Schweden schickte. Darin stand: «Verlasst kein neutrales Land, nur weil ihr hofft, es gibt keinen Krieg. Innerhalb weniger Wochen wird der Krieg ausbrechen, und wenn ihr nach England kommt, hängen wir hier alle fest. Wenn ihr aber im neutralen Schweden bleibt, dann habt ihr die Chance, mit einem schwedischen Schiff in die Vereinigten Staaten zu fahren, sobald ihr eure Visa erhaltet, und später können Helmut und ich dann nachkommen. Bleibt also, wo ihr seid, bis ihr nach Amerika könnt.»

Drei Tage, nachdem ich diesen Brief geschrieben habe, am 3. September 1939, befand sich England mit Deutschland im Krieg. An jenem Sonntagmorgen sahen wir eine Flugzeugstaffel der RAF (Royal Air Force) nach der anderen über Kent nach Frankreich fliegen. Wir bekamen Gasmasken und sogar ein paar Helme für die Luftschutzhelfer. Ich war einer davon. Da es mich in den Fingern juckte, England in diesem Krieg zu unterstützen, schlug ich vor, Luftschutzbunker zu bauen. Damit konnten wir zwar unsere überschüssige jugendliche Energie wundervoll abarbeiten, aber eigentlich war es ein ziemlich alberner Vorschlag, weil es um unsere Schule herum meilenweit nichts gab, was eine deutsche Bombe hätte reizen können. Und so weit ich weiß, kam auch auf der Wiese, auf der wir wie die Verrückten Schutzgräben buddelten, niemand zu Schaden. Die Gräben deckten wir mit Baumstämmen ab und legten Grasnarben darauf, damit man sie von der Luft aus nicht sehen konnte. Leider liefen unsere Bunker beim ersten Regen mit Wasser voll, und wir mussten feststellen, dass Tod durch Ertrinken auch nicht besser wäre, als durch eine Bombe zu sterben.

Der Krieg berührte uns unmittelbar und mit sofortiger Wirkung: Ein halbes Dutzend meiner Schulkameraden kehrten nie wieder von den Besuchen bei ihren Familien in Nazigebieten zurück, und Gott allein weiß, was sie für ein Schicksal erlitten haben. Zu den Verschwundenen gehörten Fritz Feuermann, mein Reisegefährte, und ein polnischer Junge, Gunnar, der zwei beste Freundinnen an der Schule hatte, die jetzt gemeinsam um ihn trauerten. Diese Mitschüler verschwanden, als hätte die Erde sie verschluckt.

In den ersten Kriegstagen machten wir uns keine Gedanken darüber, ob wir den Krieg gewinnen würden. Allein die Tatsache, dass sich Frankreich und England endlich gegen Hitler zur Wehr setzten, war schon eine gute Nachricht, vor allem, nachdem Hitler Polen überrollt hatte. Und natürlich vertraute England darauf, dass es noch nie einen Krieg verloren hatte, abgesehen vom Unabhängigkeitskrieg gegen Amerika. Instinktiv sah jeder die große demokratische Nation auf der anderen Seite des Atlantiks als Verbündeten.

Nach diesen ersten aufregenden Tagen im September ging das Leben an der Schule wie gewohnt weiter, allerdings mit einer Änderung. Die große Glocke durfte nicht mehr geläutet werden, weil Glocken das Alarmsignal für eine Invasion oder das Abspringen von Fallschirmspringern waren. Um die Schulglocke zu ersetzen, erbot ich mich, Klingeln zu installieren, wobei ich auf unkonventionelle Weise die existierende Verkabelung nutzte. Das System funktionierte gut, und ich installierte den Knopf, mit dem die Klingeln betätigt wurden, in meinem Zimmer.

1939 bereitete ich mich auf das Cambridge Higher School Certificate vor, einen nationalen britischen Test, den die Schüler bestehen müssen, um zum College zugelassen zu werden. Zu Büchern wie Hardys «Return of the Native», Butlers «Erewhon», oder Brontës «Sturmhöhe» mussten wir kurze Aufsätze schreiben oder Fragen beantworten. Außerdem galt es, beliebige Abschnitte aus Shakespeares «Julius Caesar» nach Person, Szene und Akt zu identifizieren, und es wurde von uns erwartet, dass wir Schlüsselpassagen aus dem Gedächtnis zitieren konnten.

Sprachen waren einfach für mich, weil ich Deutsch konnte und mein Französisch passabel war. An meinem Englisch arbeitete ich. Geschichte bedeutete nur, sich Daten, Namen, Orte und Ereignisse merken zu können, und ich hatte ein gutes Gedächtnis. Naturwissenschaften und Mathematik fielen mir leicht. Also vertraute ich darauf, dass ich bestehen würde. Aber was würde danach geschehen?

Im November 1939 erhielten meine Eltern ihre Visa für Amerika. Die britische Marine sperrte alle Transporte, sodass keine Zivilisten von den besetzten Gebieten Europas oder auch von England aus nach Amerika reisen konnten. Deswegen gab es jetzt freie Visa-Nummern, und plötzlich bekamen die Juden, die noch in die Vereinigten Staaten ausreisen durften, Zuteilungsnummern für die Passagen aus neutralen Ländern wie Schweden. Mein Rat an meine Eltern, in Schweden abzuwarten, hatte sich als richtig erwiesen. Wenn sie nach England gekommen wären, hätten wir hier alle jahrelang festgesessen, ohne dass sie ihren Beruf hätten ausüben können, weil ihre deutschen Abschlüsse in England nicht anerkannt wurden. Jetzt jedoch reisten Vater und Mutter auf einem neutralen schwedischen Passagierschiff über den U-Boot-verseuchten Atlantik und legten im November 1939 in New York an. Sie mussten Prüfungen nachholen, damit sie in Amerika praktizieren durften, und sie hofften, dass unsere Familie bald wieder zusammen war. Aber daraus wurde eine ungewöhnliche Geschichte. In der Zwischenzeit brauchten wir Jungen uns jedoch wenigstens keine Sorgen mehr um die Sicherheit unserer Eltern zu machen, im Gegenteil, sie sorgten sich um ihre Söhne, die sich in einem Land aufhielten, das sich im Krieg befand.

In Bunce Court war ich jetzt einer der «Alten». Von uns wurde erwartet, dass wir den Jüngeren ein Vorbild waren, auch wenn wir hier und dort ein wenig über die Stränge schlugen. Wir durften das Schulgelände nicht ohne Erlaubnis verlassen, aber Peter Morley und ich schlichen uns regelmäßig in die Warren Street, zu einem kleinen Laden, den Mr. Smith führte. Dort kauften wir Milky Way, Bovril, Cheddar Cheese und Spiritus für unseren Primuskocher, einen weiteren verbotenen Besitz, auf dem wir uns Mitternachtssnacks zubereiteten. Um in die Warren Street zu gelangen, mussten wir ungefähr eine Meile auf einer schmalen

Straße entlanggehen, die auf beiden Seiten von Hecken begrenzt war, sodass wir uns nicht verstecken konnten, wenn das Schulauto kam. Also tüftelten wir ein Warnsystem aus. Courtney, der Chauffeur (wir nannten ihn «Court»), fuhr eine alte Limousine. Wenn Court das Auto vorwärmte, wussten wir, dass er in ungefähr zwanzig Minuten aufbrechen und wahrscheinlich erst in zwei Stunden wiederkommen würde. Ein noch zuverlässigeres System war Courts Liebesleben. Stella, eine dralle Rothaarige, arbeitete in der Küche, und immer wenn Court frei hatte, besuchte sie ihn gegen zwei Uhr nachmittags in seinem Zimmer. Wenn sie sich auf den Weg zu ihrem Liebeshändel machte, wussten wir, dass Court in den nächsten Stunden beschäftigt war und wir genug Zeit hatten, um in die Warren Street und wieder zurück zu gelangen. Unser System funktionierte tadellos.

1960, zwanzig Jahre, nachdem ich Bunce Court verlassen hatte, war ich zu Besuch in England. Mr. Smith und seine Frau standen immer noch hinter der Theke, als sei die Zeit stehen geblieben. Er begrüßte mich mit den Worten: «Na, mal wieder aus der Stadt hier?» Die Stadt war natürlich London, und da ich keine Lust hatte, ihm zu berichten, was mir in der Zwischenzeit alles passiert war, sagte ich nur «Ja» und kaufte, um der alten Zeiten willen, einen Riegel Milky Way.

Einer meiner denkwürdigsten Kurse in Bunce Court war Geschichte des Alten Testaments. Dieser Kurs führte zu einer tiefen Wertschätzung der jüdischen Prinzipien, verstärkte jedoch auch meine Abneigung gegen das jüdische Ritual, wie überhaupt gegen alle Rituale. Ich lernte, warum die Ernährungsvorschriften in biblischen Zeiten sinnvoll waren und dass gerade persönliche Hygiene und Isolierung von Personen mit ansteckenden Krankheiten wichtig war. Allerdings hoffe ich nur, dass sich heute auch der glühendste Anhänger der Religion nicht dazu hinreißen lässt, die in der Bibel beschriebenen Behandlungsmethoden für Lepra und andere Seuchen anzuwenden. Von den Propheten und den Sozialreformern war ich fasziniert, die Könige und der Klerus jedoch stießen mich ab. Ich war absolut davon überzeugt, dass Jesus nur deshalb abgelehnt worden war, weil er die Einheit der

Rabbis durchbrochen hatte. Oft habe ich darüber nachgedacht, was wohl passiert wäre, wenn die Juden damals Jesus als einen der ihren anerkannt hätten. Was wäre gewesen, wenn es nie Katholiken, Protestanten und Moslems und radikale Juden gegeben hätte? Im Namen von Liebe, Vergebung und Nächstenliebe haben religiöse Fanatiker Blut vergossen und Grausamkeiten begangen.

Glauben Sie jetzt bitte nicht, dass ich ein Antisemit oder ein militanter Atheist wurde. Ich kann Ihnen versichern, dass ich in der Geschichte meines Volkes und anderer Völker das bewundere, was gut ist, und das verabscheue, was schlecht ist. Aber so wenig, wie Hitler mich zu einem bekennenden Juden gemacht hat, so wenig lasse ich zu, dass Juden oder andere Menschen mit starken Überzeugungen mir einreden wollen, ich müsse vorgeben, etwas zu sein, das ich nicht bin, nur um die Achtung anderer zu erlangen. Meine Einstellung hat sich durch mein Studium der Geschichte des Alten Testaments gefestigt. In einem respektlosen Moment stellte ich sogar fest, dass die Juden Gott erfunden haben, und Er enthüllte ihnen dann, dass Er sie auserwählt habe. Ich muss allerdings zugeben, dass ich es manchmal bedauere, keinen Trost aus Gebräuchen ziehen zu können, die diejenigen, die sie praktizieren, doch zu trösten scheinen.

Während ich mich dem Studium des Alten Testaments widmete, herrschte ein Krieg, der damals der «Sitzkrieg» genannt wurde, weil sich keine Seite bewegte. Diese Phase endete auf erschreckende Art und Weise, als die Deutschen Dänemark und Norwegen in nur einem Tag einnahmen. Damit verschafften sie ihren U-Booten und Schiffen Zugang zum offenen Meer, sodass sie ihre Erz- und Stahlimporte aus Schweden schützen konnten.

Einmal in der Woche durfte einer der älteren Schüler vor den anderen über ein Thema seiner Wahl referieren. Als ich im März 1940 an die Reihe kam, wählte ich als Thema «Der Krieg». Ich sagte voraus, dass die Deutschen in Holland und Belgien einmarschieren, die Maginot-Linie überwinden und bis zum Kanal vordringen würden. Woher wusste ich das? Ich habe keine Ahnung, aber ich kann mich erinnern, dass alle mir wie gebannt und voller Entsetzen lauschten. Leider stellte sich heraus, dass ich weniger als zwei Monate vor dem Ereignis die reale Entwicklung vorausgesehen hatte.

Schließlich wurde Winston Churchill Premierminister. Als ich ihn zum ersten Mal sprechen hörte, war ich begeistert und überaus erleichtert, dass Chamberlain endlich weg war. Meiner Meinung nach war er nur ein mürrischer Schwächling mit einem steifen Kragen um den dürren Hals, ein kraftloser alter Mann, der sogar dann Schutz unter seinem Schirm suchte, wenn es gar nicht regnete. Ich erinnere mich noch, wie entsetzt wir über den raschen Zusammenbruch von Holland und Belgien waren, über die Niederlage der französischen Armee, die niemals zu kämpfen schien, und schließlich das Wunder von Dünkirchen, wo die Briten zwar ihre Männer, nicht aber ihre Waffen retten konnten. Auf einmal wurde die Invasion eine nur allzu reale Bedrohung. Wir hörten mehrmals am Tag Nachrichten, und die Deutschen marschierten unaufhaltsam vorwärts. Die Geschichten über Quislinge in Norwegen waren wieder in Umlauf und wurden angereichert mit Geschichten über die Fünfte Kolonne in England. Um die Nazis spann sich der Mythos von Supermännern, denen sich niemand in den Weg stellen konnte, und eine lähmende Angst senkte sich über das Land, dass Fallschirmspringer oder die Fünfte Kolonne England in einem Handstreich erobern könnten. Da ich aus Deutschland kam und mich noch allzu gut an die Horden von Schwarz- und Braunhemden mit ihren schweren Stiefeln und den Stahlhelmen erinnerte, bekam auch ich Angst um mich und um England: Im Vergleich zu Deutschland, das in drei Monaten halb Europa erobert hatte, wirkte es jetzt plötzlich so schwach. In Kent waren wir den Deutschen, die sich kaum zwanzig Meilen von uns jenseits des Kanals befanden, am nächsten.

Aber Churchill führte England vereint in die Schlacht. Fasziniert lauschte ich jedes Mal, wenn er im Rundfunk redete.

Eines sonntags morgens, Anfang Mai 1940, wurde ich um sechs Uhr morgens geweckt. Mr. Horowitz, mein Geschichtslehrer, sagte mir, ich solle mich anziehen und das Notwendigste zusammenpacken, weil ich ins Lager gehen müsse. Ich erwiderte: «Ich habe nicht darum gebeten, ins Lager zu gehen.» «Ich weiß», sagte er, «aber du musst ins Internierungslager.» Im gesamten Küstengebiet wurden alle männlichen Personen über sechzehn Jahre mit einem deutschen Pass interniert. Angeblich war das eine Schutzmaßnahme gegen Nazi-Sympathisanten und Kollaborateure, die den Deutschen bei der Landung behilflich sein konnten.

Ich griff mir ein paar Kleider, Toilettenartikel, meinen Pass, meinen geliebten Parker-Füller – ein Geschenk von Miriam Leale – sowie ein paar Mathematik- und Physikbücher und stieg mit anderen Schülern und zwei Lehrern in einen Polizeibus. Dabei dachte ich, was es doch für eine Ironie war, dass meine Retter und Beschützer, die Briten, mich jetzt einsperrten, wo doch die Nazis meinen Vater vor kaum achtzehn Monaten in ein Konzentrationslager gesteckt hatten.

Ich hatte keine Gelegenheit mehr, mich von meinem Bruder zu verabschieden, der noch fest schlief. Er war damals erst zwölf und noch zu klein, um interniert zu werden. Ein Teil von mir begrüßte es, dass die Briten endlich aktiv wurden, aber ein anderer Teil sagte: «Wie dumm von ihnen, mich hinter Stacheldraht zu sperren, wo ich ihnen doch helfen kann, Hitler zu besiegen!» Und so fuhr ich unter Bewachung in eine ungewisse Zukunft als Gefangener meines geliebten Englands!

3. Internierung
Mai 1940 – April 1941

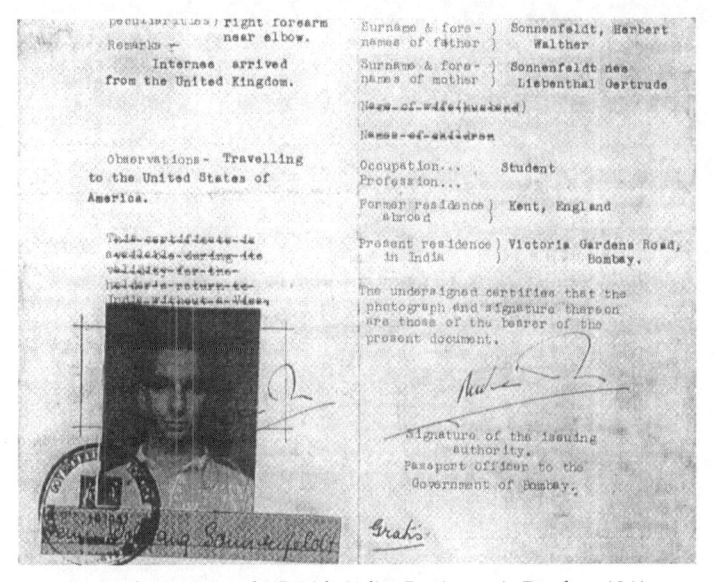

Personalausweis von der British-Indian Regierung in Bombay, 1941

Ich fragte mich, ob ich wohl interniert worden war, weil mein Pass ein Hakenkreuz trug und nicht das große rote «J», mit dem deutsche Juden in den Papieren gekennzeichnet wurden, nachdem ich meine alte Heimat verlassen hatte.

Mein Vertrauen in die britische Fairness war jedoch übermächtig, und ich war überzeugt, dass mich die Regierung Seiner Majestät schon wieder auf freien Fuß setzen würde, damit wir unseren gemeinsamen Feind, die Nazis, bekämpfen konnten, wenn sie erst einmal herausgefunden hätten, wer ich wirklich war. Ich schrieb an Seine Majestät den König persönlich sowie an Premierminister Churchill und schilderte ihnen den schweren Irrtum, den sie begangen hatten, indem sie mich, einen Juden, der wild entschlossen war, gegen die Deutschen zu kämpfen, interniert hatten. Stattdessen sollten sie besser Leute ins Internierungslager stecken, die die Deutschen unterstützen könnten. Aber ich war doch ein eingeschworener Feind der Nazis. Ich weiß nicht, ob meine Briefe je angekommen und gelesen worden sind; eine Antwort bekam ich jedenfalls nie.

Zunächst waren wir in einem Behelfscamp in Maidstone in Kent untergebracht, nicht weit von unserer Schule entfernt. Am ersten Morgen bekamen wir dort ein herzhaftes englisches Frühstück mit Speck und Eiern auf Blechgeschirr, also sozusagen im Armeestil, vorgesetzt. Wir wurden in eine Scheune einquartiert, wo wir auf Strohsäcken schliefen. Ein beleibter, älterer «Major of the Territorials», eine Art Britischer Nationalgarde, mit rötlicher Gesichtsfarbe, wirkte genauso verwirrt wie wir, als ich ihn – auf Englisch – fragte, wann ich denn wieder entlassen würde. Er hatte keine Ahnung, wer wir überhaupt waren. Er machte einen so unschlüssigen Eindruck, dass ich nur hoffte, ich bräuchte mich nicht auf ihn zu verlassen, wenn wir uns gegen die Deutschen verteidigen müssten.

Wir bekamen Latrinendienst zugewiesen, arbeiteten in der Küche und erschienen zum Appell. Zu den gebellten Befehlen eines Sergeant Major mit Cockney-Akzent stellten wir uns, so gut es ging, in Reih und Glied auf. Manche der älteren Internierten hatten dicke Bäuche, ein paar hinkten und ließen die Schultern hängen, und dann waren da noch wir, sechs eifrige Jungen. Der Sergeant, der mit seinem Akzent keinen einzigen Namen richtig aussprach, gab es bald auf, uns verfluchten Zivilisten kriegerische Haltung beizubringen. Während des Appells gab es endlose Unterbrechungen, wenn Nachzügler sich in die Reihe drängten, lange nachdem ihr Name aufgerufen worden war.

Da Maidstone in der Invasionszone lag, war es ungünstig als Standort, um vermeintliche Nazi-Sympathisanten festzuhalten. Nach nur einer Woche wurden wir deshalb in einen Zug verfrachtet, der ruckelnd durch die Nacht fuhr. Durch einen Spalt in den mit schwarzer Farbe verdunkelten Fenstern erkannte ich einen Signalturm in Reading. Wir fuhren also nach Westen, weg von der Invasionszone. Am nächsten Morgen stiegen wir in Liverpool aus und wurden mit Lastwagen nach Huyton, einem Vorort, gefahren, wo ein noch nicht fertig gestelltes Sozialwohnungsprojekt als Gefängnislager für Tausende von Internierten von überall her diente.

Mein fließendes Englisch und meine jugendliche Energie verschafften mir einen Job in der Offiziersmesse. Ich deckte die Tische, wusch ab, wischte den Fußboden, aß reichlich, bekam so viel Zigaretten, wie ich wollte, und auch Bier und Whiskey. In unserer Freizeit spielten wir Hilfskräfte Bridge, Dart und Schach. Wir wurden zu Very Important Persons, weil wir an die anderen Internierten Zigaretten, Schokolade und die Zeitungen vom Vortag austeilten.

Als England vom «Blitz» getroffen wurde, konnte ich das ferne Donnern von Bomben hören, die auf Liverpool fielen. Aber die

Invasion fand immer noch nicht statt. Die Deutschen wollten erst den Luftkrieg gewinnen, bevor sie ihre Schiffe der Royal Navy aussetzten.

Unter den Insassen in Huyton waren Universitätsprofessoren, internationale Finanzfachleute, Schriftsteller und Schauspieler, von denen viele spontan Unterricht in Geschichte, Ökonomie und Kunst anboten. Der Stacheldraht schuf eine gleichberechtigte Gesellschaft, und ich lernte von Autoritäten der verschiedensten Fachgebiete, die mir unter anderen Umständen nie Unterricht gegeben hätten.

Während die Schlacht um Britannien tobte, beschloss die Regierung, es sei zu gefährlich, Internierte und deutsche Kriegsgefangene, die in Norwegen, Frankreich und sogar in Dünkirchen gefangen genommen worden waren, auf ihrer kleinen Insel zu behalten. Hartgesottene Nazis hatten zwar keine Chance, aber wir Zivilinternierten konnten uns freiwillig melden, um nach Kanada geschickt zu werden, was ich tat, weil ich dadurch weiter weg von den Nazis kam. Ich hoffte auch, von Kanada aus vielleicht in die Vereinigten Staaten fliehen zu können, um zu meinen Eltern zu gelangen, die jetzt in der Gegend von Baltimore wohnten. Um meine Flucht schon einmal vorzubereiten, hörte ich mir in der Offiziersmesse amerikanische Rundfunksendungen auf Kurzwelle an und begann, einen amerikanischen Akzent einzustudieren. Wenn man sechzehn ist, scheint einem alles möglich.

Nachdem ich mich freiwillig zur Deportation gemeldet hatte, wurde das erste Kontingent von Internierten nach Kanada eingeschifft. Einen Tag später wurde ihr Schiff, die unglückselige *Andorra Star*, ein Passagierdampfer, der zum Gefängnisschiff umfunktioniert worden war, von einem Torpedo getroffen. Viele der deutsch-jüdischen Internierten an Bord ertranken, und Überlebende, die ins Lager zurückgebracht wurden, erzählten schreckliche Geschichten von der Katastrophe. Meine Begeisterung, nach Kanada gebracht zu werden, schwand, aber jetzt war es zu spät; mein Name stand schon auf der Liste. Bald darauf wurden die Überlebenden von der *Andorra Star* und wir mit

Lastwagen zum Liverpooler Hafen gefahren und dort auf ein Truppenschiff, die *H.M.S. Dunera*, getrieben. Meine spärlichen Besitztümer – Lehrbücher, Briefpapier, mein geliebter Füller, meine Toilettenartikel und die wenige zusätzliche Kleidung, sogar meine Stiefel – wurden mir abgenommen und weggeworfen. Ich besaß nur noch die Kleider an meinem Leib. Dann trieben uns Soldaten mit Bajonetten auf den Gewehren zu unserem Gefängnis, das weit unterhalb der Wasserlinie lag. Alles dies geschah so schnell, dass der Schock erst einsetzte, als ich auf den nackten Planken saß. Panik stieg in mir auf. Was passierte jetzt mit uns? Warum wurden wir so behandelt? Wie würden wir vom Schiff kommen, wenn die *Dunera* ebenfalls von Torpedos beschossen würde?

Als ich Jahre später den Bericht über eine britische Parlamentsanfrage las, verstand ich, was geschehen war. Einige unserer Bewacher waren Frontsoldaten, die gerade erst aus Dünkirchen entkommen waren, und andere waren «Knastbrüder», denen man ihre Strafe erlassen hatte, wenn sie sich freiwillig meldeten. Unter den Gefangenen, die auf die *Dunera* getrieben wurden, waren auch hartgesottene Nazis, die in Norwegen und Dünkirchen gefangen genommen worden waren, und der Kommandant der Wachen förderte die sadistische Behandlung der Gefangenen. Später erteilte ihm das Parlament eine Rüge.

Davon wussten wir natürlich nichts, als wir in unser Verließ unter der Wasserlinie getrieben wurden. Außer langen Bänken, Tischen und Hängematten zum Schlafen war absolut nichts darin. Die Toiletten für die neunhundertachtzig Internierten in unserem Teil des Schiffes (insgesamt befanden sich über dreitausend Mann auf dem Schiff) bestanden aus sechzehn Löchern in Bänken, unter denen Meerwasser durch einen offenen Abfluss floss. Durch die Exkremente verstopft, liefen sie oft über, und dann schwappte das verschmutzte Wasser im Rhythmus der Schiffsbewegung über den Boden. Die Schlangen vor der Latrine waren endlos lang, und ständig passierte irgendetwas.

Kurz nachdem wir Liverpool verlassen hatten, geriet das Schiff in die raue irische See, und die meisten meiner Mitgefangenen wurden seekrank. Ihre Symptome gingen von totaler Gleichgültigkeit bis hin zu ständigem Erbrechen. Die Latrinen waren völlig verstopft, und das Wasser lief bis in unseren Schlafbereich, wo sich der Gestank nach Erbrochenem, Schweiß und ungewaschenen Körpern mit dem Geruch von Eiern und gebratenem Speck mischte. Das einzig Normale auf der *Dunera* war das Essen, offenbar die reguläre britische Armeeverpflegung. Da ich immun gegen Seekrankheit war und nichts Besseres zu tun hatte, aß ich so viel, wie ich wollte.

Am dritten Abend, wir befanden uns gerade in der sturmumtosten Biscaya, hörten wir einen lauten Knall und ein dumpfes Donnern, gefolgt von einer mächtigen Explosion, die das ganze Schiff erschütterte. Alle Lichter gingen aus. Es dauerte ewig, bis sie wieder angingen. Später erfuhren wir, dass ein deutsches U-Boot zwei Torpedos abgefeuert hatte. Einer ging daneben und der andere hatte das Heck gestreift und war ein Stück weiter explodiert. Ich fand nie heraus, warum der Strom ausgefallen war. Im deutschen Rundfunk wurde verkündet, die *Dunera* sei gesunken, da sie offenbar nicht wussten, dass Nazi-Kriegsgefangene und internierte Juden an Bord waren.

Unten in unserem Lagerraum gab es keine Schwimmwesten. Es wurden auch keine Rettungsübungen durchgeführt und die Aufgänge zu den oberen Decks waren mit Stacheldraht versperrt. Vorne im Schiffsbauch gab es ein einziges Bullauge, knapp über der Wasserlinie, durch das ich mich im Notfall hoffentlich hätte quetschen können. Ich schaffte alle meine Habseligkeiten so nahe wie möglich dahin.

Alles schien sich gegen mich verschworen zu haben. Zuerst hatten mich die Nazis aus Deutschland gejagt, und jetzt hatten mich meine ursprünglichen Retter in einem schwimmenden Sarg eingesperrt, in dem ich umkommen würde, wenn die Nazis uns wieder angriffen. Da ich keine Schwimmweste hatte, würde ich unweigerlich ertrinken, selbst wenn es mir gelänge, herauszukommen. Wir hatten zu Beginn der Reise kaum etwas zu tun, und deshalb hatte ich, vor allem nachts, genug Zeit, darüber nachzudenken, was alles passieren könnte. Ich befürchtete, wie eine Ratte zu ertrinken oder von den anderen Gefangenen zu Tode getrampelt zu werden, wenn das Schiff sinken würde. Paradoxerweise verwandelte sich jedoch innerhalb weniger Tage diese Angst vor einer ungewissen Zukunft in die Gewissheit, dass ich auf jeden Fall weiterleben würde und mich bedeutende Dinge erwarteten. Ich hatte auch keine Angst gehabt, als die Lichter ausgegangen waren, sondern war in der völligen Dunkelheit auf einmal eher ruhig geworden. Wenn ich in Lebensgefahr bin, empfinde ich auf einmal eine seltsame Distanz und werde eher Beobachter als Opfer. Da mir nie beigebracht worden ist, mich so zu verhalten, fragte ich mich damals, ob diese fast «außerkörperliche» Erfahrung ein Selbstschutz war, mit dem ich die gefährliche Realität leugnete, oder vielleicht ein angeborener Charakterzug, der bei Lebensgefahr zum Tragen kam. Ich fürchtete mich zwar vor vielen Dingen, die nie eintraten, aber mit allem, was wirklich bedrohlich war, wurde ich gut fertig. So ließ seltsamerweise nach einer Weile meine Angst nach und mein Selbstvertrauen wuchs.

Die meisten Männer schliefen die ganze Zeit. Es gab jedoch auch welche, die glaubten, ungestört masturbieren zu können, und andere beteten unablässig. Der Stacheldraht und das geteilte Elend verwischten die Unterschiede in Alter und Status. Und ich hatte mehr zu essen, als ich zu mir nehmen konnte, weil so viele so seekrank waren.

Ich lernte, die stampfenden Geräusche der Steuermaschine zu deuten, während wir in einem Zickzack-Kurs um U-Boote herumfuhren. Als sich nach ein paar Tagen die Pausen zwischen den Geräuschen verlängerten, stellte ich fest, dass wir jetzt einen geraderen Kurs einhielten. Ich dachte, Kanada könne eigentlich nicht mehr als zehn Tage weit entfernt sein, und hoffte, dass dort der König und das Land endlich bemerken würden, was für einen schrecklichen Irrtum sie in meinem Fall begangen hatten. Dann jedoch fiel mir auf, dass irgendetwas nicht stimmte. Als ich die Schiffszeiten, die von Glocken angegeben wurden, mit Sonnenauf- und −untergang verglich, die ich vom Bullauge aus beobachtete, bemerkte ich, dass wir nach Süden und nicht nach Westen fuhren! Wohin ging die Reise denn eigentlich? Mit meinen rudimentären Kenntnissen in sphärischer Geometrie, der Basis der Navigation, die mir mein wundervoller Lehrer Benson Herbert in Bunce Court beigebracht hatte, kritzelte ich Formeln auf Toilettenpapier. Bald erläuterte ich meinen Mitgefangenen, dass wir nach Südafrika fuhren. Als es immer wärmer und das Meer immer ruhiger wurde, genau wie ich vorausgesagt hatte, wurde ich wie ein Orakel bestaunt. Mit einer Armbanduhr, die einer der Gefangenen wie durch ein Wunder hatte behalten können, wies ich nach, dass wir bald den Äquator überqueren würden. Und tatsächlich liefen wir einen Tag später Freetown an der westafrikanischen Küste an. Es ging das Gerücht – ja, sogar im tiefsten Verließ eines Gefängnisschiffes gibt es Gerüchte –, dass wir Wasser, Treibstoff und Verpflegung für die Reise nach Australien um das Kap der Guten Hoffnung herum aufnehmen würden.

Meinen Plan, von Kanada aus in die Vereinigten Staaten zu fliehen, konnte ich offenbar vergessen.

Da wir uns nun nicht mehr in U-Boot-gefährdeten Gewässern befanden, durften wir zweimal in der Woche für zehn Minuten an Deck, um frische Luft zu schnappen. Dort mussten wir barfüßig im Kreis gehen, bewacht von Soldaten mit Maschinengewehren im Anschlag. Manchmal machten sie sich einen Spaß daraus, uns zerbrochene Bierflaschen in den Weg zu werfen. Wir entwickelten Adleraugen und lernten, rasch auszuweichen, damit wir uns nicht die Füße zerschnitten. Eines Tages sprang ein Internierter über Bord, es wurden jedoch keine Anstalten unternommen, ihn zu retten.

Tage und Nächte vergingen in zäher Monotonie auf der *Dunera*. Einige meiner jüngeren Mitgefangenen durchlebten noch einmal ihr Sexleben vor der Internierung, indem sie uns so oft davon erzählten, bis ich die intimen Angewohnheiten ihrer Freundinnen genauso gut kannte wie sie; andere starrten nur dumpf vor sich hin. Ein großer, bärtiger Mann nahm ständig seinen Geldgürtel ab, den er unbemerkt an den Wachen hatte vorbeischmuggeln können, und zählte immer wieder sein Geld. Ohne dass er es merkte, zählten einige von uns seine Tausende von Pfund mit. Dieses Ritual schien ihn zu beruhigen, allerdings nicht für lange. Nachts schwankten die Hängematten in geisterhafter Synchronisation, während das Schiff durch die wogende See stampfte. Manche schliefen ruhig, andere murmelten im Schlaf, und ein paar Mal in der Nacht fuhr irgendjemand schreiend aus einem schrecklichen Alptraum hoch. Seltsamerweise riefen die meisten nach ihren Müttern und nicht nach ihren Vätern. Am Tag, der sich von der Nacht hauptsächlich dadurch unterschied, dass uns die Wachen aus den Hängematten scheuchten, waren Seekrankheit und Angst vor U-Booten einer dumpfen Gleichgültigkeit gewichen. Es gab die üblichen Gerüchte, dass man uns Salpeter ins Essen tat, um unseren Geschlechtstrieb zu unterdrücken. Tag und Nacht waren sich also fast gleich, zumal auch immer nur die gleiche schwache Beleuchtung herrschte.

Einmal in der Woche verstauten wir unsere spärlichen Habseligkeiten in den Hängematten und mussten uns alle in einer Ecke zusammendrängen, weil das Teakdeck gewischt und abgezogen wurde. Der Anblick des glänzenden, sauberen Holzes freute mich immer. Ansonsten hatte ich ständig das Gefühl, mich in einer Art Niemandsland zu befinden, wo es keinen Anfang und kein Ende gab. Ich weiß noch, dass viele Männer weinten und beteten, gelegentlich schrie auch einer. Seltsamerweise kann ich mich jedoch nicht daran erinnern, ob wir uns waschen und rasieren konnten.

Selbst die Furcht lässt nach, wenn nichts geschieht, und langsam wurde mir klar, dass diese Reise irgendwann einmal zu Ende sein musste. Mit jeder Umdrehung der Schiffsschraube entfernte ich mich weiter von den Nazis, die ich selbst unter diesen Umständen mehr fürchtete als die Briten.

Auf Höhe der Südwestküste Afrikas bekam ich heftigen Durchfall mit hohem Fieber, und meine Haut verfärbte sich gelb. Wir hatten einen Sprecher bestimmt, der darauf bestand, dass ich aus dem überfüllten Schiffsbauch auf die Krankenstation gebracht wurde, was ich, trotz meiner Krankheit, als unglaublichen

Luxus empfand. Als der irische Arzt meine Geschichte hörte, behielt er mich noch ein paar Tage länger da, obwohl er eigentlich kein Bett frei hatte. Die meiste Zeit schlief ich und stand nur auf, wenn ich zur Toilette musste – eine richtige Toilette auf der *Dunera*! Als ich so weit wiederhergestellt war, dass er mich entlassen musste, sorgte der nette Arzt dafür, dass ich so viel Zeit wie möglich in der sauberen Umgebung verbringen konnte, indem er mich stundenlang auf meinen Löffel Medizin und meine Chinintabletten warten ließ.

Natürlich gab es auch heitere Momente. Das Urinal war ein langer, offener Trog, an dem ungefähr zwanzig Männer nebeneinander stehen und sich erleichtern konnten. In einer besonders dunklen Nacht hörte ich, wie ein Mann zu einem anderen sagte, «Was machst du da?» «Was glaubst du denn? Ich pinkele.» «Okay, okay, aber bitte nicht in meine Tasche.»

Von den Nazis an Bord waren wir durch einen Gang mit Stacheldraht an jeder Seite getrennt. Sie lungerten immer am Stacheldraht herum, bis einer vorbeikam, den sie verhöhnen konnten. Eines Tages war ich es leid und erklärte ihnen, wenn wir nach Australien kämen, würden sie beschnitten werden und die Offiziere bekämen einen Davidsstern auf den Arm tätowiert. Sie sollten bloß beten, dass Hitler nicht mehr da wäre, wenn sie nach Deutschland zurückkämen, sonst würde er sie in Konzentrationslager stecken. Und dann zog ich meine Hose runter und furzte ihnen ins Gesicht. Sie rüttelten am Stacheldraht und nannten mich einen dreckigen Juden, und ich bezeichnete sie als Bastarde. Tatsächlich war Hitler nicht mehr da, als sie nach 1945 nach Deutschland zurückkehrten, was wir uns 1940 jedoch alle nicht vorstellen konnten.

Die *Dunera* machte einen Zwischenstopp in Takuradi, ebenfalls an der westafrikanischen Küste, um Treibstoff aufzunehmen. Dann ging es weiter nach Kapstadt. Dort sah ich durch ein Bullauge den Tafelberg und die Stadt. Meine Abenteuerlust war immer noch ungebremst und ich fand es aufregend, dass ich, ein Junge aus dem langweiligen Gardelegen, das Kap der Guten Hoffnung umrundete und über den Indischen Ozean nach

Australien fuhr. Ich sah die ganze Welt, wenn auch nur durch ein Bullauge in einem Gefängnisschiff.

Mit meinem rudimentären Navigationssystem aus Papier und Bleistift sagte ich voraus, dass wir an Australiens Westküste vor Anker gehen würden. Dabei vertat ich mich nur um einen Tag und ungefähr zweihundert Meilen. Wir legten in Perth/Freemantle an. Dort kamen australische Offiziere an Bord der *Dunera*. Sie waren entsetzt über das, was sie sahen und hörten. Ihre Berichte über die Zustände an Bord führten zu Untersuchungen im australischen und britischen Parlament, wo alles dokumentiert wurde, was ich hier erzählt habe.

In Melbourne gingen die Nazis von Bord. Als Kriegsgefangene würden sie ein großartiges Leben führen, zumal sie der Katastrophe, der ihre Kameraden in Europa ausgesetzt waren, entkommen waren. Sie mussten sich lediglich Sorgen über drohende Beschneidung, Davidsterntätowierungen und eine zu frühe Rückkehr ins Nazi-Land machen.

Wir verließen die *Dunera* in Sydney. Johnny, eine der gefürchtetsten und sadistischsten Wachen, ein leicht schielender Sergeant Major mit CIC (Counter-Intelligence) Abzeichen auf seiner Uniform, verabschiedete sich von uns an der Gangway. Er hatte unsere jämmerlichen Habseligkeiten mit seinem Schlagstock durchwühlt und mit kaum hörbarer, krächzender Stimme geredet. Alle paar Tage griff er sich einen Internierten und steckte ihn ins «Loch» in der Brigg, in dem normalerweise die Deserteure und Meuterer saßen. Johnnys Sadismus war angeboren. Und jetzt zog er sein langes Gesicht in traurige Falten, vermutlich weil er seine Macht über wehrlose Gefangene verlor. Während ich an ihm vorbeiging, wünschte ich ihm, er möge auf dem Heimweg nach England ertrinken.

Als wir nach Wochen im dunklen Schiffsbauch endlich die Sonne wieder sahen, fühlte ich mich ganz schwach. Unsere australischen Wachen wussten gar nicht, was sie sagen sollten, als sie feststellten, dass wir jüdische Flüchtlinge aus Nazi-Deutschland waren. Wir wurden auf ein paar uralte Eisenbahnwaggons verteilt, die einen Zug ins australische Outback bildeten. Stundenlang ratterten wir durch den australischen Busch, begleitet von Wallabies, die neben den Gleisen entlanghüpften, und wurden mit jeder Meile schmutziger vom Qualm der Lokomotive und dem Sand, den der Zug aufwirbelte. Unser Ziel war die Stadt Hay, die kein Mensch kannte. Die Wachen dösten ein und einem glitt das Gewehr aus der Hand. Als ich es aufhob, stellte ich fest, dass es gar nicht geladen war.

Hay war nicht mehr als ein Punkt auf der Landkarte. Es liegt am Fluss Hay, der vollkommen ausgetrocknet war, als wir ankamen. Das Erste, was mir jedoch auffiel, war, dass es kaum Stacheldraht ringsherum gab. Der kommandierende Offizier erklärte uns: «Wir bewachen euch nicht besonders, weil die nächste Wasserstelle über achtzig Meilen weit entfernt ist. Wir bewachen die Wassertanks, und ihr kriegt immer nur einen Becher Wasser auf einmal. Wenn ihr aus dem Lager fliehen und verdursten wollt, können wir euch nicht daran hindern.»

Jeden Abend bei Sonnenuntergang wirbelte der Wind so feinen Staub auf, dass er sich in jede Pore und Körperöffnung setzte. Am Tag war es heiß, aber nachts war es kühl und die Sterne waren unglaublich hell. Ich sah zum ersten Mal voller Staunen das Kreuz des Südens. Die Verpflegung war gut, bald gewöhnten wir uns an unsere neue Routine, und die Schrecken der Überfahrt auf der *Dunera* verblassten. Und schließlich waren wir in Sicherheit vor den Nazis.

Am fünften Tag in Hay bat ich darum, mit dem Kommandanten sprechen zu dürfen. Er erinnerte mich an den bulligen Major in Maidstone. Aber er hörte mir zu. Ich erklärte ihm, wie dumm die Briten seien (er nannte sie «Limeys»), weil sie mich nach Hay geschickt hätten, wo ich doch so gerne gegen die Nazis kämpfen würde. Ich sagte, ich würde nur zu gern der australischen Armee beitreten. Als ich fertig war, erwiderte der Kommandant: «Junge, in die Armee kann ich dich nicht aufnehmen, und ich kann dich auch nicht hier herausholen, aber von jetzt an bist du meine Ordonnanz.» «Was bedeutet das?», fragte ich. «Komm morgen um sieben Uhr wieder hierhin, dann wirst du es herausfinden.»

Am nächsten Morgen sagte er: «Steig in den Jeep, wir fahren auf die Jagd.» Zehn Minuten später befahl er mir: «Du trägst mein Gewehr, ich brauche einen Gewehrträger, wenn ich jage.» Also jagten wir Wallabies und töteten ein paar Schlangen und Vögel mit seinem Gewehr. Um elf, bevor die Hitze zu mörderisch wurde, waren wir wieder im Lager.

Ich war erst zehn Tage in Hay, als über Lautsprecher verkündet wurde, ich solle zum Lagerbüro kommen. Dort erklärte man mir, ich solle sofort meine Sachen packen. Ich würde mit dem Schiff nach England zurückgebracht und bei meiner Ankunft aus der Internierung befreit. «Und warum nicht jetzt schon?», fragte ich. Aber darauf wusste niemand eine Antwort. «Befehle», hieß es.

Ich war völlig verblüfft. Ich habe auch später nicht herausgefunden, warum die britische Regierung beschloss, mich und noch fünf weitere Personen freizulassen. Jetzt fuhr ich also nach England zurück, während die anderen Internierten die nächsten Jahre in Australien verbringen mussten.

Mir wurde gesagt, wir würden sofort nach Melbourne aufbrechen. Ich bekam einen neuen australischen Armee-Arbeitsanzug und weiche schwarze Stiefel aus Känguruleder, die ich liebte. Unser Zug war wesentlich besser ausgestattet als der, mit dem wir nach Hay gekommen waren, aber die Fahrt dauerte trotzdem dreiundzwanzig Stunden. Obwohl wir unter Bewachung standen, behandelten uns die australischen Wachen beinahe wie VIPs.

Zu meiner Empörung wurden wir in Melbourne ins Stadtgefängnis gesteckt, weil wir «sicher» untergebracht werden mussten. Als man uns in den Flügel mit den Schwerverbrechern brachte, beschwerte ich mich, und zur großen Verwunderung unserer Wärter wurden wir daraufhin zu den Prostituierten verlegt. Sie unterhielten uns blendend. Diese Damen von der Straße liebten männliche Gesellschaft und boten uns eine fantastische Strip-Show, die keine Wünsche offen ließ. Sie waren witzig, talentiert, ungezwungen und lüstern. Meine Kenntnisse der weiblichen Anatomie nahmen ungeheuer zu. Die Damen offerierten uns das, was sie auf der Straße verkauften, kostenlos. Und wenn mir meine Eltern nicht solche Angst vor Syphilis eingebläut hätten, dann hätte dies ein Höhepunkt in meinem jungen Leben sein können. Leider dauerte die Glückseligkeit nur zwei Tage.

Seit meiner Abreise aus England hatte ich niemandem mehr schreiben können. Der Gefängniswärter versprach, mir Papier, Stift und eine Briefmarke zu bringen, aber bevor ihm das gelang, wurden wir plötzlich wieder auf einen Lastwagen verfrachtet und – unglaublicherweise – erneut an Bord der *H.M.S. Dunera* gebracht. Was für ein Schock! Johnny und die anderen Wachen waren alle noch da. Wir waren zwar keine Gefangenen mehr, aber sie wussten ganz genau, dass wir erst in England freigelassen würden. So standen wir immer noch unter der Befehlsgewalt des kommandierenden Offiziers auf dem Schiff, der jedoch glücklicherweise nicht derselbe Sadist wie auf der Hinreise war. Wir konnten uns auf dem Schiff frei bewegen, mussten aber alles sauber machen: Töpfe, Pfannen, Geschirr, Decks, Tische und Bänke. Wie überall beim Militär galt es auch die Dinge zu säubern, die schon sauber sind, immer wieder, weil Müßiggang als schädlich für Moral und Charakter gilt. Ich wurde ein großartiger Putzer und Wischer und säuberte sechs Stunden am Tag einfach alles, auch wenn nichts Nützliches dabei herauskam.

Jeden Tag gab es Seenotrettungsübungen und ich fragte mich, warum. War das nicht ein wenig übertrieben? Aber dann schrillte eines Tages der Alarm, und es war keine Übung. Die Heckkanone der *Dunera* ging mit einem ohrenbetäubenden Knall los. Zufällig sah ich Johnny bei den Rettungsbooten und merkte ihm sofort an, dass er sich fast in die Hosen machte vor Angst. Er warf mir einen Blick zu, und ich rümpfte die Nase. Danach kam er mir nie wieder zu nahe.

Ein paar Granaten flogen auf uns zu und explodierten in der Nähe des Schiffs im Wasser. Später hieß es, die *Dunera* habe für deutsche und italienische Raider – schnelle, umgewandelte Ozeandampfer – als Lockvogel gedient. Bald darauf tauchte ein britischer Kreuzer auf. Von wo der Angriff kam, habe ich nie herausgefunden.

Jetzt wurden wir nach Bombay umgeleitet, wo wir am Hafen in die Obhut eines indischen Polizeiinspektors übergeben wurden. Kurz darauf erschien ein Willkommenskomitee der «Bombay Jewish Relief Association», angeführt von einem korpulenten Juden aus Süddeutschland in Khaki-Shorts. Er trug einen Tropenhelm, sprach Englisch mit einem schweren Akzent, sagte uns aber, er sei britischer Bürger. Als er unsere Geschichte hörte, bürgte er für uns.

Die Briten hatten die Würde der Weißen in ihrer Kronkolonie zu wahren. Sie hatten kein Internierungslager. Man nahm uns Fingerabdrücke ab und stellte uns Ausweise aus. Mit der Mahnung, uns keine Waffen, Kameras, Ferngläser oder Radios anzuschaffen, brachte unser Betreuer uns zu Habib Chambers, einer Wohnanlage im Einheimischenviertel von Bombay, die der Hilfsorganisation gehörte. Dort übergab er uns der Matrone, die das Gebäude verwaltete, und verabschiedete sich.

Als ich am nächsten Tag auf die Straße trat, begegnete ich nach den ersten zehn Schritten Herrn und Frau Helms, Juden aus einem Ort in der Nähe von Gardelegen. Bevor meine Mutter ihnen dabei half, hatten sie vergeblich versucht, ein Kind zu bekommen. Ihre kleine Tochter, die sie jetzt in einem Kinderwagen über die Byculla Road schoben, war im Geburtszimmer in unserem Haus zur Welt gekommen. Ich hatte mich in ihrer Gegenwart immer unwohl gefühlt – sie hatten so etwas Falsches, Süßliches an sich –, aber als sie jetzt vor mir standen, rief ich aus: «Herr Helms, Frau Helms, was machen Sie hier?» Sie waren aus Nazi-Deutschland nach Bombay geflohen und hatten ihr Vermögen retten können. Ich borgte mir so viel Geld von ihnen (später zahlte ich es zurück), dass ich ein Telegramm an meine Eltern in Amerika schicken konnte, die seit Juni, als ich England verlassen hatte, nichts mehr von mir gehört hatten. Jetzt war es September und ich war in Indien. Das Telegramm aus Bombay fand ich nach dem Tod meines Vaters auf seinem Schreibtisch. «Bin in Bombay gelandet. Schickt Geld c/o Cooks (Reiseagentur).»

Die Hilfsorganisation sorgte dafür, dass ich zu essen bekam und ein Dach über dem Kopf hatte. Die Hitze war unerträglich, und

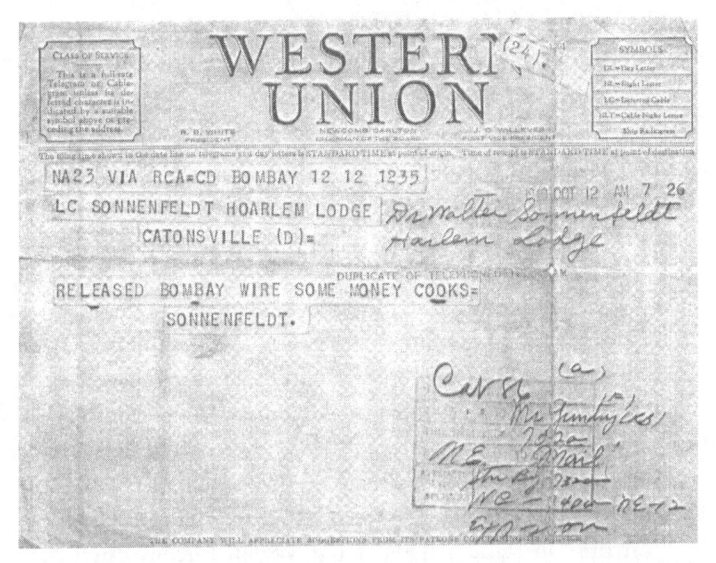

Richards Telegramm aus Bombay an seine Eltern, 6. Oktober 1940

mitten in der ersten Nacht zog ich auf die Veranda um. Bald stellte ich fest, dass riesige Vögel über mir kreisten. Wenn ich mich bewegte, zogen sie sich wieder zurück, aber ich ging trotzdem lieber in das brütend heiße Schlafzimmer zurück. Am nächsten Tag erfuhr ich, dass es Geier waren, die normalerweise um den nahe gelegenen Turm des Schweigens herumflogen, wo sie das Fleisch von den Knochen der toten Parsi pickten, bis nur noch das blanke Skelett übrig blieb, das dann verbrannt wurde. Ein lebloser Körper auf einer Veranda in der Nacht war für diese Geier ein potenzielles Festmahl.

Wieder im Schlafzimmer hörte ich ein Geräusch, als ob in der Ferne Soldaten marschierten. Als ich das Licht einschaltete, stürzte eine ganze Armee riesiger Küchenschaben hastig über den Steinboden in jede verfügbare Ritze. Mir wurde auch gesagt, ich müsse meine Stiefel immer ausschütteln, bevor ich sie anzog, um mich zu vergewissern, dass keine Skorpione darin waren. Stiefel waren besser als Schuhe, falls man auf eine Kobra trat, was mir jedoch nie passierte.

Meine Eltern waren unglaublich erleichtert, dass ich am Leben war, und fragten sich verblüfft, wie ich wohl in Bombay gelandet war. Irgendwie gelang es ihnen, fünfzig Dollar für mich aufzutreiben – zusammen verdienten sie nur ungefähr zwanzig Dollar im Monat. Mit dem Geld konnte ich in Bombay im Jahr 1940 Unterwäsche und Zigaretten kaufen, mir einen Khakianzug schneidern lassen und mir vor allem einen Tropenhelm besorgen, der für jeden Weißen unerlässlich war. Meine geliebten australischen Stiefel aus Känguruleder besaß ich ja noch.

In Bombay gab es zahlreiche jüdische Flüchtlingsfamilien. Eine dieser Familien hatte eine Tochter, die ein Auge auf mich geworfen hatte, und sie luden mich häufiger in ihr Haus ein, als ich ertragen konnte. Teenager haben ausgeprägte Neigungen und Abneigungen, und das Mädchen war nichts für mich. Sie heiratete schließlich einen anderen Mann aus Habib Chambers.

Von nun an stand ich wieder in regelmäßigem brieflichen Kontakt mit meinen Eltern. Über Freunde brachten sie mich mit einigen amerikanischen Quäkern zusammen, die in Indien missionierten. Diese wiederum stellten mich einem Schweizer Ehepaar, beide Mitte dreißig, vor, die mich äußerst herzlich aufnahmen. Er war Bankier und seine Frau war ein hübsche, junge Jüdin, die aus Nazi-Deutschland entkommen war. Ich verbrachte wunderbare Stunden in ihrer Wohnung und mit ihnen am Strand, wo die Affen uns von den Palmen herab mit Kokosnüssen bewarfen.

Bald lernte ich auch Parsen und Hindus kennen sowie Mitglieder von Nehrus Kongresspartei. Ich eignete mir ein bisschen Urdu an, um mit den «dhobi wallas» (Wäschern) und «ghari wallas» (Taxifahrern) reden zu können. Es erstaunte mich, wie viel unterwürfigen Respekt mir diese Menschen entgegenbrachten.

Im Einheimischenviertel konnte es einem schon einmal passieren, dass Betelsaft, den die Leute aus den offenen Fenstern auf den Gehsteig spuckten, hellrote Flecken auf der Kleidung hinterließ. Obdachlose schliefen zu Hunderten auf den Straßen. Ich sah Menschen, denen die halbe Nase fehlte, weil sie Syphilis oder Lepra hatten. Überall liefen Kühe durch die Straßen und fraßen, da sie als heilig galten, unbehelligt das Gemüse von den offenen Ständen auf dem Zentralmarkt, während die Menschen verhungerten. Während des Monsuns waren die Abflüsse verstopft von ertrunkenen Ratten.

Habib Chambers lag an der Byculla Road, einer Hauptverkehrsstraße, auf der Busse und Straßenbahnen fuhren. Ich lief überall herum, sah niemals Gewalt und brauchte nie um meine Sicherheit zu fürchten. Nicht weit von uns entfernt gab es einen großen Rotlichtbezirk, wo dralle indische Schönheiten in den offenen Fenstern saßen und sich feilboten. Allerdings hielt uns die Angst vor der asiatischen Syphilis davon ab, mit ihnen in Kontakt zu treten, und so begnügten wir uns damit, zuzusehen, mit welcher Freude sie jeden Kunden begrüßten. Überall gab es Tee- und Haschischläden, und an den Abenden hing der Duft schwer in der Luft. Ich unterhielt mich mit Indern über Kolonialismus und erfuhr zum ersten Mal, dass Menschen glauben, verfolgt zu werden verleihe ihnen eine Art Heiligkeit und erhebe sie moralisch. Und wie meine Gefährten war auch ich der Meinung, das Ende des Kolonialismus würde dieses exotische Land von der Armut und anderen Übeln befreien.

Mir wurden nach und nach auch einige wesentliche Unterschiede zwischen meiner Kultur und der des Ostens klar. Mir war als Kind beigebracht worden, moralische Werte hochzuhalten, und ich versuchte, in allem so tüchtig wie möglich zu werden. Die westliche Kultur, auch die verabscheuungswürdigen Moralvorstellungen der Nazis, sah ich als Kultur des Aktivismus, in der man lebte, um zu handeln, und handelte, um zu leben. Im Gegensatz dazu war die Kultur des Hinduismus, oder zumindest das, was ich dafür hielt, eine Kultur des «Seins». Wenn man in diesem Leben ein guter Kuli war, konnte man im nächsten vielleicht ein eigenes Taxi besitzen.

Damals gab es in Indien eine Kaste der Geldverleiher, so genannte «banyas», die den Ärmsten der Armen Kredit gaben. Schulden konnte man erben, und die Söhne mussten das Geld, das ihre Väter aufgenommen hatten, um die traditionellen Hochzeiten ihrer Töchter zu bezahlen, mit Zinsen zurückzahlen. Es hieß, kein Hindu könne den Geldverleihern entkommen, auch nicht, wenn er umzog oder seinen Namen änderte. Gandhi wetterte gegen die «banyas». Ich lernte einen kennen, der in Oxford studiert hatte, und fragte ihn, wie er es rechtfertigen könne, die Ärmsten der Armen auszubeuten. Er antwortete: «Die Vorsehung lässt die Armen leben, damit sie ihre Armut erdulden, und mich hat sie zu einem guten Geldverleiher gemacht. Ich mische mich in die Ordnung der Welt nicht ein, sondern bin hier, um ihr zu dienen.» Ich glaube, er hat die Wahrheit gesagt, als er behauptete, nachts gut schlafen zu können.

So wie der «banya», den ich kannte, oberflächlich westlich wirkte, hatte auch Bombay als Stadt westliche Züge, wenn man von den Schildern an den Läden und der Kleidung der Leute einmal absah. Es gab weit mehr Busse, Straßenbahnen und Autos als Karren. Allerdings schuf es eine deutlich andere Atmosphäre, wenn sie sich zwischen den heiligen Kühen hindurchschlängeln mussten.

Ich lernte auch ein paar Parsen kennen, ein eigenes Volk in Bombay, die unglaublich reich, nachdenklich und ihrer uralten zoroastrischen Religion ergeben waren. Eine junge Frau, Usha, und ich stimmten in philosophischer Hinsicht völlig überein, was ungewöhnlich war für einen Deutschen jüdischer Abstammung mit einer Affinität zu den Engländern und eine Inderin, die von den alten Persern abstammte. Wir waren jung, nachdenklich und vertraten die gleichen Meinungen. Wir glaubten an die Gleichheit der Menschen, verabscheuten Vorurteile, liebten die Propheten, hassten organisierte Religion und waren gegen den Kolonialismus. Intellektuell waren wir eng miteinander verbunden, wurden allerdings nie körperlich intim, weil Usha damit für ihr Leben ruiniert gewesen wäre.

In dieser Zeit bekam ich einen besonders netten, langen Brief von meinem Bruder Helmut, in dem er mir schrieb, dass die Schule aus der Invasionszone heraus nach Wem in Westengland verlegt worden sei und wie erleichtert alle gewesen seien, als sie erfahren hätten, dass ich am Leben sei. Er erwähnte auch eine Freundin, die sehnsüchtig darauf wartete, von mir zu hören.

Ach, wie grausam wir doch sein können, wenn Jugendschwärmereien vorüber sind! Ich bekam einen reizenden Brief von Betty, die ich zwar nicht vergessen wollte, aber uns trennten jetzt Ozeane, und ich glaubte, dass es vielleicht immer so bliebe.

Ich beschloss, mir einen Job zu suchen. Aber als «raj», als weißer Mann, durfte ich keine niedrigen Arbeiten annehmen, und für die typischen Arbeiten der Weißen war ich nicht qualifiziert. Was sollte ich also tun?

In England hatte ich «The Admiralty Handbook of Wireless Telegraphy» studiert, ein offizielles Trainingshandbuch für britische Marinefunkoffiziere. Jetzt stieß ich in der Bibliothek von Bombay auf ein Exemplar und las es noch einmal, bis ich es praktisch Wort für Wort auswendig kannte. Ich wollte in der Radiobranche arbeiten.

In dieser Zeit hatte ich mich mit vier deutsch-jüdischen Junggesellen angefreundet, die gemeinsam eine große Wohnung bewohnten, die von einem Butler, einem Koch und Reinmachefrauen instand gehalten wurde. Sie reagierten ungläubig, als ich ihnen erklärte, ich wolle arbeiten gehen, aber einer von ihnen stellte mich einem Hindu vor, der einfache Radios herstellte, weil es keine Importgeräte mehr gab.

Ich absolvierte eine einmonatige Probezeit ohne Bezahlung bei ihm, aber bald schon beaufsichtigte ich ein Dutzend Hindus, die einfache Radios mit zwei Röhren zusammenbauten. Ich wurde recht geschickt darin, die Rollen zu übernehmen, die das Schicksal mir zuwies: Ich trug jetzt die Bürde des weißen Mannes in Bombay, und wurde recht ordentlich dafür bezahlt. Natürlich war mir klar, dass auch diese letzte Inkarnation nicht von langer Dauer sein würde, aber was danach geschehen würde, wusste ich noch nicht.

Ich war siebzehn, stand nicht unter elterlicher oder anderer Aufsicht, hatte erwachsene Freunde, einen Job, lebte in einer interessanten Stadt, weit weg von Nazis und britischen Gefängniswärtern, und konnte tun und lassen, was ich wollte. Diese wundervolle Freiheit und meine Fähigkeit, für mich selber zu sorgen, glichen meine ungewisse Zukunft und das Fehlen familiärer Geborgenheit aus. Was ich jedoch vermisste, war eine feste Freundin und Freunde in meinem Alter.

Eines Tages ging ich zum amerikanischen Konsulat. Als ich das Gebäude betrat, stellte ich fest, dass es angenehm kühl war. An der Wand hing ein Schild «Klimaanlage von Carrier». Ich war noch nie zuvor in einem Gebäude mit Klimaanlage gewesen. In der Hitze Bombays bekam ich den ersten Vorgeschmack auf Amerika, und er war angenehm kühl. «Das ist das Richtige für mich», dachte ich.

Der Vizekonsul, Mr. Wallace La Rue, war groß und schlank, hatte kurze Haare und trug einen untadeligen Anzug. Er fragte mich, was ich wollte, und ich erwiderte: «Ich will nach Amerika.» Daraufhin wollte er meine Ausweispapiere sehen. Ich hatte nur mein Identitätszertifikat, das der Polizeichef von Bombay ausgestellt hatte, aber Mr. La Rue brauchte eine Geburtsurkunde, damit meine deutsche Herkunft bestätigt wurde. Dann fragte er mich, warum ich nach Amerika wollte, und ich sagte ihm, dass meine Eltern in Baltimore lebten.

Er fragte: «Kennen Sie sonst noch jemanden in Baltimore?» Ich kannte nur einen Mr. Lansbury, der für meine Eltern gebürgt hatte. Mr. La Rue war verblüfft. «Sagten Sie Lansbury? Wollen Sie mich auf den Arm nehmen?» Ich blickte ihn verwirrt an. Ich wusste nicht, was er meinte, aber er erklärte mir, er kenne Mr. Lansbury und er würde sich wieder mit mir in Verbindung setzen.

Nach einer Woche erfuhr ich, dass Mr. La Rue meinen ursprünglichen Visumsantrag, der 1937 in Berlin gestellt worden war, bestätigt bekommen und den Rest meiner Geschichte überprüft hatte. Er habe ein Visum für mich, sagte er. Allerdings hatte ich keinen Pass. «Kein Problem», meinte er. Er würde mir einen Ausweis ausstellen, aber ich müsse erst das Ticket für die Überfahrt nach Amerika haben, bevor er das Visum fertig machen könne.

Alle fanden diese Wendung der Ereignisse unglaublich. Ich konnte nach Amerika! Mein Bruder war noch auf der Schule in England. Keiner meiner früheren Mitinternierten konnte irgendwohin. Alle anderen, mit denen ich auf der *Dunera* nach Australien geschickt worden war, waren noch im australischen Busch. Für diejenigen, die so verzweifelt darauf angewiesen waren, nach Amerika zu gelangen, gab es keine Transportmöglichkeit aus Nazi-Europa oder Großbritannien, weil der zivile Transatlantikverkehr wegen des U-Boot-Krieges eingestellt worden war. Nur ich sollte ein amerikanisches Visum bekommen!

Eine Möglichkeit, nach Amerika zu gelangen, war, über Ceylon und Indonesien nach Yokohama zu fahren und von dort an die Westküste der Vereinigten Staaten. Es kam zwar meinem Sinn für Abenteuer entgegen, einmal rund um den Globus zu fahren, bevor ich in New York ankam, aber ich befürchtete, dass Japan sich bald im Krieg mit den Vereinigten Staaten befinden würde. Und die Aussicht, in einem japanischen Militärgefängnis zu landen, gefiel mir gar nicht.

Die andere Route ging über Südafrika nach Südamerika und die Karibik und wurde von der *American President Line* befahren, auf der es jedoch nur teure Erste-Klasse-Passagen gab. Ihr Schiff, die *President Madison*, sollte am 21. März 1941 in Bombay ablegen und ungefähr am 26. April in New York sein. Die Passage kostete 660 Dollar, damals für mich eine ungeheure Summe.

Meine Eltern konnten jedoch einen Teil der Passage bezahlen, ich sparte ein paar hundert Dollar von meinem Lohn und lieh mir die noch fehlenden zwanzig Dollar von meinen hilfsbereiten Junggesellenfreunden. Von meinen letzten Rupien kaufte ich mir ein drittes Hemd und ein paar billige Souvenirs. Meine Freunde gaben ein Abschiedsessen für mich. Am Morgen meiner Abreise bestellte ich ein Taxi. Ich ging in meinem frisch gereinigten und gebügelten grauen Leinenanzug sowie einem Tropenhelm auf dem Kopf mit einer schwarzen Metallkiste, die mir als Koffer diente, an Bord der *President Madison*. Ich war jetzt ein Passagier der Ersten Klasse. Mein Zimmergenosse war ein Türke, der nie ein Wort mit mir wechselte. Außerdem waren einige attraktive amerikanische Mädchen an Bord, die wegen der Kriegsgefahr in Asien und im Nahen Osten nach Hause fuhren. Eine von ihnen, Sally Simms, teilte ihre Gunst zwischen mir und, zu meinem Leidwesen, einem gut aussehenden philippinischen Steward.

Da Amerika immer noch neutral war, stand an der Längsseite unseres Schiffes in Leuchtbuchstaben «Vereinigte Staaten», um U-Boote fern zu halten. Das war 1941 das Höchstmaß an Sicherheit.

Als wir uns auf offener See befanden, beeindruckte ich den Funker mit meinem Wissen über drahtlose Kommunikation. Er schloss ein Abkommen mit mir, das geheim bleiben musste. Ich verbrachte jeden Tag ein paar Stunden in seiner Kabine und überwachte den Funk, während er ein Nickerchen machte, wobei er allerdings für mich sofort erreichbar war, wenn etwas passierte. Er bezahlte mich ganz ordentlich dafür, aber ich gab das meiste Geld für Whiskey, Zigaretten, noch mehr Kleidung und andere Souvenirs aus den Häfen, die wir anliefen, aus. Außerdem spielte ich oft Bridge mit einem britischen Baron und seiner Frau. Er machte nur den Mund auf, um auszusetzen, zu setzen oder zu verdoppeln. Es war eine äußerst angenehme Reise.

Am Ende der Überfahrt hatte ich genug Geld beisammen, um meine Schulden zu bezahlen, und trotzdem blieben mir noch drei Dollar für Amerika übrig. Auf dem Schiff waren ein paar Missionare, die meinen Lebensstil aufs Äußerste missbilligten. Mit anderen jedoch, die nicht den Ehrgeiz hatten, mich zu bekehren, kam ich hervorragend aus. Es gab gute Sachen zu essen und ich genoss ein sehr nettes gesellschaftliches Leben in abgeschiedenen Winkeln des Decks mit meinen Freundinnen Sally Simms und Helen Rambo. Ich erweiterte mein Wissen über Elektronik und die Gesetze des Meeres. Der Stacheldraht, die *Dunera* und das hektische Getriebe von Bombay rückten in weite Ferne. Im Salon wurden amerikanische Filme gezeigt, und manche davon sah ich mir mehrmals an, bis Sally, die einen süßen texanischen Akzent hatte, mich Hollywood-Englisch üben ließ und mir versicherte, ich spräche wie ein echter Yankee.

Nach Zwischenstopps in Kapstadt, Trinidad und Havanna

rückte New York immer näher, und ich dachte häufiger darüber nach, dass ich jetzt endlich das Ziel erreichte, das ich mir gesetzt hatte, als ich mich freiwillig zur Deportation aus England gemeldet hatte. Es kam mir unglaublich vor, dass noch nicht einmal ein Jahr vergangen war seit dem Morgen, an dem ich interniert worden war.

Warum hatte ich so viel Glück, wo andere auf der *Andorra Star* ertrunken waren? Warum war ich eine von sechs Personen unter dreitausend, die aus dem Internierungslager in Australien entlassen worden waren? Und warum hatte ich als Einziger in Bombay ein amerikanisches Visum bekommen? Mein Bruder Helmut und Tausende anderer saßen in England und anderswo fest. War es nicht seltsam, dass gerade ich jetzt nach Amerika kam, nachdem ich doch England unter so ungünstigen Vorzeichen verlassen hatte? Die Zukunft konnte mit meiner Vergangenheit doch sicher nicht mithalten. Andererseits aber musste meine Zukunft nicht zwangsläufig langweilig sein, nur weil meine Vergangenheit so außergewöhnlich gewesen war. Lediglich meine Freiheit würde ich verlieren, wenn ich jetzt wieder ein normales Leben in der Familie führen würde. Dieser Gedanke behagte mir gar nicht.

Kurz vor Sonnenaufgang, am letzten Morgen auf See, wusste ich eins mit absoluter Gewissheit: Ich würde nicht wieder als Schuljunge bei meinen Eltern leben. Meine Unabhängigkeit würde ich nicht aufgeben. Wenn ich nach Amerika kam, würde ich mein eigener Herr sein!

4. Amerika

DAILY NEWS, SATURDAY, APRIL 26, 1941

VOYAGE from England to the U. S. via Bombay brought Wolfgang Sonnefeldt, German, to freedom. He arrived yesterday on S.S. President Madison.

Richards Ankunft in New York.
Foto aus der *Daily News* vom 26. April 1941

Am Morgen des 26. April 1941 ging ich im Morgengrauen an Deck. Die Sonne stand noch tief am Horizont hinter uns, aber die Spitzen der Skyline von New York waren bereits rosa angehaucht, ein unvergesslicher Anblick. Nach und nach wurden die Wolkenkratzer immer höher, und nach einer Stunde konnte ich auf beiden Seiten Land sehen. Wir fuhren an Sandy Hook und an der Freiheitsstatue vorbei und legten in Hoboken, gegenüber von Manhattan, an. Dort kam ein Einwanderungsinspektor an Bord, der nur einen flüchtigen Blick auf meine Papiere warf. Und dann war ich in den Vereinigten Staaten.

Ich machte mich auf die Suche nach Sally Simms und Helen Rambo und küsste die beiden Mädchen zum Abschied. Noch vom Deck aus sah ich meine Eltern und Onkel Hans in der wartenden Menge stehen. Sie sahen so klein aus. Als ich ihnen zuwinkte, stürmten Reporter und Fotografen auf mich zu. Es gab im Augenblick nicht viel Aufregendes zu berichten. Die Royal Air Force hatte die Schlacht um Britannien gewonnen und flog jetzt bei Nacht Bombenangriffe auf Deutschland. Die Deutschen waren noch nicht in der Sowjetunion einmarschiert. Amerika organisierte seine eigenen Streitkräfte, und die Verhandlungen mit Japan waren an einem toten Punkt angelangt. Und hier kam ich – ein siebzehnjähriger Junge, aus Deutschland verjagt, in England aufgenommen und mit einem britischen Gefängnisschiff deportiert, das torpediert worden, aber nicht gesunken war. Ein Flüchtling, der um die halbe Welt gereist und jetzt endlich in Amerika angekommen war. Das war ein gefundenes Fressen für die Regenbogenpresse. Blitzlichter flammten auf und die Fragen nahmen kein Ende. Meine Eltern warteten geduldig, bis sie mich endlich in die Arme schließen konnten.

Als ich schließlich auf sie zutrat, sagte ich als Erstes: «Hello, how are you?» Mit meiner englischen Anrede wollte ich ihnen klar machen, dass ich nicht mehr der Junge war, von dem sie sich drei Jahre zuvor in Deutschland verabschiedet hatten.

Mir fiel sofort auf, dass meine Mutter im Umgang mit Gepäckträgern und Taxifahrern unnötig scheu war, und das ärgerte mich. Noch zorniger wurde ich allerdings, als sie von Anfang an erwartete, dass ich mich wieder unter ihre Fuchtel begab. Sollte alles wieder genauso werden wie in Deutschland? Erst später verstand ich, wie sehr die Verfolgung durch die Nazis die Selbstachtung der Opfer beeinträchtigt hatte. Viele, wie auch meine Eltern, mussten erst Examina wiederholen, bevor sie ihren Beruf ausüben konnten. Sie beherrschten die fremde Sprache nicht besonders gut, hatten ihren Status verloren und es dauerte oft lange, bis sie zu ihrem früheren Selbst zurückfanden.

Nun, ich wollte zwar nicht ungezogen sein, aber Schüchternheit und Unterwürfigkeit waren 1941 nichts für mich. Ich hatte so viel erlebt und alleine bewältigt, dass ich mich bestimmt nicht mehr von meiner Mutter herumschubsen lassen würde. Außerdem fand ich, dass sie sich dem Taxifahrer gegenüber, der ja schließlich dafür bezahlt wurde, dass er uns fuhr, so deutsch verhielt. Er hatte einen Akzent, und als ich ihn fragte, wie lange er schon in Amerika sei, erwiderte er: «Fünf Jahre.» Wir fuhren durch den Holland Tunnel nach Washington Heights, unserem Bestimmungsort, und dort sagte ich, «Danke, Cabby», während mein Vater ihn bezahlte.

Onkel Hans, Tante Lottie und Vetter Walter lebten in einer kleinen Wohnung in einer Art deutsch-jüdischem Ghetto, mitten unter Verwandten und Freunden aus Berlin. Sie redeten alle Deutsch miteinander. Englisch sprachen sie mit einem schweren Akzent, wobei sie die deutsche Syntax Wort für Wort übertrugen. Das Englisch meiner Eltern war besser. Sie wohnten zwar in einer ärmlichen Gegend, aber wenigstens redete dort niemand Deutsch. Onkel Hans, früher das schwarze Schaf in der Familie, der dann Millionär und ein «großer Macher» geworden war, hatte angenommen, dass die Leute in New York vor seiner Tür Schlange stehen würden, damit er Geschäfte für sie machte. Es kam jedoch niemand. Und so verkaufte Hans Zeitungen in einem U-Bahn-Kiosk, putzte Schuhe auf der Straße und räumte zu Hause auf, während Tante Lottie «in der Stadt» abwechselnd in einer Schokoladen- und einer Büstenhalterfabrik arbeitete. Ich wusste gar nicht, wie schüchtern sie war, bis ich erfuhr, dass sie die Beförderung zur Vorarbeiterin abgelehnt hatte, weil sie Angst davor hatte, mit Mitarbeitern umzugehen, die amerikanische Staatsbürger waren. Ein Freund aus alten Tagen, Hans Hesse, studierte Medizin, während seine Frau Loscha arbeitete, um die Familie zu ernähren. Sie lebten in einer völlig überfüllten Wohnung, aber Loscha war eine lebhafte Person und weniger ängstlich als die anderen. Als Osteuropäerin, die in eine deutsch-jüdische Familie eingeheiratet hatte, schleppte sie weniger emotionales Gepäck mit sich herum. Sie war die Einzige, die immer noch so war wie früher. Ihre Kinder gingen auf New Yorker Schulen, wo sie Englisch lernten und sprachen, aber zu Hause redeten sie immer noch Deutsch. Ich freute mich zwar, alle wiederzusehen, aber die generellen Lebensumstände waren nichts für mich.

Wir blieben ein paar Tage in New York. Fremde Leute, die meine Geschichte in der Zeitung gelesen und Fotos von mir gesehen hatten, hielten mich auf der Straße an. Meine Verwandten und ihre Freunde rissen erstaunt die Augen auf. Ihre Ankunft in den Staaten war niemandem aufgefallen. Aber ich war es bald leid, ständig meine Geschichte erzählen zu müssen.

Von meinen ersten Erfahrungen in New York war ein Essen in einem Schrafft's Restaurant gewiss einer der Höhepunkte. Die Marmortreppen, Messinggeländer, Spiegel und Kronleuchter empfand ich als Gipfel der Eleganz, so viel besser als die Automaten in Berlin, die ich als Junge bewundert hatte. Alles in Manhattan war so modern und groß, die Aufzüge, die Rolltreppen, der glänzende Marmorfußboden im Rockefeller Center, selbst die Kinos, wo man drei Mal hintereinander für siebzehn Cents den gleichen Film sehen und sich für einen Nickel einen Schokoriegel kaufen konnte. Ich fand die Stadt genauso wundersam, wie mir als Dreijähriger Berlin vorgekommen war. Und ich gewöhnte mich daran, dass jeder fragte: «Wie gefällt es dir in Amerika?» Nun, ich fand, es war ein fabelhaftes Land.

Im Zug von New York nach Baltimore staunte ich darüber, wie viel größer in Amerika alles war, die elektrische Lokomotive und die luxuriösen Waggons. Die Züge fuhren auch viel leiser als alle anderen, in denen ich bisher gesessen hatte.

In Baltimore holte uns ein winziger Schwarzer mit einem Ford Kombi ab. Er war der Hausdiener in dem Sanatorium, in dem meine Eltern arbeiteten. Ich hatte noch nie ein Auto mit hölzernen Seitenteilen gesehen, es war groß und leise mit seinem Acht-Zylinder-Motor. Der Mann fuhr uns nach Harlem Lodge in Catonsville, einer Vorstadt. Hierbei handelte es sich um eine private Institution für geistesgestörte Patienten, von denen einige in der «Geschlossenen Abteilung» untergebracht waren, die meisten jedoch nur ambulant überwacht wurden. Meine Mutter war Assistentin des medizinischen Direktors und hatte dort ein Zimmer für sich und Vater. Damals bestand die gängige Behandlung aus Elektroschocks, und ich hörte jeden Tag schreckliche Dinge über diese Prozedur. Mein Vater war nicht angestellt und musste noch Prüfungen nachholen, um wieder als Arzt zugelassen zu werden.

Harlem Lodge gehörte einem Mr. Grundy, der mir gnädig gestattete, bei meinen Eltern zu wohnen. Er hatte zwei Töchter. Die jüngere, Marly, groß, dick und gemein, machte sich darüber lustig, dass ich vom Leben in Amerika nichts wusste, aber ihre ältere Schwester Cissy war sehr nett. Es war interessant, amerikanische Mädchen kennen zu lernen. Sie taten so kühl und distanziert, während sie darauf warteten, dass die Jungen den ersten Schritt machten, aber nach dem Kino knutschten sie begeistert, noch bevor man zu einer intellektuellen Übereinstimmung gekommen war, dem, was in Deutschland gemeinhin «Weltanschauung» genannt wird. Mit meinen Freundinnen in England hatte ich über Geschichte, Philosophie und Ethik diskutiert, bevor wir uns küssten. Zugegebenermaßen fiel es mir nicht schwer, das Küssen vorzuverlegen.

Nicht weit von Harlem Lodge entfernt wohnte eine deutsche Familie, die in die Staaten emigriert war, noch bevor Hitler an die Macht gekommen war. Sie waren mit meinen Eltern befreundet, und auch ich kam in den Genuss ihrer Gastfreundschaft. Der Mann war Metallarbeiter und erklärte mir, wie ich an eine Sozialversicherungsnummer kommen und mich um einen Job bewerben konnte.

Meine Eltern gingen davon aus, dass ich, nachdem ich die High School beendet hätte, aufs College und auf die Universität gehen würde, um dort zu promovieren. In ihrer deutschjüdischen Kultur fielen Kinder nur dann auf einen niedrigeren Status als ihre Eltern zurück, wenn sie es nicht schafften, den obligatorischen Doktortitel zu erwerben. Meine Eltern dachten, dass ihr Kind unter ihrer elterlichen Liebe und Obhut dankbar den vorgeschriebenen Weg einschlagen würde.

Meine Mutter nahm mich mit zu Mrs. Julia Strauss, der Vorsitzenden des Jüdischen Flüchtlingskomitees in Baltimore, einer liebenswürdigen, majestätischen Dame, die 1936 unserer Familie und vielen anderen geholfen hatte, das überaus wichtige Affidavit zu erhalten. Sie hatte meiner Mutter auch die Anstellung verschafft. Als wir dort ankamen, warteten bereits einige Leute darauf, mit ihr zu sprechen und sie um Hilfe zu bitten. Mrs. Strauss erzählte mir, wie sehr meine Eltern darunter gelitten hätten, dass sie so viele Monate nichts von mir gehört hatten. Als sie mich fragte, was ich nun vorhätte, erwiderte ich: «Arbeiten gehen.» «Als was?», fragte sie, und ich antwortete: «Als Elektriker.» Ohne dass meine Eltern es wussten, hatte ich mir bereits eine Sozialversicherungskarte besorgt und mich im Maryland State Employment Office als «Elektriker» registrieren lassen. Dass ich erst siebzehn war, interessierte niemanden. Mrs. Strauss war zunächst schockiert, dass ich gar nichts von ihr wollte, aber nachdem ich einen Job hatte, wurde sie ein großer Fan von mir. Sie hielt mich anderen, die nur um Unterstützung baten, anstatt sich selber auf die Suche zu machen, als leuchtendes Beispiel vor.

Ich bekam einen Job bei der Simpson Electric Company in Annapolis, ungefähr dreißig Meilen von der Unterkunft meiner Eltern entfernt. Dort verdiente ich achtundzwanzig Dollar in der Woche; meine Eltern hatten zusammen nur dreißig Dollar im Monat plus Zimmer und Verpflegung! Amerika hatte sich immer noch nicht von der Depression erholt, und trotz der Aufrüstung für den Krieg war die Wirtschaft noch nicht im Aufschwung. Damals bekam man in den White Tower Restaurants noch einen Hamburger oder einen Kirschkuchen für einen Dime, also zehn Cents, und so viel Kaffee, wie man trinken konnte, für fünf Cents. In Annapolis fand ich ein Zimmer mit Verpflegung für neun Dollar die Woche, und darin waren ein warmes Frühstück morgens um sechs, ein Lunchpaket und ein Abendessen bei meiner Vermieterin inbegriffen. In ihrem Haus fiel mir zum ersten Mal auf, dass Zimmer und Schränke nicht abgeschlossen waren und dass tagsüber sogar die Haustür offen war. Es beeindruckte mich, wie sehr die Amerikaner einander vertrauten. In Deutschland wurde während meiner Kindheit immer alles abgeschlossen, und die Angst vor Einbrechern und Taschendieben war allgegenwärtig. Jesse Simpson, mein Boss, beschloss, mich «Dick» zu nennen, als er sah, dass mein zweiter Name Richard war. Der Name blieb haften, und seitdem werde ich von allen Dick genannt. «Wölfchen» hat nie wieder jemand zu mir gesagt!

Da meine Eltern und ich uns an den Wochenenden sehen wollten, brauchte ich ein Auto. Ich kaufte mir einen 1937er Ford, den reinsten Traktor. Er hatte einen V8-Motor mit sechzig PS und war sechzigtausend Meilen gelaufen, jedenfalls stand das auf dem Tacho. Er hatte anämische mechanische Bremsen, eine Beule in der Kofferraumhaube und pockennarbige Kotflügel, erfüllte jedoch seinen Zweck. Die Anzahlung betrug siebzig Dollar und danach musste ich ihn mit einundzwanzig Dollar im Monat ein Jahr lang abstottern. Ich lieh mir sechzig Dollar von meiner Vermieterin und kaufte den Wagen. Sechs Wochen nach meiner Ankunft in Amerika war ich vermutlich der einzige Flüchtling in Baltimore oder New York, der einen Job, Gehalt, einen Führerschein und sein eigenes Auto hatte!

Nach einer Weile baten meine Eltern mich, wieder zu ihnen zu ziehen. Sie taten mir Leid, weil sie ihre Kinder nicht hatten heranwachsen sehen – mein Bruder war ja immer noch in England, und es gab keine Möglichkeit für ihn, über den Atlantik zu kommen. Also zog ich für ein paar Wochen wieder bei ihnen ein, aber es war für uns alle eine schwierige Zeit.

An den Wochenenden hatte ich ein paar Verabredungen. Eine davon arrangierte die Familie von Dr. Leo Kanner, einem früheren Klassenkameraden meines Vaters aus Berlin. Er war Professor für Kinderpsychiatrie an der Johns Hopkins University. Die Kanners hatten eine Tochter, Anita, die zwei Jahre älter war als ich. Sie luden mich ein, die Wochenenden in ihrem Haus zu verbringen, «weil ich keine Freunde hatte». Ich merkte bald, dass ihre Tochter sich mit einem jungen Mann traf, der sehr, sehr weit links stand, und wahrscheinlich zogen sie einen ehrgeizigen jungen arbeitenden Mann einem glühenden Linken mit Collegeausbildung vor. Ich mochte Anita, hatte aber kein romantisches Interesse an ihr. Sie ging auf das Goucher College, und ich lernte einige ihrer Freundinnen kennen. Der Vater eines Mädchens, ein erfolgreicher Bankier, der selber ganz unten angefangen hatte, schätzte die Tugenden eines arbeitsamen jungen Mannes ebenfalls sehr. In dieser Phase meines Lebens gefiel ich offenbar eher den Eltern als den Töchtern.

Durch Leo Kanner lernte ich andere Psychiater von der Johns Hopkins kennen, mit denen ich mich anfreundete. Vermutlich bot ich ihnen großartiges Material für ihre Studien über die Entwicklung Heranwachsender! Bei diesen Begegnungen hörte ich die folgende Geschichte über Adolph Meyer, den Dekan der psychiatrischen Fakultät.

Als er vor dem Krieg in der Schweiz Urlaub machte, hatte sich Meyer mit Königin Wilhelmina von Holland angefreundet. Als der Krieg ausbrach, floh diese nach Ottawa in Kanada. 1941 kam sie auf ihrem Weg nach Palm Beach, wo sie «überwinterte», durch Baltimore und beschloss aus einem Impuls heraus, ihren alten Freund Adolph Meyer zu besuchen. Sie fuhr mit dem Taxi vor und erklärte seiner Vorzimmerdame:

«Sagen Sie ihm, seine alte Freundin, Königin Wilhelmina von Holland, sei hier.» Die Vorzimmerdame beeindruckte das überhaupt nicht. «Nun, Madam», erwiderte sie, «Sie müssen warten, bis Professor Meyer Zeit hat.» Als Wilhelmina schließlich vorgelassen wurde und in Dr. Meyers Büro trat, fragte er: «Wer sind Sie, gnädige Frau? Was kann ich für Sie tun?», woraufhin sie antwortete: «Aber Dr. Meyer, erkennen Sie denn nicht Ihre alte Freundin, Königin Wilhelmina von Holland?» Adolph Meyer blickte sie über den Rand seiner Brille an und sagte: «Liebe gnädige Frau, wie lange haben Sie diese Probleme schon?» Ja, er war immer äußerst interessiert daran, wie es den Menschen ging.

Mit Mädchen und Jungen in meinem Alter konnte ich nur wenig anfangen. Sie wussten nichts vom Krieg, und sie arbeiteten auch nicht, wie ich es tat. Viele kamen aus gläubigen Familien und fanden meine ablehnende Einstellung gegenüber organisierter Religion genauso schrecklich wie ich ihre religiösen Praktiken. Weil ich arbeitete und ein Auto hatte, glaubten die Eltern immer, ich hätte Absichten auf ihre Töchter. Dabei waren sie bei mir wirklich sicher!

Meine Eltern hielten immer noch an dem «Feiertags-Judentum» fest, das sie in Nazi-Deutschland entwickelt hatten, aber ich weigerte mich, Gottesdienste zu besuchen, und war an gesellschaftlichen Aktivitäten, die von der Synagoge organisiert wurden, nicht interessiert. Oft war ich allein. Glücklicherweise lernte ich Professor Feise, den Vorsitzenden der germanistischen Abteilung an der Johns Hopkins University, kennen. Seine Frau lud mich zu ihnen nach Hause ein, wo ich junge Fakultätsmitglieder traf, die mir meinen Mangel an formaler Ausbildung nicht vorhielten. Ich war eine achtzehnjährige Kuriosität, die auch vor esoterischen Gesprächen nicht zurückschreckte. Keiner meiner Altersgenossen war jemals in Australien, Indien oder Südafrika gewesen, auf einem Gefängnisschiff von U-Booten mit Torpedos beschossen oder von Melbourner Straßenmädchen unterhalten worden – Letzteres kam übrigens immer gut als Einleitung an.

Drei Monate nachdem Jesse Simpson mich eingestellt hatte, fuhr er mit mir nach Indian Head, nicht weit von Washington entfernt. Dort baute die Navy eine große Wohnanlage aus Fertighäusern, und die einzelnen Wohneinheiten, die getrennt angeliefert wurden, mussten verkabelt werden. Die ortsansässigen Elektriker waren dazu nicht in der Lage, weil es keine Pläne gab, aber Jesse Simpson wusste, dass ich Leitungen legen konnte, wo jeder andere versagte. Mr. Oscar Bryce, der Bauleiter in Indian Head, ließ mich eine Wohneinheit anschließen. Als alles funktionierte, engagierte er mich vom Fleck weg als Oberelektriker, und ich durfte mich Vorarbeiter nennen. Ich musste der Baugewerkschaft beitreten und bekam Tariflohn, 1,35 Dollar pro Stunde, und einen wöchentlichen Verpflegungszuschuss von zehn Dollar. Mit Überstunden verdiente ich plötzlich mehr als hundert Dollar pro Woche, was damals eine riesige Summe war.

In Indian Head wohnte ich bei Farmern, für die Übernachtungsgäste eine gute Einnahmequelle waren. Ich teilte mir ein Zimmer mit dem Schreiner Jerry und dem Klempner Paddy, die beide mindestens doppelt so alt waren wie ich. Sie schliefen in dem Doppelbett und ich auf einer Liege. Tagsüber arbeitete ich in den unbelüfteten Speichern der Fertighäuser, wo Temperaturen um die vierzig Grad Celsius herrschten. Damals probierte ich auch zum ersten Mal Eistee, und ich weiß noch, dass ich ihn unglaublich erfrischend fand. Meine Mitarbeiter waren Wanderarbeiter und ich wurde nie müde, mir ihre Geschichten über ihr Leben und die Frauen, die sie liebten, anzuhören.

Jerry, der Schreiner, hatte einen Truck, und nach der Arbeit quetschten wir drei uns zusammen auf die Vorderbank, um in der Bar des Ortes «ein paar zu heben». Dort gab es auch Flipperautomaten und so genannte Mounds-Schokoriegel, die ich regelmäßig vor dem Abendessen verdrückte.

Als wir eines Abends aus unserer Lieblingsbar in Marlborough traten, stand auf einmal ein Mann vor uns. «Raus mit der Kohle, Jungs», sagte er. Ich griff schon nach meiner Geldbörse, als Paddy angetrunken lallte: «Hey, Großer, das ist mein Schläger, und ich bin aus New York.» Es war kaum zu glauben, aber der Mann wich zurück und verschwand wieder in der Dunkelheit. Offenbar war es im südlichen Maryland eine wirksame Drohung, aus New York zu kommen.

Das Projekt in Indian Head ging zu Ende, und entweder hatte Jesse Simpson keine Arbeit mehr für mich, oder er wollte mir nicht den hohen Lohn bezahlen, den ich erreicht hatte. Zu meiner Überraschung war ich auf einmal arbeitslos, allerdings nur für ein paar Tage. Nach zwei kurzen Intermezzi bei Baufirmen, die Elektriker nach Bedarf einstellten und wieder feuerten, fand ich eine Stelle bei der Charles Electric Company of Baltimore. Die Firma gehörte Arther Raffel, einem Verwandten von Gertrude Stein. Arther entwickelte väterliches Interesse an mir.

Amerika rüstete jetzt stärker auf, und Raffel belieferte Firmen, die für die nationale Verteidigung produzierten, darunter die Werften in Sparrows Point und die Maryland Dry Dock Company. Er erkannte mein Talent als Elektriker und schlug mir vor, auf die Meisterschule zu gehen. Wenn ich die Prüfung dort bestand, konnte ich frei arbeiten. Ich würde mehr verdienen, und er konnte für meine Arbeit mehr in Rechnung stellen. Ich bestand mit den besten Noten, und man sagte mir, ich sei der jüngste Elektrikermeister im Staate Maryland.

Während meines Jobs bei Charles Electric bekam ich tiefe Einblicke in das amerikanische Leben. Einmal installierten wir eine Alarmanlage in Baltimores bekanntestem Striplokal, dem Oasis, um unangemeldeten Besuch von der Polizei frühzeitig zu erkennen. Die Mädchen luden mich häufig ein, und auch die Besitzerin hatte immer einen Drink für mich. Ich arbeitete außerdem in den großen Häusern in der Roland Avenue, in denen Baltimores «gute Gesellschaft» wohnte, in den Küchen von schmierigen Lokalen und feinen Restaurants, in Kaufhäusern, in einer Fabrik, die Maraschino-Kirschen herstellte, in einer Matratzenfabrik und in einer bekannten Molkerei außerhalb von Baltimore, die «Dunloggin», hieß. Dort musste ich, zusammen mit allen anderen verfügbaren Männern, einen preisgekrönten Zuchtbullen festhalten, während er eine Färse bestieg. Der Züchter fing das

Sperma des Bullen in einem Baumwollbeutel auf, weil damit noch zahlreiche andere Kühe gedeckt werden konnten. Eines Tages sah ich dort auch, wie ein Kätzchen, das ein paar Milchtropfen vom Euter einer Kuh leckte, vollkommen unter einem grünen Kuhfladen begraben wurde.

Bei großen Aufträgen arbeitete ich manchmal mit Paul Ingraham zusammen, einem riesigen Schwarzen, der ungefähr zwei Mal so groß war wie ich. 1941 war es in Baltimore unerhört, wenn Schwarze mit Weißen zusammenarbeiteten. Einmal lehnte ein Kunde Paul ab, und ich packte meine Werkzeuge zusammen und legte die Arbeit nieder. Der Kunde rief uns zurück, und ich forderte ihn auf, er solle einmal Pauls Haut berühren, dann würde er schon merken, dass er nicht abfärbte. Wir zwei waren schon ein merkwürdiges Paar, der Flüchtling aus Deutschland und der amerikanische Schwarze, der als «dreist» angesehen wurde, nur weil er versuchte, gute Arbeit als Handwerker zu leisten. Nach einem harten Tagewerk in der Sommerhitze Baltimores war mir klar, dass Schwarze nicht schlechter riechen als Weiße. Paul war nicht verheiratet und hatte einen gewaltigen sexuellen Appetit, den er in der Mittagspause oder zwischen zwei Aufträgen befriedigte. Ich lernte einige seiner zahlreichen Freundinnen kennen.

Zudem verfügte mein neuer Kollege über einen guten Instinkt für Menschen und drückte sich sprachlich unglaublich blumig aus. War jemand geizig, so sagte er, «der Kerl würde dir nicht die Ärmel von seiner Weste geben». War etwas wirklich selten, war es «seltener als Hühnerzähne». Ich erfuhr, was es bedeutete, «meine Socken hochzuziehen», «mich nicht in meiner Unterwäsche zu verheddern», «meinen Finger aus dem Arsch zu nehmen» (er war gar nicht drin!) oder «zu groß für meine Hosen zu sein». Außerdem lernte ich von Paul, dass nur «der frühe Vogel den Wurm fängt» und «ignorante Leute glauben, dass ihre Scheiße nicht stinken würde». Wenn etwas leicht war, dann war es so leicht, «wie einem Baby Süßigkeiten wegzunehmen». War man glücklich, dann war man so «glücklich wie ein Schwein in der Scheiße», und war man sauer, dann «sauer wie ein nasses Huhn», und vieles mehr. Paul war nicht nur ein Linguist mit einem unerschöpflichen Wortschatz, sondern auch clever. Er wusste genau, wie er bekam, was er wollte. Er leistete einen wertvollen Beitrag zu meiner Spracherziehung, was mir sehr zupass kam, als ich Soldat bei der Armee der Vereinigten Staaten wurde und wie ein Amerikaner klingen musste.

Eines Abends verkabelten wir gerade eine Wäscherei, zusammen mit Smitty, einem anderen Elektrikermeister, der ebenfalls ein hervorragender Handwerker war. Während er an der Schalttafel arbeitete, sortierte ich ein Kabelbündel. Irgendwie kam ich an zwei Drähte, die unter Strom standen. Ich konnte sie nicht mehr loslassen und konnte nicht sprechen, ich war völlig gelähmt. Dann verschwamm mir alles vor den Augen und es wurde dunkel. Mein Verstand jedoch arbeitete noch, und mein ganzes Leben zog an mir vorüber. Das Letzte, an das ich mich erinnere, war großes Bedauern darüber, dass mein junges Leben jetzt so abrupt endete. Als ich wieder wach wurde, drückte Smitty auf meiner Brust herum, um mich wiederzubeleben. Er hatte gesehen, was passiert war, den Hauptschalter umgelegt und so mein Leben gerettet.

Diese Erfahrung hat Eindrücke bei mir hinterlassen, die ich nie vergessen habe. Zunächst einmal fiel mir auf, wie schmerzlos es war, so zu sterben. Faszinierend war auch, dass das Gehirn noch weiterarbeitete, als alles andere schon außer Funktion gesetzt war. Und danach war mein Verstand unbeschreiblich klar. Ich befand mich in einem Zustand gelassener Heiterkeit, fast schon Euphorie. Alles um mich herum war kristallklar. Als bleibende Erinnerung an diesen Zwischenfall trug ich Verbrennungen an vier Fingern, die bis auf den Knochen gingen, sich entzündeten und erst nach einigen Monaten verheilt waren, davon. Die Narben davon habe ich heute noch auf den Fingerspitzen.

Im Juni 1941 marschierte Hitler in Russland ein. Die Deutschen drangen immer weiter ins Land vor und trieben die Rote Armee zurück. Auch Rommel, der Wüstenfuchs, kämpfte wieder in Nordafrika. Japan lag mit China im Krieg, und alle Alliierten verteidigten sich. Nur Amerika war immer noch neutral.

Am Sonntag, dem 7. Dezember 1941, hörte ich mittags im Radio die ersten Nachrichten von Pearl Harbor. Es war natürlich ein schrecklicher Schock und der Tag war wirklich «... a date which will live in infamy» – wie Franklin D. Roosevelt in seiner Rede vor dem Kongress sagte. Danach ging alles sehr schnell. Amerika erklärte Japan den Krieg, und Hitler erklärte den Vereinigten Staaten den Krieg. Ich jubelte, weil ich davon überzeugt war, dass Hitler gegen Amerika nicht gewinnen konnte. Aber dann drangen die Japaner auf die Philippinen, nach Indonesien und Singapur, bis nach Indien vor. Die Russen wurden immer weiter zurückgedrängt. Würden die Japaner und die Deutschen im Mittleren Osten zusammentreffen? War es möglich, dass sie die ganze östliche Hemisphäre eroberten?

Als Amerika ernst machte und Schiffe mit Panzern, Jeeps, Munition und Soldaten an Bord aufbrachen, wollte ich mich freiwillig melden, wurde aber wegen meiner deutschen Herkunft nicht genommen, weil ich theoretisch wieder einmal ein feindlicher Ausländer war! Dieses Mal durfte ich jedoch wenigstens arbeiten und mit ein paar Einschränkungen ein freies Leben führen. Ich hörte von der Internierung der Japaner an der Westküste und dachte an meine eigene Internierung bei den Briten.

Obwohl meine Eltern immer noch keine Zulassung besaßen, um sich als Mediziner niederzulassen, profitierten sie davon, dass Amerika in den Krieg eingetreten war. Da immer mehr Ärzte eingezogen wurden, durften Mediziner mit ausländischen Diplomen zumindest unter der Aufsicht «approbierter» Ärzte arbeiten. Meine Mutter bekam eine Stelle bei Sheppard and Pratt, einem Privatkrankenhaus in Towson, Maryland, für reiche Geisteskranke. Sie hatte dort eine eigene Wohnung, Verpflegung inbegriffen, und wurde anständig bezahlt. Mein Vater wurde Arzt im Springfield State Hospital in Sykesville, Maryland, einer riesigen Anlage für die nicht so reichen Geisteskranken. Nach ein paar Monaten bekam auch er eine Stelle bei Sheppard and Pratt.

Ich wohnte zur Untermiete in Baltimore, war aber häufig bei Sheppard and Pratt zu Besuch, weil ich dort im Ärztekasino essen durfte. Dort fand ich an einem Tisch mit ungefähr einem

Dutzend Therapeuten verschiedener Schulen rasch heraus, worüber Psychiater so redeten. Freudianer, die damals noch um ihre Anerkennung rangen, erklärten mir die Analysen ihrer Kollegen, und ich bin sicher, dass sie mich auch typisierten. Es war die Zeit von Philip Wylie: Mütter waren Schlangen; der Ödipuskomplex war gerade modern; Träume waren die Wirklichkeit, und es hieß, die Wahrnehmung der Realität würde getrübt durch die ungelösten Kindheitserfahrungen; Rationalismus, Sublimierung, Projektion und Narzissmus waren die meist gebrauchten Schlagwörter. Und ich lernte viel über Paranoia und über das falsche Gefühl der Unverletzlichkeit und Omnipotenz.

Die Psychiater im Sheppard hatten jedoch durchaus auch menschliche Züge. Einer redete immer als Erster, sodass die anderen nur antworten konnten. Ein anderer wusste immer «einen besseren Weg» für alles, vor allem bei Dingen, die man nicht ändern konnte. Ein dritter wartete ständig auf seine Chance, jemand anderem zu widersprechen. Mir wurde flüsternd erzählt, wer zwanghaft, obsessiv, harmoniesüchtig, passiv-aggressiv, repressiv, frustriert, hypochondrisch oder neurotisch war. Es waren ähnliche Persönlichkeiten wie die, die auf unserem Gefängnisschiff von England nach Australien in ihren Hängematten schaukelten.

Ich nahm mir Papier und Bleistift mit und notierte, wer als Erster und wie oft sprach, wer die anderen am häufigsten korrigierte, wer nur redete, wenn er angesprochen wurde. Dann präsentierte ich meine Analyse, ohne Namen zu nennen, aber ich wurde ausgelacht, weil quantitative Methoden nicht zum Repertoire der Psychiater im Sheppard gehörten.

Meine Eltern gehörten zu diesem Kreis natürlich dazu. Ein junger Freudianer, der mir ihr Verhalten erklärt hatte, brachte meine Mutter einmal dazu zu verkünden, dass sie immer Recht habe, worauf verblüfftes Schweigen folgte. Mein Vater wurde als passiv-aggressiv eingestuft. Faszinierend für einen Teenager, wenn er seine Eltern durch die Brille psychiatrischer Verhaltenscodes sieht!

Ich war zwar nur Elektriker, aber im Gegensatz zu den Psychiatern besaß ich ein Auto, und ich hatte auch Benzinbezugskarten, weil ich für die «Verteidigung» arbeitete. Das machte mich bei den jüngeren Ärzten, die sich mit ihren Freundinnen treffen wollten, beliebt, und sie luden mich oft ein, an ihren gesellschaftlichen Aktivitäten teilzunehmen.

Im Kasino im Sheppard und Pratt lernte ich G. Wilson Shaffer, einen klinischen Psychologen, kennen, der gleichzeitig der Dekan der Abendschule an der Johns Hopkins University war. Ich werde wahrscheinlich nie erfahren, ob meine Eltern ihn dazu bewogen haben, mich zu überreden, oder ob es seine eigene Idee war. Alle ihre Bemühungen, mich zur High School zu schicken, waren fehlgeschlagen. Eines Tages bemerkte Wilson, dass über mein fehlendes High School-Diplom hinweggesehen werden könnte, wenn ich einen speziellen Eignungstest bestehen, mich auf dem McCoy College einschreiben und in den ersten beiden Studienjahren alle Klausuren mit «B» oder besser schreiben würde. Ich nahm sein Angebot an und bestand den Test mit Bravour. Und auf einmal war ich, mit knapp achtzehn Jahren, auf dem College. Ich schnitt in allen Kursen gut ab, sogar in Technischem Zeichnen bei Mr. Babendreier, obwohl ich jedes Mal, wenn ich stundenlang daran gesessen hatte, schwarze Tinte über meine Arbeit schüttete. Aber selbst diesen Kurs bestand ich, weil ich Waldemar Ziegler, meinen Chemieprofessor, dazu brachte, eine Lösung zusammenzumischen, mit der man Tinte von Papier entfernen konnte, ohne es zu beschädigen.

Morgens stand ich um fünf auf, um vor sieben bei der Arbeit zu sein. Wenn ich um vier Feierabend hatte, stürzte ich nach Hause, duschte und zog mich um und fuhr dann an die Universität, wo die Kurse drei Mal in der Woche von halb sieben bis zehn Uhr abends stattfanden. Ich war immer müde, und an den Wochenenden musste ich Hausaufgaben machen. Aber bei der Arbeit war ich der Einzige, der aufs College ging, und auf dem College war ich der einzige Elektrikermeister. Mir gefiel es, anders zu sein als die anderen, und ich hatte eine Vielzahl sozialer Kontakte dadurch. Zu den Psychiatern im Sheppard and Pratt und meinen rauen Kumpeln auf der Arbeit kamen jetzt noch Kommilitonen auf der Uni, darunter ein paar intelligente Frauen und sogar Professoren, mit denen ich technische Ideen diskutieren konnte.

Aber diese Lebensphase sollte bald schon zu Ende sein. Nachdem Afrika zurückerobert worden war, die Schlachten in Italien andauerten und die Invasion von Europa kurz bevorstand, brauchten die US-Streitkräfte nun Kanonenfutter, und ich musste mich bei der Rekrutierungsstelle melden. Der Krieg hatte mich wieder eingeholt.

5. In der US Army

Richard in der US Army, März 1945

Aufgrund meiner deutschen Herkunft durfte ich mir meine Einheit nicht aussuchen, sondern wurde einem Kommando zugewiesen. Bei der Musterung gab es nichts zu beanstanden außer meinen Plattfüßen, die mir, wie ich glaubte, die Infanterie auf jeden Fall ersparen würden.

Im November 1943 meldete ich mich beim Seventh Regiment Armory in Baltimore und wurde von dort nach Camp Meade, der Rekrutierungsstelle, gebracht. Meine Freunde waren sich sicher, dass ich letztendlich bei den Ingenieuren, Funkern oder in der Army Intelligence landen würde, oder vielleicht sogar bei der Air Force. Da ich die Standardtests hervorragend bestand, wies ich darauf hin, dass ich am liebsten in einem Bereich eingesetzt werden würde, in dem mein Wissen über Deutschland und die Deutschen sowie meine Qualifikationen als Elektriker beziehungsweise Radiotechniker von Nutzen seien.

Am nächsten Tag steckte man mich in einen Zug mit einer alten Dampflokomotive, die nach Camp Blanding in Nordflorida tuckerte, wo ich entgegen meiner Erwartung eine Grundausbildung als Infanterist absolvieren musste. Die Armee brauchte jetzt eher Kanonenfutter als Spezialisten. Ich fand mich damit ab und versuchte schleunigst, den letzten Rest meines Akzents loszuwerden, damit mich kein amerikanischer Soldat irrtümlich für einen Deutschen hielt.

Nach drei Wochen Grundausbildung in Camp Blanding wurde ich zusammen mit anderen zum US District Court in Jacksonville gefahren. Bis zum letzten Moment wusste ich nicht, um was es eigentlich ging. Aber dann musste ich den Eid auf die Fahne schwören und war auf einmal ein amerikanischer Bürger. Es gab keine Zeremonie, ich musste nur die Hand heben und «ja» sagen. Schließlich kam die Frage: «Wollen Sie Ihren Namen ändern?» Ja, das wollte ich, und zwar von Heinz Wolfgang Richard Sonnenfeldt in Richard W.(Wolfgang) Sonnenfeldt.

Es war mein größter Traum gewesen, amerikanischer Bürger zu werden. Und plötzlich war dieser Traum ganz unfeierlich in Erfüllung gegangen.

Und so wurde ich, der ich als Letzter angekommen war, als Erster in meiner Familie und ihrem Freundeskreis amerikanischer Staatsbürger. Es machte mich überglücklich, ein vollwertiger, gleichberechtigter Bürger des größten Landes auf der Welt zu sein. Ich glühte förmlich vor Freude und atmete die Luft, die jetzt ebenso mir gehörte wie jedem Amerikaner, tiefer ein. Auch für meine Eltern, die jetzt mit einem amerikanischen Soldaten verwandt waren, war es von Vorteil. Und wenn mich jemals wieder jemand fragen sollte, «Wie gefällt es dir in Amerika?», dann würde ich antworten: «Nun, jedenfalls so gut, dass ich Amerikaner bin. Und wie gefällt es dir?»

In Camp Blanding lernte ich, meine Decke exakt zu falten, meine Stiefel zu putzen, meinen Spind und mein Sturmgepäck zu packen, ein Gewehr zu tragen und Kartoffelsäcke mit einem Bajonett anzugreifen. Als Schütze war ich so gut, dass ich ein Sondertraining mit der Springfield bekam, die über ein Zielfernrohr verfügte. Bei den Übungen auf der Straße und von Haus zu Haus schwand auch der letzte Zweifel, dass wir auf den Krieg in Europa vorbereitet wurden. Man brachte uns bei, dass, wenn eine Handgranate mitten unter uns fiel und nicht zurückgeworfen werden konnte, jemand sie mit dem Körper abdecken müsse, um seine Kameraden zu retten. Ein paar Tage später demonstrierte uns unser Ausbilder den Umgang mit scharfen Granaten. Er aktivierte eine, indem er den Hebel zog, die Zündschnur begann zu qualmen, und während er noch daran herumfummelte, fiel die Granate zu Boden. Wir wussten alle, dass sie in fünf Sekunden explodieren würde. Einer meiner Gefährten, ein großer, gut aussehender junger Mann, warf sich über sie, während wir anderen in Deckung gingen. Natürlich war es nur eine ungeladene Handgranate. Ich wünschte, das hätte ich gewusst – vielleicht hätte ich mich dann über den Blindgänger geworfen. Und dann wäre ich wie der junge Soldat, der sich «geopfert» hatte, auf die Schule für Offiziersanwärter gekommen.

Es gehörte mit zu unserer Ausbildung, uns Horrorfilme über Geschlechtskrankheiten anzusehen. Mit unseren Gewehren, Rucksäcken und Helmen wurden wir in einen großen Saal getrieben, in dem es stockdunkel wurde, während Bilder von entzündeten Penissen über die Leinwand flimmerten. Wir waren immer müde und hatten uns angewöhnt, das Gewehr zwischen den Beinen festzuhalten und den Helm oben draufzustecken, damit wir eine Kinnstütze für ein kurzes Nickerchen hatten. Wenn diese behelfsmäßige Stütze zusammenbrach, gab es ein großes Geklapper und im Saal gingen sofort die Lichter an, um den Übeltäter zu identifizieren. Man musste wirklich schnell sein, wenn man nicht zu Strafarbeiten verdonnert werden wollte. Sich nie erwischen zu lassen lautete die Devise, und ich schnallte mein Gewehr mit dem Gürtel fest, damit es nicht umfiel, wenn ich einnickte. Mein System wurde entdeckt, aber ich kam mit einer mächtigen Strafpredigt davon, weil von der Methode nichts in den Richtlinien stand.

Ich hatte auf dem Armeefragebogen angegeben, dass ich im Zivilleben als Elektriker einen Lastwagen fuhr. Als wir dann zum Biwak fuhren, durfte ich einen Armeelaster steuern, einen sogenannten «six by six». Mir wurde kurz gezeigt, wie ich mit diesem Monster umzugehen hatte, das Sechsradantrieb und acht Gänge hatte, und ich kam auf Anhieb damit zurecht. In der Biwakübung inbegriffen war ein 25-Meilen-Marsch mit einem schweren Rucksack auf dem Rücken und einem Gewehr über der Schulter. Weil ich den Truck fuhr, blieb mir der Marsch erspart, aber sonst bekam ich die volle Härte des Biwaks zu spüren. Wir mussten einen Fuchsbau graben, dessen Boden sich bald mit Wasser füllte. Mitten in der Nacht spürte ich auf einmal etwas an meinem Bein entlanggleiten und merkte, dass es eine Schlange sein musste. Als ich aus dem Loch heraussprang, schrie der Drill-sergeant mich an, ich solle wieder zurückgehen, aber als ich ihm erklärte, ich habe eine Schlange am Bein, tat er etwas Verbotenes: Er richtete den Strahl seiner Taschenlampe auf mich und sah die Schlange davon gleiten. «Sonnenfeldt, zum Teufel, wo haben Sie denn die Schlange aufgegabelt?», polterte er. Ich bin ihm noch heute dankbar dafür, dass er mir keine Strafe aufgebrummt hat, weil ich den Fuchsbau verlassen hatte.

Wir zogen, nur mit Kompass und groben Karten ausgerüstet, durch die Sümpfe Floridas, wo wir auf Alligatoren, Klapperschlangen und Wildschweine stießen. Wir verjagten sie, indem wir in die Luft schossen, obwohl wir uns eigentlich vor dem «Feind» verstecken sollten. Diese Feinde ließen sich jedoch wenigstens verjagen.

Wir kletterten vertikale Steilwände hinauf und krochen auf dem Bauch über schlammige Felder, um Maschinengewehrsalven zu entgehen. Wir erstachen «deutsche» Strohpuppen mit unseren Bajonetten, nahmen imaginäre Feinde gefangen und wurden von unsichtbaren Feinden überrumpelt, lernten, wie man Mörser und Bazookas abfeuert und wie man mit eisernen Notrationen überlebt. Ich bekam eine Scharfschützenmedaille – jetzt war ich Kanonenfutter mit Zertifikat.

Nach einer Woche Urlaub mussten wir dann zur Armee zurück. Kurz nach meinem Eintreffen in Norfolk, von wo aus es nach Europa gehen sollte, bekam ich aufgrund einer eitrigen Angina hohes Fieber, was damals ohne Antibiotika wirklich schlimm war. Ich lag zwei Wochen auf der Krankenstation und man verabreichte mir große Mengen an Sulfonamiden. Als ich wieder gesund war, musste ich zu einem Sammelplatz in Nordafrika, um Soldaten zu ersetzen, die in Italien verwundet worden waren. Am 4. Juni wartete ich auf meine Einschiffung. Rom fiel, und zwei Tage später ging die Invasion in der Normandie los. Am D-Day dachten wir, dass der Krieg möglicherweise vorbei wäre, bevor wir in Europa einträfen. Es waren wirklich aufregende Tage. Ich hatte ebenso viel Angst, das Ende des Krieges zu verpassen, wie ich erleichtert war, dass er enden könnte, bevor ich als Infanteriesoldat zum Einsatz kam. Der Kampf von Angesicht zu Angesicht begeisterte mich bei weitem nicht mehr so wie noch vor drei Jahren in England. Damals war es klar gewesen, dass alles getan werden musste, um Hitler aufzuhalten, aber jetzt wich er ja langsam zurück. Ich war jedoch darauf vorbereitet, meine Pflicht zu tun.

Wir fuhren auf einem großen, brandneuen Truppenschiff, der *General Meiggs*. Es war überhaupt nicht mit dem überfüllten Verließ auf der *Dunera* zu vergleichen. Noch bevor wir aufbrachen, gab es die ersten Rettungsübungen, und jeder hatte eine Schwimmweste. Ich sah zum ersten Mal eine rotierende Radarantenne oben auf dem Mast, es gab Gestelle mit Wasserbomben und eine unauffällige Schiffskanone am Heck. Ein oder zwei Tage lang wurden wir von Zerstörern eskortiert, aber bald waren wir ganz allein auf dem Atlantik. Unser Schiff war angeblich schneller als jedes U-Boot, wir brauchten noch nicht einmal Zickzack zu fahren. Über uns sahen wir die Kondensstreifen von Patrouillenflugzeugen, so genannte «Liberators», viermotorige Bomber mit großer Reichweite. Es hieß, dass sie auf uns aufpassten. Eines Tages war eine Übung an Bord, und neben meiner Koje löste sich eine Nietverbindung. Ein Wasserstrahl so dick wie mein Daumen drang ein. Rasch knüllte ich eine meiner Unterhosen zu einem behelfsmäßigen Stopfen zusammen und drückte sie in das Loch. Als ich das Leck gemeldet hatte, kam ein Matrose mit einem «bong», einem korkenähnlichen Holzpfropfen, und hämmerte ihn hinein. Ich konnte kaum glauben, dass es so repariert wurde, aber dann begriff ich, dass das Holz sich durch das Wasser ausdehnen und so das Leck sicher verschließen würde.

Als die Küste von Afrika in Sicht kam, begann das Schiff auf einmal so heftig zu schlingern, dass die Soldaten auf dem Deck herumpurzelten. Gott sei Dank ging niemand über Bord. Wir glaubten schon an einen Angriff des Feindes, als die Maschinen plötzlich gestoppt wurden. Die Steuerung war ausgefallen! Es war wirklich eine ereignislose Überfahrt!

Statt am Löwengebirge in Tunesien gingen wir in Neapel an Land. Dort wurden wir in der Bucht in Landungsboote verladen. Über Strickleitern mussten wir mit Sturmgepäck, also Rucksäcken und Gewehren auf dem Rücken, herunterklettern. Auf dem Weg nach unten trat mir mein Vordermann auf die Finger meiner linken Hand. Als er endlich begriffen hatte, dass er seinen Fuß wegnehmen sollte, trat er mir mit dem anderen Fuß auf die rechte Hand. Eine tolle Art, im Kampfgebiet anzukommen!

Mit Lastwagen wurden wir in ein so genanntes «repl depl» gefahren, die Kurzform für «replacement depot», in der Nähe von Pizzuli, im Norden von Neapel. Dort sollten wir uns aufhalten, bis wir an der Front gebraucht wurden. Im heißen italienischen Sommer marschierten wir jeden Tag fünf Meilen zum Strand, um zu schwimmen und zu essen, und am späten Nachmittag wieder fünf Meilen zurück. Wir badeten nackt, weil in der GI-Ausrüstung Badehosen nicht vorgesehen waren. Kinder und junge Mädchen kamen als Zaungäste und gaben Kommentare über unseren Körperbau ab. Sie verkauften auch Orangen, Trauben, Oliven und, wenn es welchen gab, Landwein. Wir luden sie oft dazu ein mitzumachen, was unsere Offiziere jedoch nicht erlaubten. Eines Tages, als Hunderte nackter Soldaten am Strand waren, tauchten plötzlich zwei deutsche Kampfbomber auf und beschossen uns. Warum fühlt man sich eigentlich viel verletzlicher, wenn man nackt ist? Es weiß doch jeder, dass Unterwäsche, Hemd und Hose Kugeln nicht abhalten können. Wir reagierten jedenfalls instinktiv, indem wir ins Wasser rannten und untertauchten. Wie durch ein Wunder wurde niemand getroffen.

Um die Monotonie zu durchbrechen, meldete ich mich freiwillig, um Versorgungslastwagen zu fahren. Es stellte sich heraus, dass ich nicht nur Verpflegung, sondern auch Munition fahren musste, und wieder einmal in dem mir schon wohl bekannten «six by six» Truck. Die Straßen waren schmal und kurvig, oft nur breit genug für ein Fahrzeug, und am Straßenrand lagen jede Menge liegen gebliebener Lastwagen. Einige dieser Bergsträßchen waren beliebte Angriffsziele der deutschen Artillerie. Einmal wurde unser Konvoi beschossen, und als ich mein Fahrzeug verließ, um in Deckung zu gehen, pfiffen mir die Projektile nur so um die Ohren. Mir blieb das Herz stehen, als sie kaum hundert Fuß hinter mir am Straßenrand einschlugen. Das war wirklich knapp! Als alles vorbei war, setzten wir uns mit einem Seufzer der Erleichterung wieder hinters Steuer. Unsere Route führte an einem Stützpunkt der American Airforce vorbei, wo wir anhielten, um uns aus dem gut bestückten Lager mit Coke und Doughnuts zu versorgen. Von dort flogen die imposanten Boeings B 17, die so genannten «Boeing Flying Fortresses», zu Titos Partisanen nach Jugoslawien, um Lebensmittel abzuwerfen, was als gefahrloser Einsatz galt. Mitunter ging es auch zu den Ölfeldern von Ploesti, nach Wien oder sogar nach Süddeutschland, um dort Bomben abzuwerfen, was keineswegs so ungefährlich war. Ein paar von den anderen Fahrern durften in der B 17 bei den relativ sicheren Einsätzen mitfliegen, was ich auch unbedingt versuchen wollte. Leider musste ich in mein «repl depl» zurückkehren, bevor ich es schaffte.

Eine denkwürdige Erfahrung bei einem dieser Besuche war eine Anzeige im *Time Magazine* der Firma Boeing, dem Designer des «H»-Modells der legendären «Flying Fortress Bombers», mit der Überschrift: «Wer hat jetzt noch Angst vor einer Messerschmidt?» Das war der Name des gefürchtetsten deutschen Kampfflugzeugs. Jeder Pilot auf der Basis hatte die Anzeige, die deutlich sichtbar ausgehängt worden war, unterschrieben. Ich schloss daraus, dass Werbeleute äußerst mutige Menschen waren.

Eines Tages sagte man uns mittags, wir sollten packen, denn wir würden in zwei Stunden verlegt. Man fuhr uns zum Hafen von Neapel, wo wir, wieder über das Fallreep, auf ein anderes Truppenschiff kletterten. Es kursierten Gerüchte, wir führen nach Südfrankreich, wo die Amerikaner vor zwei Tagen einmarschiert waren. Man gab uns Kampfproviant und Munition und hielt uns Vorträge darüber, was wir «am Strand» tun sollten. Und wir bekamen Sold. An Deck wurde auf Armeedecken Poker und Black Jack gespielt, und Tausende von Dollars wechselten den Besitzer. Hinter Sardinien wurde die See rau. An Bord waren auch so genannte «Spahis», bärtige Franzosen aus Nordafrika, die ihre Ziegen und Frauen mitgebracht hatten. Sie waren auf dem Zwischendeck untergebracht, und der Gestank nach Essen, Ziegen, Exkrementen und Erbrochenem, der aus ihren Unterkünften drang, erinnerte mich an die schlimmste Zeit auf der *Dunera*. Ich blieb oben auf dem Deck, wo weitergespielt wurde, bis im Morgengrauen Frankreich in Sicht kam. Die Strände waren menschenleer und es fiel nicht ein einziger Schuss. Wieder ging es über die Strickleitern herunter und dann in Landungsbooten bis zum Strand. Wir waren in der Nähe von St. Raphael an der berühmten französischen Riviera. Französinnen kamen auf uns zugelaufen, umarmten und küssten uns. Mit meinen paar Brocken Französisch fand ich heraus, dass die Deutschen vor zwei Tagen abgezogen waren. Unser persönliches Gepäck wurde vom Schiff abgeladen und wir wurden ungefähr fünf Meilen landeinwärts verfrachtet, wo wir ein Lager errichteten.

Kurz darauf kam eine Frau und machte einen großen Aufstand bei unserem Captain. Weil er gesehen hatte, dass ich Französisch konnte, ließ er mich holen. Allerdings wusste er nicht, dass meine Sprachkenntnisse lediglich rudimentär waren. Die Frau redete unglaublich schnell auf mich ein und mit einem Akzent, der mich völlig verwirrte. Nach einer Weile jedoch verstand ich immerhin so viel, dass die Ehre ihrer Tochter verletzt worden sei. Ich kannte das französische Wort für Vergewaltigung zwar nicht, aber es stand darauf nach dem Kriegsgesetz auf jeden Fall die Todesstrafe. Der Captain bat mich, die Frau nach Hause zu begleiten und die Details des Falls festzustellen. Also fuhren wir zu ihrem Haus, eher einer Hütte. Dort lernte ich ihre Tochter kennen, deren Brüste aus einem gewagten Ausschnitt drängten. Ich begann mit meiner Befragung, und sie sagte: «Mais oui, ce soldat Américain est entré dans ma chambre …!», oder irgendetwas in der Art. «Ah, Monsieur le Capitaine», fuhr sie dann fort, «er sah mich an und zog sich die Hose – les pantalons – herunter.» Auf meine Frage, ob er sie danach vergewaltigt habe, sagte sie nur: «Oh non, Monsieur le Capitaine, er hat mit mir Liebe gemacht. Dann hat er sich die Hose wieder hochgezogen, sein Gewehr genommen, sich den Helm aufgesetzt und ist gegangen.» Jetzt hatte ich verstanden. Ich zog meine Brieftasche hervor und holte ein Bündel Hundert-Franc-Scheine heraus, die ich gerade erst erhalten hatte. Ihr Gesicht hellte sich auf, noch bevor ich beim dritten Schein angekommen war. Ihre Ehre war wiederhergestellt, ich hatte den Fall beigelegt und einen meiner Kumpel vor einem schrecklichen Schicksal bewahrt. Sie lud mich ein zu bleiben, aber ich erklärte ihr, ich müsse jetzt gehen, um zu kämpfen. Als ich wieder im Lager war, wollte der Kommandant wissen, was vorgefallen war. Die Frau hatte eine von mir vorbereitete Erklärung auf Englisch unterschrieben, die besagte, dass alles ein furchtbares Missverständnis gewesen sei. So waren Freundschaft und Ehre unter den Alliierten wiederhergestellt und ich wurde der Dolmetscher der Kompanie.

Wir folgten unseren vorrückenden Truppen und den Deutschen, die sich immer weiter zurückzogen, und gelangten schließlich nach Dijon im Norden Frankreichs. Auf dem Weg dorthin kamen wir durch das wunderschöne Grenoble, wo ich mit dem Captain, der mich als seinen Dolmetscher und Verhandler verpflichtet hatte, mit dem Jeep durch das großartige Val d'Isère auf den Mont Blanc zufuhr. Wir kauften etwas französischen Brie, den ich mir in die Jackentasche steckte. Wochen später hatte der vergessene Käse mit dem Stoff eine undefinierbare Masse gebildet, und ich musste die Tasche abschneiden, weil ich den Gestank nicht mehr aushielt.

Im November hatten die Alliierten die gesamte Front in Frankreich besetzt. Ich bewarb mich um die Versetzung zur 121. Cavalry Reconnaissance Squadron, einer Schwadron der 106. Reconnaissance Group, die die Vorhut für Pattons berühmte Dritte Armee gebildet hatte. Wenn ich dort getötet oder verwundet würde, so würde dies zumindest in einem Panzer oder einem Jeep geschehen. Meine neue Einheit war in der Nähe von Sarguemines stationiert, was bald der südliche Schauplatz der Ardennenschlacht werden sollte.

Meine erste Nacht an der Front verbrachte ich mit sechs Kavalleristen in einem Bauernhaus, wo wir Feuer im Eisenofen machten und uns selbst etwas zu essen kochten. Ständig hörte man das dumpfe Einschlagen von Granaten, und ich konnte es kaum glauben, als meine neuen Kumpel sagten, sie seien zu weit weg, als dass wir uns Sorgen machen müssten. Die anderen Soldaten waren Veteranen aus der Normandie, von Falaise Gap und der Schlacht um Luneville, wo die Schwadron schwere Verluste erlitten hatte. Natürlich lauschte ich hingerissen ihren Geschichten über vergangene Schlachten, ihre Erfahrungen mit den Deutschen und ihren Ruhm als die Besten der Besten aus Pattons Dritter Armee. Von ihnen hörte ich auch zum ersten Mal, dass SS-Soldaten amerikanischen Gefangenen die Hoden abgeschnitten und sie ihnen in den Mund gestopft hatten. Diese Geschichten machten mir noch einmal klar, dass man entweder tötete oder getötet wurde.

Wegen meiner Treffsicherheit wurde ich Scout und durfte im ersten Jeep fahren. Die Lebenserwartung in dieser Position war nicht viel höher als die von Bordschützen, da die Messerschmidts immer noch eine Bedrohung waren, und ich war aufgeregt und verängstigt zugleich über meine neue Rolle im Krieg gegen Hitler.

Unsere Truppe bestand aus drei Kommandos, jedes mit zwei Jeeps und einem M8 Panzerwagen ausgestattet, ein sechsrädriges, gepanzertes Fahrzeug mit einer 37mm-Kanone auf einem Drehturm und zwei Maschinengewehren. Im Wald war der Wagen nicht zu gebrauchen, in hügeligem Gelände ganz gut einsetzbar, aber auf Asphaltstraßen war er wirklich schnell, und außerdem verfügte er über ein Kurzwellenradio mit einer beachtlichen Reichweite. Einmal schickte ich sogar über einen Radio Amateur in Harrisburg, Pennsylvania, streng verbotene Grüße an meine Familie.

Die Schwadron verfügte auch über leichte Panzer, die jedoch einfach lächerlich waren. Mit ihren 37mm-Kanonen konnten sie nur auf Soldaten und ungepanzerte Fahrzeuge schießen, an den deutschen Panzern prallten die Geschosse ab. Wir wussten sehr wohl, dass der russische T 34 der beste Panzer der Welt war, gefolgt vom deutschen Tiger und Panther. Britische Cromwells und amerikanische M4s rangierten ganz unten auf der Liste, und unsere Panzer standen nicht einmal darauf. Erst nach dem Krieg holte Amerika in dieser Beziehung auf und wurde schließlich führend.

Was uns jedoch 1944 an Ausrüstung fehlte, machten wir durch Menge und Beweglichkeit wett. Wir hatten auch Panzerzerstörer, ganz leicht gepanzerte Fahrzeuge, schnell, sehr beweglich und mit tödlich effizienten 90mm-Kanonen. Wenn sie trafen, bevor auf sie gefeuert wurde, waren sie wirklich toll. Aber auch nur dann.

Unsere Fahrzeuge waren voll beladen mit Töpfen und Pfannen, sogar mit Stühlen, Radios, Matratzen und anderen Einrichtungsgegenständen, die wir auf unserem Weg durch Frankreich eingesammelt hatten. Es gab einen Reparaturtruck mit Mechanikerausrüstung und in unserer Sanitätsmannschaft arbeitete ein Bär von einem Arzt mit einem langen, schwarzen Bart, riesigen Händen, grauen Haaren und russischem Akzent. Von Zeit zu Zeit führte er selbst an der Front eine so genannte «short arm inspection» durch. Dann stellten wir uns mit geöffnetem Hosenstall in einer Reihe vor dem Arzt auf und masturbierten, damit er mögliche Anzeichen von Gonorrhö erkennen konnte. Wenn alles in Ordnung war, nickte er kaum merklich mit dem Kopf. Wir schauten uns alle um, um zu sehen, wer das größte Gerät hatte. Der Einzige, der jemals eine Geschlechtskrankheit bekam, war einer der Sanitäter.

Während ich alles über Panzerspähtrupps lernte, weiteten die Deutschen die Schlacht in den Ardennen aus. Offensichtlich war ihr letztendliches Ziel Antwerpen. Wir waren an der südlichen Flanke weit weg vom Hauptkampfgebiet, aber trotzdem mussten wir die Häuser, in denen wir campierten, verlassen, um unsere Panzerfahrzeuge und Panzer so tief einzugraben, dass nur noch die Geschütztürme aus dem Boden herausragten und man nur von hinten durch einen Abhang einsteigen konnte. Es war mühsam, die riesigen Gräben mit Schaufeln zu graben, und uns war klar, dass ein Bulldozer gute Dienste leisten würde. Westlich von uns war eine Versorgungseinheit, die über solche Maschinen verfügte. Eines Abends tauchten zwei unserer Panzerfahrer mit zwei Bulldozern auf. Sie hatten sie einfach mit der Behauptung akquiriert, die Deutschen kämen. Als unsere Fahrzeuge eingegraben waren, schickten wir die Maschinen mit Dank zurück.

Mittlerweile wohnten und schliefen wir unter den großen Fahrzeugen, deren Motoren uns wärmten und deren Radios uns unterhielten und mit Nachrichten versorgten. Mit der Zeit merkten wir, dass wir uns gegen einen Feind eingebuddelt hatten, der niemals kommen würde. Jeden Tag erfüllte das tiefe, melodische Brummen von Hunderten schwerer Bomber die Luft. Sie flogen alle mit der gleichen Geschwindigkeit, oft so hoch, dass wir nur ihre Kondensstreifen sehen konnten, nach Osten auf Deutschland zu. Indem wir ihr Kommen und Gehen berechneten, fanden wir heraus, wie weit sie im Osten gewesen waren. Eines Tages, bei klarem Himmel, drehten sie praktisch über unseren Köpfen, und wir hörten das Donnern und Rumpeln von Bomben. Sie bombardierten jedoch keine Städte, sondern deutsche Munitionslager, und wir wussten, dass die Schlacht in den Ardennen dem Ende entgegenging. Die Bestätigung dafür bekamen wir, als wir ein oder zwei Wochen später weiter nach Süden zurückverlegt wurden. Dort schlossen wir uns berühmten Divisionen an, die auf Sizilien, am Monte Cassino und in Salerno gekämpft und gesiegt hatten.

Als die Widerstandskraft der Deutschen langsam zu bröckeln anfing, machte ich meine erste Kampferfahrung. Wir waren auf einer Kundschafterfahrt mit zwei Jeeps und einem Panzerwagen und wussten auf einmal nicht mehr, wo wir waren. Mir fielen Schilder auf, die auf ein deutsches Hauptquartier hinwiesen. Aus einem Impuls heraus drehte ich sie um. In einem nahe gelegenen Bauernhaus bekamen wir Hühnchen, Karotten und Kartoffeln zu essen, und bei dieser Gelegenheit fanden wir auch heraus, dass die Deutschen erst vor kurzem da gewesen waren. Wir versteckten uns in der Scheune und verbargen uns unter dem Stroh. Kurz darauf teilte uns unser Ausguck mit, dass ein Wagen die Straße entlangkäme. Als er nur noch ungefähr neunzig Meter entfernt war, feuerten wir unsere 37mm-Kanone ab. Fünf Deutsche sprangen aus dem Wagen in die Gräben am Straßenrand. Einer von ihnen trug die typische deutsche Generalskluft, die rot gestreifte Hose. Wir beschossen den Wagen und fuhren mit unserem Panzerwagen aus der Scheune heraus. Dann brüllte ich «Hände hoch!» und forderte die Insassen auf, herauszukommen und sich zu ergeben, was sie auch taten, der General zuletzt. Wir nahmen ihnen ihre Waffen ab, durchsuchten sie und steckten sie unter Bewachung in die Scheune. Der deutsche General beschwerte sich, dass irgendein Idiot die Schilder zu seinem Hauptquartier umgedreht habe. Als ich ihm erklärte, das sei ich gewesen, wollte er sofort freigelassen werden, weil das unfair sei. Ich erwiderte, wenn er nicht den Mund hielte, würde ich ihm einen Knebel verpassen. Seine Leute allerdings schienen nichts dagegen zu haben, gefangen genommen zu werden.

Erst am nächsten Morgen, als wir amerikanische Stimmen auf unserem Funkgerät hörten, wussten wir, wo wir uns befanden. Kurz darauf sahen wir amerikanische Infanterie, und damit war uns klar, dass wir vor unsere eigenen Truppen gelangt waren. Wir verfrachteten die Gefangenen auf die Lastwagen, die der Infanterie folgten, aber da der General es für eine Zumutung hielt, mit gemeinen Soldaten hinten auf einem Lastwagen zusammengepfercht zu sein, ließ ich ihn zu Fuß vor dem Wagen hergehen, der ihm im Schritttempo folgte.

Ein paar Tage später überquerten wir den Rhein auf einer Pontonbrücke, nachdem wir vorher an den Überresten der Siegfried-Linie vorbeigezogen waren. Zwischen gesprengten und rauchgeschwärzten Bunkern lagen tote Pferde und tote deutsche Soldaten, deren Gesichter unheimlich wächsern aussahen. Den Gestank der Leichen und Tierkadaver, gemischt mit dem Geruch von Schießpulver und Diesel, habe ich heute noch in der Nase. So riechen Schlachtfelder. Ganze Gruppen benommener deutscher Soldaten und Zivilisten marschierten nach Westen, weg vom Krieg. Die Sonne schien warm, und in der Luft hing dieser Gestank und eine feine Staubschicht, die charakteristisch für Kanonenfeuer ist. Luftbomben reißen tiefe Krater und zermalmen alles, aber Granaten lösen Beton, Ziegel, Mörtel und alles andere in Staub auf.

Auf der anderen Rheinseite führten wir unseren Spähtrupp-Auftrag weiter durch. Einmal fuhren wir mit unseren Fahrzeugen auf einen Schienendamm, von wo aus wir einen guten Überblick hatten. Wir sahen Gruppen von Nazis, die sich zurückzogen, und ich brüllte, wir seien die amerikanische SS. Daraufhin ergaben sie sich sofort. Mein martialisches Deutsch wurde immer besser, da meine Kumpel mich ständig dazu aufforderten, die Deutschen zum Aufgeben zu zwingen. Aber es wurden trotzdem noch Schüsse abgefeuert, und wir verloren auch ein paar unserer Leute.

Die Fahrzeuge der Wehrmacht waren größtenteils lahme Enten, weil sie keinen Treibstoff und keine Munition mehr hatten. Wir schossen sie zusammen, um sie völlig unbrauchbar zu machen. Eines Abends schlugen wir, nach dreißig Stunden Spähtrupp ohne Unterbrechung, unser Lager auf, indem wir die Fahrzeuge im Kreis darum herum stellten, sodass die Kanonen nach außen zeigten, und legten uns ohne Wachen schlafen. Als wir am nächsten Morgen erwachten, standen keine neunzig Meter von uns entfernt etwa zweihundert deutsche Soldaten mit einer weißen Fahne. Sie suchten jemanden, bei dem sie sich ergeben konnten! Wir sagten ihnen, sie sollten einfach so lange weiter nach Westen gehen, bis jemand sie festnähme. Sie legten ihre Gewehre und Mörser neben einen Stapel Handgranaten und machten sich davon. Und so ging es die ganze Zeit, bis wir schließlich nach Freudenstadt im Schwarzwald kamen. Dort wurde uns der weitere Vormarsch in den Süden verwehrt. Man schoss auf uns, und wir zogen uns so schnell wie möglich wieder zurück. Kurz darauf kamen ein paar Zivilisten und Militärs mit einer weißen Fahne aus der Stadt. Sie wollten uns die Stadt übergeben, konnten es aber nicht, weil sich eine SS-Einheit dort verschanzt hatte. Sie konnten nichts gegen sie ausrichten. Wir befahlen: «Entweder kommen sie um drei Uhr heraus oder wir beschießen die Stadt.» Wir fuhren mit schweren Panzern und Artillerie auf. Um drei Uhr schließlich rückte die Artillerie in die Stadt vor. Als wir hindurchfuhren, fielen gelegentlich immer noch Schüsse, aber das Aufräumen überließen wir der Infanterie.

Ein komischer Zwischenfall ereignete sich im nächsten Ort. Ganz aufgeregt brachten zwei unserer Kavalleristen einen Deutschen in dunkelblauer Uniform, einer prächtigen Schirmmütze mit geflochtenem Band, einem Eisernen Kreuz auf der Brust und goldenen Streifen an den Ärmeln an. Sie waren sich sicher, dass sie mindestens einen Admiral gefangen hatten, aber ich musste ihnen leider erklären, dass es sich nur um den örtlichen Postmeister handelte, der seine Orden aus dem Ersten Weltkrieg trug.

Je weiter wir uns nach Osten bewegten, desto häufiger trafen wir auf Heckenschützen und gelegentlich auch auf Waffen-SS. Keiner von uns wollte in den letzten Tagen des Krieges getötet werden, aber trotzdem rückten wir immer weiter vor. Manchmal fuhren wir mehr als vierundzwanzig Stunden. Ich weiß noch, dass ich einmal schlafend über dem Steuer meines Jeeps zusammensackte, kaum dass ich mich hingesetzt hatte. In einem Ort wurde ein Soldat, der erst Stunden vorher zu uns gestoßen war und frisch aus den Staaten kam, von der Kugel eines Scharfschützen getötet. Ich sah, dass sie vom Dach der Dorfkirche aus abgefeuert worden war. Als ich daraufhin einen Schuss aus meinem Scharfschützengewehr abgab, fiel ein deutscher Soldat genau vor den Altar.

In einem Ort kamen wir zu einem staatlichen Mütterheim. Die Frauen dort hatten sich von SS-Männern schwängern lassen, die extra dazu abgestellt worden waren, die Rasse zu verbessern. Ich sollte die Umstände untersuchen. In dem Heim waren ungefähr vierzig Frauen. Einige hatten gerade entbunden, andere warteten noch auf die Geburt oder lagen im Kreißsaal. Weder eine Hebamme noch ein Arzt waren zu sehen. Ich rief unsere Sanitäter, von denen jedoch noch niemand jemals ein Kind entbunden hatte. Unter Anweisung der erfahreneren Frauen brachten sie zwei Babys zur Welt. Wir nannten sie Moses und Aaron.

Mittlerweile brauchte ich nicht mehr im ersten Jeep zu fahren, sondern wurde auf einem Panzerwagen eingewiesen. Ich lernte, wie man ihn fuhr und wie man die Kanone bediente, den Turm drehte und mit den Funkgeräten umging.

Einmal fuhren wir in eine deutsche Stadt, als der Bürgermeister auf uns zugestürzt kam und eine formelle Kapitulationsurkunde schwenkte, die er selber auf Pergament geschrieben hatte. Er war äußerst deprimiert, als wir ihm erklärten, dazu hätten wir keine Zeit und er müsse auf die nächste amerikanische Einheit warten.

Aber wir hatten auch ein bisschen Spaß. Manche Straßen waren zu eng, um mit dem Panzerwagen zu wenden, wenn wir beschossen wurden. Also entwickelte ich ein raffiniertes Manöver. Wir installierten einen Rückspiegel, damit wir die 37mm-Kanone rechtzeitig um hundertachzig Grad drehen konnten, und sind dann rückwärts gegen den Feind gefahren! Beim ersten Schuss des Feindes gaben wir Fersengeld. Bald war ich überall bekannt als «Rückspiegel-Sunny». Mein anderer Spitzname war Leroy, eine Ableitung von Kilroy, dem GI, der überall unerwartet auftauchte. Noch heute verblüfft es mich, wenn irgendjemand auf mich zutritt und mich mit den Worten begrüßt: «Leroy, wie geht's dir denn?» Nicht schlecht für Heinz Wolfgang Sonnenfeldt.

Als Präsident Roosevelt starb, hörte ich BBC auf dem Kurzwellenempfänger. Es war seltsam, dass der Tod dieses großen Mannes uns Soldaten so wenig berührte. Aber im Gegensatz zu den Deutschen wussten wir bereits, dass wir den Krieg gewonnen hatten. Goebbels hingegen sah Roosevelts Tod noch als den lang erwarteten Wendepunkt, der die Deutschen zum Sieg führen würde! Er vergaß dabei allerdings, dass die amerikanischen Soldaten für ihr Land und die Demokratie kämpften, während die Deutschen für einen Führer kämpfen mussten, der seinen Generalen und dem deutschen Volk die Schuld dafür gab, dass der Krieg verloren war. Als sich der Führer das Leben nahm, blieb den deutschen Soldaten nichts mehr. Wir trauerten zwar um Roosevelt, aber wir kämpften nicht für ihn, sondern für unser Land.

Es gab andauernd noch Gefechte mit hartgesottenen deutschen Soldaten, aber hauptsächlich machten wir Kriegsgefangene. Wir wurden nach Heidelberg geschickt, das den Krieg unzerstört überstanden hatte. Nur die alte Brücke über den Neckar war gesprengt worden. Die Amerikaner befanden sich jedoch schon auf beiden Seiten des Flusses.

Wir wurden in einem hübschen Hotel untergebracht, schliefen in Betten mit richtiger Bettwäsche und beim Essen bedienten uns deutsche Kellner. Sie waren froh darüber, amerikanisches Essen zu haben, und drehten sich aus unseren Kippen Zigaretten. Amerikanische Soldaten durften nicht mit deutschen Frauen verkehren. Ich lernte eine reizende Holländerin kennen und wir verlebten eine schöne Zeit.

In Heidelberg bekamen wir, kurz vor Kriegsende, auch endlich neue Panzer, die unsere nutzlosen M5s ersetzten. Die neuen M24 waren viel größer, niedriger und hatten eine 75mm-Kanone, die erheblich wirksamer war als unsere anämischen 37mm-Erbsenbüchsen. Wir feuerten jedoch nur noch wenige Male damit, bevor der Krieg vorbei war.

Die Deutschen zogen sich rasch zurück, und wir mussten nur noch ab und zu gegen Scharfschützen vorgehen. Einmal sah ich, wie ein solcher sich an einem Baum erleichterte, und aus einem Impuls heraus zielte ich tief. Zum Glück für ihn – und letztendlich wohl auch für mein Gewissen – streifte die Kugel nur seine Hinterbacken und alles andere blieb heil.

Die deutsche Wehrmacht löste sich vor unseren Augen auf, und die Bevölkerung verwandelte sich, entgegen Hitlers letzten Mahnungen, nicht in Werwölfe. Nur die SS und die Waffen-SS kämpften verbissen weiter. Sie hatten kaum noch Kampfflugzeuge, es gab kein Benzin mehr und selbst die Pferde starben. Trotzdem wurde in Städten wie Würzburg und Nürnberg noch gekämpft, und immer noch wurden amerikanische Soldaten verwundet und getötet. Als wir nach München kamen, fuhr ich auch nach Dachau, nachdem ich im Radio gehört hatte, die Deutschen versteckten sich als Insassen getarnt im Konzentrationslager. Da ich bereits Fotos von gerade befreiten Konzentrationslagern gesehen hatte, hätte ich wissen müssen, dass das absurd war. Die wohlgenährten Nazis wären unter den ausgemergelten, kranken Insassen mit der Tätowierung der Gestapo auf dem Arm sofort aufgefallen. Aber ich wollte Dachau unbedingt sehen.

Ich dachte, ich sei vorbereitet auf das, was mich dort erwartete –

doch die wirkliche Erfahrung hätte mir kein Bild der Welt vermitteln können.

Das Lager war noch von Stacheldraht umgeben, und auch die Wachtürme mit den Maschinengewehren beherrschten immer noch die grausige Szene. Die Tore standen jedoch weit offen. Die Insassen in ihren gestreiften Lageranzügen hatten das Lager noch nicht verlassen, und das schiere Entsetzen stand ihnen noch ins Gesicht geschrieben. Ein amerikanischer Armeearzt warnte uns vor körperlichem Kontakt mit ihnen, weil befürchtet wurde, dass sich Seuchen ausbreiten könnten. Manche dieser bemitleidenswerten Geschöpfe waren so schwach, dass sie vor unseren Augen starben.

Zahlreiche Holocaust-Gedenkstätten halten die Erinnerung an das Grauen der Konzentrationslager lebendig, deshalb möchte ich hier nur über meine zwanzig Minuten in Dachau berichten. Die Leichenstapel schockierten mich nicht so wie die Überlebenden. Am deutlichsten sind mir ihre Augen in Erinnerung geblieben – Augen, in denen eine unbeschreibliche Mischung aus Staunen, Leid und Hilflosigkeit stand. Wie sollten sie auch nach Jahren unvorstellbaren Leidens begreifen, dass das Leben und die Freiheit ihnen jetzt wieder gehörten? Wie sollten sie glauben, dass sie Tausende (und wie wir heute wissen, sogar Millionen) andere überlebt hatten? Begriffen sie überhaupt, dass die Buchstaben «SS» jetzt nicht mehr für böse Autorität standen, sondern für Verderbtheit, Unehrenhaftigkeit und Niederlage?

Sie waren zu fassungslos und zu schwach, um vor Freude zu tanzen und zu schreien, und uns war nicht erlaubt, sie zu umarmen und zu küssen. Sprachlos starrten wir einander an. Zwischen uns lagen Welten.

Und ich dachte an mein eigenes Leben. Hier stand ich, als Soldat der Befreiungsarmee. Ohne den Einfallsreichtum meiner Mutter und die Großzügigkeit einer englischen Schuldirektorin wäre ich jetzt mit Sicherheit tot oder auch eines dieser menschlichen Wracks. Einen Moment lang fiel mir meine Zeit als britischer Gefangener auf der *Dunera* ein, und mir wurde klar, dass selbst meine schlimmsten Erlebnisse nicht mit dem zu vergleichen waren, was diese Menschen erlitten hatten.

Wir versuchten, miteinander zu reden. Ich konnte auf Deutsch und Englisch immer nur stammeln: «Es ist vorbei, es ist vorbei. Ihr lebt, und euch wird geholfen werden. Ich muss hinter den Deutschen her, die immer noch kämpfen.» Warum war gerade ich verschont geblieben? War es Zufall oder Fügung? Die Frage ging mir nicht mehr aus dem Kopf.

Für die Insassen der Konzentrationslager war der Krieg vorbei. Für mich jedoch noch nicht. Wir mussten uns noch mit den letzten Nazis auseinander setzen.

Nachdem ich wieder zu meiner Einheit in München gestoßen war, fuhren wir über die Autobahn nach Salzburg. Dort war das Hauptquartier von Albert Kesselring, dem Oberkommandanten der deutschen Wehrmacht in Italien und Österreich. Die Fünfte amerikanische Armee und britische Truppen waren nach Norditalien vorgedrungen: Sie marschierten ins nördliche Österreich, und wir kamen von Westen. Wir erreichten Salzburg, als Kesselring sich gerade Minuten zuvor einem anderen Spähtrupp ergeben hatte. In einem Vorort sah ich ein riesiges Hakenkreuz aus Chrom, das Symbol der deutschen Arbeitsfront, auf einer Fabrik. Mit einem Schuss aus der Kanone unseres Panzerwagens holte ich es herunter. Aus einer Bank wurden wir von Scharfschützen beschossen, und wir sprengten die Eingangstür und den Tresorraum. Wie Schneeflocken regneten die Hundertmarkscheine auf uns hernieder. Wir benutzten sie als Toilettenpapier, und mir wurde zu spät klar, dass jede Mark immer noch ungefähr zehn Cents wert war.

Von Salzburg aus fuhren wir ein letztes Mal den anderen amerikanischen Truppen voraus nach St. Gilgen am Wolfgangsee, einem wunderschönen See im Salzkammergut. Am 7. Mai, zwei Tage, bevor der Krieg offiziell zu Ende war, befahl mir mein Lieutenant, mit ihm im Jeep den gesamten See zu umrunden, der lang und schmal ist. Über die verlassene Seestraße fuhren wir nach Bad Ischl und Fuschl. Hier stießen wir auf König Leopold von Belgien, der dort im Exil lebte, und teilten den anderen über

Funk mit, ihn abzuholen. Überall, wo wir vorbeikamen, spähten die Leute hinter zugezogenen Vorhängen und angelehnten Türen hervor. Wir waren die ersten Amerikaner, die sie jemals gesehen hatten. In Fuschl, einem pittoresken Ferienort, parkten wir vor dem Rathaus, wo uns der Bürgermeister seine Kapitulation übergab. Da wir bis jetzt noch keine deutschen Soldaten gesehen hatten, beschlossen wir, zurückzufahren. Als wir uns dem Ortsende näherten, hörten wir Schüsse und das Dröhnen von Kanonen. Ich trat das Gaspedal durch und wir rasten die zwanzig Kilometer nach St. Gilgen zurück. Dort berichtete man uns, dass sich die Waffen-SS in Fuschl verschanzt habe und gegen deutsche Soldaten kämpfe, die sich hinter den Bürgermeister, der ja kapituliert hatte, gestellt hatten. Es wäre ein Kinderspiel für sie gewesen, uns zu töten oder gefangen zu nehmen. Das Gefecht zwischen den Wehrmachttruppen und der SS dauerte zwei Tage lang, und dann verschwanden alle Beteiligten im Wald. Der Ausflug nach Fuschl war für mich der letzte Kriegstag. Es hätte leicht der letzte Tag meines Lebens werden können.

In den nächsten beiden Wochen patrouillierten wir von unserem Stützpunkt in St. Gilgen aus, um versprengte deutsche Soldaten zu stellen. Mit zwei Jeeps, von denen der eine vor und der andere hinter einem Panzerwagen fuhr, erkundeten wir die Gegend. Wenn die Straßen zu schmal für den Panzerwagen wurden, fuhren wir dort nur im Jeep entlang und hielten Funkkontakt. Jeden Tag sammelten wir Dutzende von Versprengten ein, die wir zu einer Sammelstelle brachten. Die meisten waren hungrig, müde und abgerissen, und es machte ihnen nichts aus, von den Amerikanern gefangen genommen zu werden. Hinter manchen jedoch mussten wir mit Maschinengewehren herlaufen. Eines Tages stießen wir mit einem deutschen Wagen zusammen, als wir gerade auf einer besonders schmalen Straße am See entlangfuhren. Bevor unser Jeep in den See stürzte, sah ich noch, dass deutsche Offiziere in dem Wagen saßen, und als das Wasser über mir zusammenschlug, fragte ich mich, was wohl passieren würde, wenn ich wieder auftauchte. Glücklicherweise traf genau in diesem Moment unser zweiter Jeep ein. Die Deutschen hatten nicht fliehen können, weil sie gegen den Felsen gedrückt worden waren und sich die Türen nicht öffnen ließen. Nachdem sie sich ergeben hatten, kümmerten wir uns um unseren Jeep, von dem nur noch ein Teil des Lenkrades zu sehen war. Wir zogen ihn aus dem Wasser, trockneten ihn und dann war er wieder startbereit. Die Lenksäule war zwar verbogen und in besonders scharfen Kurven mussten wir ihn vorne anheben, aber bis zum Stützpunkt fuhr er immerhin noch.

Kurz darauf bekam ich vier Tage Sonderurlaub in Brüssel. Zwanzig Stunden lang saß ich mit anderen Soldaten auf einer Holzbank in einem Truck. In Brüssel angekommen, beschloss ich, nach einem jüdischen Mädchen, Eva Lemberg, zu suchen, die mit mir in Gardelegen aufgewachsen und nach Brüssel geflohen war. Aber meine Nachfragen im Rathaus und beim zentralen Polizeiregister ergaben nichts. Dann sah ich in einer Seitenstraße das Schild einer Flüchtlingsorganisation und ging hinein. Wieder hatte ich keinen Erfolg, aber auf einmal trat eine Frau auf mich zu und fragte auf Deutsch: «Sagten Sie Eva Lemberg?» Ich erklärte ihr, dass ich sie finden wolle. Sie bat mich, ihr meinen Namen zu sagen, und versprach, mit ihr zu reden. Und so traf ich Eva wieder, die ich zuletzt 1938 als Dreizehnjährige in Gardelegen gesehen hatte. Eine belgische Familie hatte sie von 1940 bis 1944 vor den Nazis versteckt. Ihre Eltern waren umgekommen. Ich lud sie zum Abendessen ein. Auf der Karte stand nur Aal, den wir zu einer Flasche Chablis verzehrten. Eva heiratete später einen belgischen Witwer, einen angesehenen Ingenieur und Professor, und sie lebt immer noch in Brüssel. Ich schrieb meinen Eltern, dass ich mich mit ihr getroffen hatte, und sie schickten ihr Lebensmittel und Dinge, die in Belgien in der Nachkriegszeit als Luxusgegenstände galten.

Von Brüssel aus fuhr ich mit einem Versorgungslaster zurück nach Österreich. Meine Einheit wurde kurz darauf wieder in die Staaten zurückbeordert, aber Soldaten wie ich, die noch nicht genug Gefechtseinsätze gehabt hatten, mussten weiter Dienst in Europa tun. Ich wurde Fahrer beim Second Corps, dessen Hauptquartier in Salzburg war, und war ganz froh darüber. Ich fuhr einen Major des Richter- und Anwaltscorps, das Verbrechen und Fehlverhalten amerikanischer Soldaten untersuchte, und erforschte zusammen mit ihm das wunderschöne Salzburger Land.

Das Fraternisierungsverbot erstreckte sich nur auf Deutschland, aber nicht auf die Damenwelt von Salzburg. Seltsamerweise galt Österreich bei den Siegern nicht als Naziland, obwohl gerade hier die Begeisterung für Hitler groß gewesen war. So konnten die Österreicher sich relativ leicht als Opfer darstellen. Die österreichischen Mädchen liebten die amerikanischen Soldaten, die ihnen Zigaretten, Seife, Kaffee und Zucker mitbrachten. Man warnte uns ständig davor, dass diese Frauen Geschlechtskrankheiten hätten, wie die üppige Deutsche Veronika Dankeschön, eine Erfindung der Armeewerbung, die überall verführerisch von großen Plakaten lächelte. Trotzdem genossen wir an den lauen Frühsommerabenden in Salzburg, an denen schon damals zahlreiche kulturelle Veranstaltungen stattfanden, die Gesellschaft der attraktivsten österreichischen Mädchen.

Wieder einmal stand die Zeit für mich eine Weile still. Der Krieg in Europa lag hinter mir, der Krieg mit Japan dauerte noch an, und es war ungewiss, wann ich aus der Armee entlassen würde. Aber gerade, als ich mich in Salzburg und in meiner Tätigkeit als Fahrer gemütlich niederlassen wollte, nahm mein Leben eine erstaunliche Wendung.

6. Nürnberg 1945-46

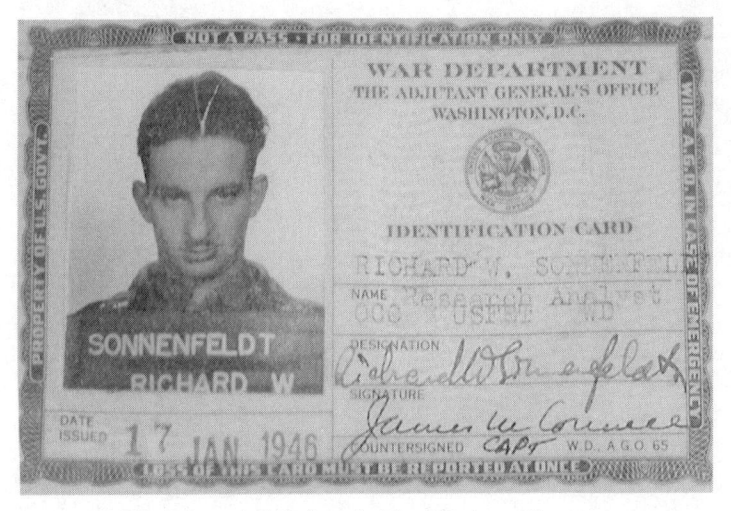

Richards Ausweis als Befrager bei den Nürnberger Prozessen

«Sonnenfeldt! Private[1] Sonnenfeldt!»

Ich schmierte gerade einen Panzerwagen im Salzburger Hauptquartier des Second Corps, Seventh US Army.

«Beeilen Sie sich, Private», brüllte der Sergeant des Fahrzeugparks. «Der General braucht einen Dolmetscher!» Ich wandte mich zum Waschraum, um mir das Öl abzuputzen, als der Adjutant des Generals, Tom Hinkel, ein Colonel in einer gebügelten Garnisonsuniform, wie ich sie seit über einem Jahr schon nicht mehr getragen hatte, angelaufen kam. «Wir haben es eilig, Private», sagte er. «Machen Sie schon!»

Also folgte ich ihm, mit Öl an Händen und im Gesicht, zum Kommandowagen. Dort saß General «Wild Bill» Donovan, der Chef des Office of Strategic Services (OSS). Seinen Spitznamen verdankte er seinem Einsatz mit der berühmten «Fighting 79th»-Division im Ersten Weltkrieg. Ich hatte mir «Wild Bill» immer so ähnlich wie John Wayne vorgestellt, mit Tressen auf der Brust und gezogener Pistole. Stattdessen saß da ein unscheinbarer, dicklicher, grauhaariger Mann, der lediglich die Sterne eines Major General auf seiner Kampfuniform trug.

«Wir verhören Nazi-Gefangene und Zeugen, bevor der Prozess in Nürnberg beginnt», sagte er. «Wie sind Sie als Dolmetscher?» Er sprach ein wenig Deutsch und ließ mich ein paar Sätze aus einem Dokument übersetzen. Das Ergebnis stellte ihn zufrie-

---

1 In der US Army wird mit dem Begriff «Private», für den es im Deutschen keine treffende Übersetzung gibt, ein einfacher Soldat bezeichnet, wobei hierin kein Dienstgrad enthalten ist.

den. Daraufhin dolmetschte ich für ihn, während er einen deutschen Untergrundkämpfer befragte, dessen Namen ich nie erfuhr. «Ihr Englisch ist sehr gut», sagte er. «Hinkel wird sich um Sie kümmern.»

«Und?», fragte Colonel Hinkel, als er mich zum Hauptquartier begleitete. «Wie würde es Ihnen gefallen, für die OSS zu arbeiten?» Der Job hörte sich sehr interessant an. «Wir sitzen in Paris», fuhr Hinkel fort, «und organisieren die amerikanische Anklage für die bevorstehenden Prozesse gegen die führenden Nazis. Unsere anderen Übersetzer haben einen so starken Akzent, dass wir sie kaum verstehen können. Ich glaube, mit Ihnen wird es besser klappen. Na los, machen wir uns auf den Weg nach Paris.»

«Wann?», fragte ich. «Jetzt sofort», antwortete er. Er wartete am Auto auf mich, während ich rasch meine Habseligkeiten in einen Rucksack stopfte und mir kaum Zeit nahm, Gesicht und Hände zu waschen.

«Wohin zum Teufel gehen Sie?», brüllte mein Lieutenant, als wir ins Auto stiegen, um zum Salzburger Flughafen zu fahren. «Ich fahre mit dem General!», schrie ich zurück, und Colonel Hinkel rief: «Wenn wir in Paris sind, schicke ich Ihnen die Versetzungsunterlagen.» Mir war allerdings nicht klar, wie lange es dauern würde, bis der ganze Papierkram erledigt war und ich wieder Sold bekommen konnte.

Ich kletterte an Bord des C-47 Transporters, und wir flogen nach Paris – der erste Flug meines Lebens – zum alten Flughafen Le Bourget. Von dort wurden wir in die Rue Pressbourg gefahren, eine Straße am Arc de Triomphe, wo ein stattliches Gebäude für den nächsten Monat mein Zuhause war. Dort übersetzte ich beschlagnahmte deutsche Dokumente, und bald schon begleitete ich Offiziere, wenn sie Nazis in Vorbereitung auf die bevorstehenden Nürnberger Prozesse verhörten. Wir flogen nach Deutschland und Österreich, nach Warschau und Prag und befragten potenzielle Zeugen, darunter auch gefangene höhere Nazi-Offiziere, und andere, die mit den Nazi-Verbrechen vertraut waren. Zu Anfang war ich der einzige Dolmetscher in dieser Sonderabteilung der Office of Strategic Services.

Zwischen den Reisen vergnügte ich mich in Paris. Die Stadt war immer noch angeschlagen vom Krieg, versuchte aber, so rasch wie möglich zur Normalität zurückzufinden. Damals gab es nur wenige amerikanische Soldaten in Paris, und ich habe die besten Erinnerungen an die Place Pigalle, die Gaietée Parisienne, die Stufen der Madeleine und den Bois de Boulogne am Sonntagmorgen. Es war immer wieder schön, nach den Ausflügen in das Land der Dunkelheit in die Stadt der Lichter zurückzukehren.

Bei einem Besuch in Deutschland fuhren wir in das in Oberösterreich in der Nähe von Linz gelegene Konzentrationslager Mauthausen. Der Kommandant, Zierreiss, war untergetaucht, aber seine Frau und seinen halbwüchsigen Sohn trafen wir an. Ich übersetzte ein Gespräch mit dem Sohn, das ich nie vergessen werde. Dem Aussehen nach hätte man ihn für einen amerikanischen Jungen halten können, nicht jedoch, wenn er redete. Ich fragte ihn, wie er mit seinem Vater ausgekommen sei. Er sagte, was er seinem Vater wirklich vorwerfe, sei die Tatsache, dass er ihm zu seinem zehnten Geburtstag ein Gewehr geschenkt habe. Dann mussten sich sechs Gefangene vor ihm aufstellen und er musste sie erschießen. Er musste so lange schießen, bis sie alle tot waren. Das sei sehr schwer für ihn gewesen, sagte er.

Es war unangenehm, als einfacher Soldat mit Offizieren zu reisen, die stets Erster Klasse unterwegs waren. Sie wohnten in eleganten Unterkünften, während ich mit Absteigen vorlieb nehmen musste. Colonel Williams, mein Operations Officer, erwirkte einen Sonderstatus für mich, sodass ich entweder mit den Offizieren oder allein reisen konnte, wobei ich manchmal sogar empörte hochrangige Offiziere von ihren Plätzen im Flugzeug oder im Fahrzeugpool verdrängte. Bald redete ich alle Colonels, mit denen ich eng zusammenarbeitete, mit Vornamen an. Allerdings mussten wir darauf achten, nicht dabei erwischt zu werden, wenn wir die Militäretikette so offensichtlich verletzten. Eines Tages rief ich Colonel Williams bei seinem Spitznamen, «Curly». Als er sah, wie ein weiblicher Offizier mit verkniffenem Gesicht die Augenbrauen hochzog, sagte er grinsend: «Private Sonnenfeldt, ich kann Curly nicht sehen. Gehen Sie ihn suchen, wir brauchen ihn hier.» «Jawohl, Sir», erwiderte ich und salutierte.

Innerhalb weniger Wochen wurde aus dieser Einheit der OSS das Office of the US Chief of Counsel, OUSCC, das die amerikanische Anklage darstellte. Die Prozesse sollten in Nürnberg stattfinden, der Stadt, die die Massenhysterie und den Hass der Nazis am stärksten verkörperte – die Stadt der Nürnberger Gesetze und die Stadt des widerlichen Judenhassers Julius Streicher. Ein weiterer Grund für diese Wahl war, dass Nürnberg über ein riesiges Gerichtsgebäude verfügte, das zwar durch Luftangriffe beschädigt war, aber wieder hergestellt werden konnte. Das weitläufige Gefängnis, das – 1865 gebaut – zwischen dem weitläufigen Gerichtsgebäude und den Pegnitzauen lag, war noch völlig intakt, sodass die überlebenden Nazis, denen der Prozess gemacht werden sollte, dort festgehalten werden konnten.

Im Juli 1945 flogen wir mit unserer zweimotorigen, sechssitzigen C45 von Paris nach Nürnberg. Eine Zeit lang konnten wir nicht landen, weil sich unser Fahrwerk nicht ausfahren ließ, und so kreisten wir über Hitlers Reichsparteitagsgelände, wo er Hunderttausende von Menschen in seinen Bann geschlagen hatte. Während der Pilot daran arbeitete, das Fahrwerk auszufahren, stellte ich mir Hitlers Stimme mit ihrem unverkennbaren, gekünstelten Akzent vor, hörte, wie er immer lauter und lauter wurde, bis schließlich Tausende von Stimmen ihm rhythmisch antworteten. Im Gegensatz zur Stadt, die großenteils in Trümmern lag, waren das Zeppelinfeld und dessen große Haupttribüne unbeschädigt geblieben. Das riesige vergoldete Hakenkreuz im Lorbeerkranz, das den Mittelrisalit der Tribüne geschmückt hatte, war indes von der US Army anlässlich einer Siegesparade schon am 24. April 1945 gesprengt worden. Und obwohl Hitlers Stimme mir noch in den Ohren klang, konnte ich mir kaum das wogende Meer von Schwarz- und Braunhemden vorstellen, die mit ausgestrecktem Arm «Heil Hitler!» brüllten. Jetzt lag das weite Zeppelinfeld leer und verlassen da, leerer als die Ruinen Roms, leerer als Deutschland selber – weil Hitler kein Erbe hinterlassen hatte. Seine letzte Botschaft an die Menschen, die ihm so ergeben und blindlings gefolgt waren, war gewesen, dass sie ihn enttäuscht hätten und es nicht verdienten zu leben.

Endlich konnten wir landen. Vom Flughafen aus fuhren wir in Jeeps mit Motorradeskorte in die zerstörte Stadt hinein. Häuser ohne Dächer, zerfallende, brandgeschwärzte Mauern, Straßen voller Schutt und Trümmer. Wir schlängelten uns mit unseren Jeeps an Kellern und Bunkern vorbei, und man meinte fast, auch zwei Monate nach Kriegsende noch den Geruch von verwesenden Leichen der etwa 7000 Opfer von Luftangriffen zu riechen, die freilich längst geborgen waren. Und über allem lag in der heißen Sommerluft der scharfe Geruch ausgebrannter Feuer. Magere Katzen mit räudigem Fell jagten in den Trümmern nach Ratten.

Die meisten deutschen Männer, die den Krieg überlebt hatten, waren jetzt Kriegsgefangene, aber ab und zu sahen wir einen alten Mann oder einen Kriegsversehrten, der die Trümmer nach brauchbaren, noch erhaltenen Ziegelsteinen durchsuchte. Frauen jeden Alters, dumpf, hungrig, grau, mit ungepflegten Haaren, versuchten, in dieser zerstörten Welt zu überleben. Als ich eine Zigarette aus dem Jeep warf, stürzten sich gleich mindestens drei Frauen darauf, wie Möwen auf Brotkrumen.

Das Gerichtsgebäude war von Jeeps umstellt, an deren Kühlerhauben Maschinengewehre lehnten, und an strategischen Stellen standen noch zusätzlich Panzerwagen und Panzer. Überall waren bewaffnete amerikanische Soldaten, allerdings waren die Kriegsgefangenen, die sie bei den Aufräumungsarbeiten bewachten, weitaus in der Überzahl. An den zerfetzten Uniformen erkannte ich zahlreiche Mitglieder der Waffen-SS, einst Himmlers Schlägertrupp, die jetzt behäbig als Kriegsgefangene in Sicherheit lebten, wohlversorgt mit Zigaretten und US Army-Rationen, mit Kaffee und Seife. Die deutschen Zivilisten hingegen aßen gelbe Rüben und tranken Kaffeeersatz – und prügelten sich um Zigarettenkippen, die auf die Straße geworfen wurden.

Der Colonel der Military Police, Gill, der später General wurde, war der Station Commanding Officer. Cavalry Colonel Andrus, ein äußerst strenger Vorgesetzter mit glänzend weißem Helm, auf Hochglanz polierten Reitstiefeln und juwelenbesetzten Pistolen im Halfter, war Gefängniskommandant. Beide wurden im Laufe der Zeit sehr enge Freunde von mir. Vielleicht dachten sie ja, ich sei ein als einfacher Soldat verkleideter VIP, denn schließlich war ich dazu ausersehen worden, für die höchsten Nazis zu dolmetschen.

Das Grand Hotel in Nürnberg wurde für die ranghöchsten Richter und Ankläger wieder als Unterkunft aufgebaut. Privathäuser in Vororten, die unzerstört geblieben waren, wurden für Anwälte, Gerichtspersonal und Journalisten requiriert. Die deutschen Besitzer durften sogar bleiben – im Keller oder in der Garage –, wenn sie bereit waren, die Gäste zu versorgen und alles sauber zu halten. Darauf waren gerade früher wohlhabende Leute versessen, weil sie so ihren Besitz im Auge behalten konnten. Für ihre Dienste bekamen sie Seife, Kaffee, Zigaretten und Schokolade – alles Dinge, die im Juli 1945 in Nürnberg wesentlich wertvoller als Geld waren.

Göring

Hermann Göring kam als einer der ersten Gefangenen in Nürnberg an. Er wurde von Colonel John Harlan Amen, dem berühmten Anwalt des legendären Gangstersyndikats «Murder Incorporated» aus New York und jetzigem Vorsitzenden der Vernehmungsbehörde verhört. Ich hatte bereits für Amen gedolmetscht, aber jetzt sollte ich Göring begegnen, der Nummer zwei unter Hitler mit dem einmaligen Titel «Reichsmarschall». «Der Dicke», ein Nachfolger des «Roten Barons», des berühmten deutschen Fliegerasses aus dem Ersten Weltkrieg, hatte die Luftwaffe aufgebaut und Rotterdam bombardieren lassen. Er hatte die Gestapo als nationale Terroreinheit geschaffen, und er war der Mann, der den Befehl gegeben hatte, meinen Vater ins Konzentrationslager zu bringen, und ihn später wieder freigelassen hatte. Er war der wichtigste der überlebenden Nazis.

Göring hatte alle früheren Dolmetscher in gewissem Sinne eingeschüchtert, und ich fragte mich, wie er wohl auf mich reagieren würde. Begleitet von einer bewaffneten Wache, kam er in seiner hellgrauen Uniform, an der noch zu sehen war, wo früher die Ehrenabzeichen gesessen hatten, den Gang entlang. Er hatte einen Drogenentzug hinter sich, und sein einst attraktives Gesicht war aufgedunsen und grau. Er atmete schwer. Aber seine Augen waren die eines Kommandanten, und trotz seines schleppenden Gangs verbreitete er eine Aura von Autorität.

Colonel Amen nahm mir den Eid ab, akkurat, vollständig und wahrheitsgemäß alles aus dem Englischen ins Deutsche und umgekehrt zu übersetzen. Ich nahm mir vor, besonders sorgfältig vorzugehen. Dann musste der Gerichtsstenograf schwören, alles, was gesagt wurde, auf Englisch genau mitzuschreiben. Und dann begann das Verhör.

«Schwören Sie, Hermann Göring, dass Sie die Wahrheit sagen werden, die ganze Wahrheit und nichts als die Wahrheit?», fragte Amen.

«Zuerst möchte ich wissen, ob ich vor einem Richter stehe», entgegnete Göring. Unwillkürlich nahm ich Stimme und Miene der Person, für die ich gerade dolmetschte, an, sodass ich abwechselnd einerseits Amen, der scharfe, ehemalige Anwalt von «Murder Incorporated», und andererseits Göring, ein in die Ecke getriebenes Tier, aber immer noch gefährlich genug, war.

Kurz darauf begann Göring, meine Übersetzung von Amens Fragen zu korrigieren. Ich bat um Erlaubnis, ihm sagen zu dürfen, wie er sich zu benehmen habe. Amen gestattete es mir. Also sagte ich: «Herr Gering (ich sprach den Namen absichtlich falsch aus, mit Betonung auf der zweiten Silbe), wenn der Colonel Englisch spricht und ich seine Fragen ins Deutsche übersetze und wenn Sie Deutsch sprechen und ich Ihre Antworten ins Englische übersetze, dann halten Sie den Mund, bis ich fertig bin. Sie unterbrechen mich nicht. Erst danach sagen Sie mir, ob Sie ein Problem mit meinem Deutsch oder meinem Englisch haben, und ich entscheide, ob es notwendig ist, Ihren Kommentar zu berücksichtigen. Sollten Sie es jedoch vorziehen, ohne Dolmetscher verhört zu werden, so sagen Sie es, dann höre ich nur zu.»

Er blickte mich lange an und sagte dann: «Mein Name ist Göring, nicht ‹Gering›.»

Ich schwöre, ich konnte seine Gedanken lesen. Sein Englisch war zwar so gut, dass er den Sinn der Fragen erfasste, es reichte jedoch nicht aus, um sich selbst zu verteidigen, was ihm eigentlich am liebsten gewesen wäre. Außerdem konnte der Ankläger ihn nicht überrumpeln, wenn er die Frage zuerst auf Englisch und dann auf Deutsch hörte. Also war ihm klar, dass ein Dolmetscher nur zu seinem Nutzen war.

Ich fuhr fort: «Wenn Sie mich nie wieder unterbrechen, werde ich auch Ihren Namen nicht mehr falsch aussprechen, Herr Göring. Wenn ich zu Ende geredet habe, höre ich Ihnen zu.» Während dieses Wortwechsels wartete Colonel Amen geduldig. Ich wandte mich zu ihm und sagte: «Der Gefangene Göring ist jetzt bereit, Ihre Fragen zu beantworten.»

Von diesem Augenblick an wollte Göring nur noch mich als Dolmetscher. Ja, ich hatte es geschafft. Göring war der Chef-Angeklagte, Amen war der Chef-Vernehmer und ich war der Chef-Dolmetscher. Alles in schönster deutscher Ordnung!

Ich erhielt diesen Titel, weil ich der erste Dolmetscher der amerikanischen Anklagedelegation war und weil Verhöre in meinem Beisein nicht durch unnötig lange Diskussionen aufgehalten wurden. Schon zu Beginn hatte ich die Fragen eines Anklägers und die Antworten eines Zeugen übersetzt, die äußerst schnell deutsch miteinander sprachen. Der Ankläger sah anschließend die Aufzeichnungen durch und fand keinen Fehler an meinem Englisch. Er lobte mich überschwänglich. Seitdem war ich anerkannt zweisprachig.

Chef-Dolmetscher der amerikanischen Anklage zu sein war zwar kein militärischer Rang, aber aufgrund meines Titels unterstanden mir alle anderen Dolmetscher und Stenografen.

Da sie alle diese Nazis kennen lernen wollten, vor allem Göring, den ranghöchsten Überlebenden, machte es den Captains – und sogar einem Major – gar nichts aus, sich an mich zu wenden, an Private Sonnenfeldt, den Mann, der die Termine vereinbarte.

Im Gegensatz zu Hitler, Goebbels und Himmler, die Selbstmord begangen hatten, lebte Göring – und er war unser Gefangener, dieser joviale, dicke Mann mit den Instinkten eines Barrakudas, dem Umfang eines Elefanten und der Gier und der Verschlagenheit eines Schakals. General Donovan und Justice Jackson, der amerikanische Chef-Ankläger, verhörten Göring ebenfalls, nachdem sie die umfangreichen Protokolle von Colonel Amen durchgesehen hatten. Die drei Juristen gingen von unterschiedlichen Standpunkten aus. Amen versuchte, Beweise zu sammeln, um Göring im Gerichtssaal bei der direkten Vernehmung überführen zu können. General Donovan wollte, dass Göring die Gräueltaten des Nazi-Regimes zugab. Seiner Meinung nach war ein Geständnis Görings schockierender für die Deutschen als Dokumente. Für Justice Jackson, den US-Hauptankläger dagegen bestand der Kern der Anklage darin, dass Verbrechen gegen den Frieden zum anerkannten Bestandteil des Völkerrechts erklärt wurden.

Alle drei wählten mich als Dolmetscher, weil Göring nur mit mir kooperierte. Das wurde ganz offensichtlich, als General Donovan Göring dazu bringen wollte, seine Rolle bei den Todesurteilen gegen amerikanische Flieger, die abgeschossen worden und mit dem Fallschirm abgesprungen waren, zuzugeben. Er las aus den beschlagnahmten Dokumenten, die Görings Unterschrift trugen, vor, und ich übersetzte Görings Antwort mit: «Ich gebe nicht zu, dass ich das gesagt habe.»

General Donovan wandte sich zu mir und sagte: «Dick, das haben Sie nicht richtig übersetzt. Göring hat gesagt: ‹Ich stimme damit nicht überein.› Er hat nicht gesagt: ‹Das gebe ich nicht zu.›»

Während ich, der einfache Soldat, begann, mich mit dem General darüber zu streiten, verschränkte Göring die Arme und sagte breit grinsend: «I ssaid, I do not admit to zat.» Offenbar betrachtete er mich als seinen Protegé!

Da immer mehr Gefangene und Zeugen in Nürnberg eintrafen, brauchten wir bald auch mehr Dolmetscher. In der US Army and Air Force in Europa gab es bestimmt Hunderte von zweisprachigen Soldaten, aber seltsamerweise blieb es dem State Department, also dem amerikanischen Außenministerium, in Washington überlassen, Dolmetscher für die bevorstehenden Prozesse zu finden. Alle diese Kandidaten warteten ungeduldig in meinem Vorzimmer darauf, von mir zwischen meinen Verhandlungen befragt und bewertet zu werden. Sie brannten darauf, diesen einmaligen Job zu bekommen, um die Nazi-Monster kennen zu lernen, die die gesamte zivilisierte Welt terrorisiert hatten. Als Chef-Dolmetscher musste ich ihr Deutsch und ihr Englisch prüfen, um sie entweder einzustellen oder abzulehnen. Diejenigen, die in Amerika die Vorauswahl getroffen hatten, hatten ihre Sache nicht besonders gut gemacht. Ich hörte häufig gutturales Englisch mit schwerem deutschen Akzent und Deutsch mit ungarischem oder polnischem Akzent. Gleich zu Anfang tanzte ein rundlicher, kleiner Mann in mein Büro, streckte die Hand aus und sagte: «Mrrr Tzonnefelt, I amm sooo glat to mit you. I speeka de seven linguiches and Englisch dee besst.» Wenn meine Kollegen und ich später auf einen dieser selbst ernannten Sprachkünstler stießen, feixten wir immer nur und sagten: «English dee besst.»

In einem Memorandum von Major Silliman, dem Bürochef meiner Division, heißt es: «Der Ablauf ist wie folgt: Die Zivilisten kommen zu Miss Galvin, die sie zu Lt.Col Hinkel schickt, der sie über Col. Williams zu Sonnenfeldt weiterleitet. Aufgrund ihrer Qualifikationen erklärt er sie für gewöhnlich für untauglich und schickt sie zu Miss Galvin zurück. Wir empfehlen, dass statt unseres Büros eher die Verwaltungsabteilung als Empfang agiert und uns nur qualifiziertes Personal schickt.»

Letztlich wählte ich aus mehreren Dutzend sechs Personen aus, die fließend Deutsch, Englisch jedoch grammatikalisch unvollkommen und mit Akzent sprachen. Ich dachte mir, dass sich die Anwälte und Stenografen sicher an nicht so gutes Englisch gewöhnen oder um Wiederholung bitten konnten, aber Fehler im Deutschen wollte ich auf jeden Fall vermeiden.

Einmal wurde ich in ein Vernehmungszimmer gerufen, wo Colonel Brundage, ein vernehmender amerikanischer Jurist, gerade versuchte, Julius Streicher zu verhören, der einen ausgeprägten fränkischen Dialekt sprach. Colonel Brundage war mit den Nerven fertig. Sein Dolmetscher war ein deutsch-jüdischer Emigrant mit einem breiten schwäbischen Akzent im Englischen. Streicher war dieser widerliche Pornograph, der die hasserfüllte Zeitung «Der Stürmer» besessen hatte, in der er die Juden auf übelste Weise karikierte, indem er seine eigenen Perversionen auf sie projizierte. Die Vernehmung geriet schon von Anfang an ins Stocken, als Colonel Brundage versuchte, den Zeugen zu vereidigen, weil Streicher und der Dolmetscher sich sofort in einen erhitzten Wortwechsel verstrickten.

«Was sagt er da?», unterbrach Brundage schließlich. «Kernel», erklärte der Dolmetscher, «he vants to noh, em I beforr de chuch?».

«Chuch, hier gibt es keine Kirche», grollte Brundage. «Wovon reden Sie da, in Gottes Namen?» Als ich dazukam, fragte Streicher, ob er vor einem Richter (judge) stünde. Ich wollte von dem Dolmetscher wissen, warum er ständig von einer Kirche redete.

«Chuch! Chuch!», erwiderte er. «You know, he vants to noh is he beforr de chuch advocatt!»

Die amerikanische Anklage verfügte über eine Dokumentationsabteilung, deren Aufgabe es war, alle relevanten Unterlagen aufzuspüren, zu archivieren und zu übersetzen. Zahlreiche Vernehmungen basierten auf beschlagnahmten Dokumenten, und häufig mussten nur die Unterschriften identifiziert oder es musste nachgewiesen werden, dass ein Zeuge oder Angeklagter sich an den Inhalt des Dokuments, das er unterschrieben hatte, erinnerte. Solche Angelegenheiten waren relativ einfach, und in diesen Fällen gewöhnten sich die Juristen sogar an den schweren deutschen Akzent vieler Dolmetscher.

Die Gerichtsreporter, die bei den Vernehmungen mitschrieben, liebten ihren Job, weil sie sich, im Gegensatz zu ganz auf Englisch geführten Prozessen, während der deutschen Übersetzung zurücklehnen konnten. Die Übersetzung kam auch den

Zeugen zugute, weil sie dadurch mehr Zeit für ihre Antworten hatten. Um wenigstens ein gewisses Überraschungselement hineinzubringen, zeigten mir die Ermittler manchmal die englische Übersetzung eines belastenden deutschen Dokuments und flüsterten mir zu: «Stellen Sie ihm die richtige Frage.» Dadurch wurden die Zeugen oder Angeklagten überrumpelt, aber sie gewannen auch wieder Zeit, wenn ich zuerst meine Frage und dann ihre Antwort ins Englische übersetzte. Oft vergaßen sie dabei, dass sie gar kein Englisch konnten, und baten darum, ihre Antworten korrigieren zu dürfen, wenn ich sie für den Anwalt übersetzte.

Ich empfand keinen persönlichen Hass gegenüber den Angeklagten und Zeugen, denen ich in Nürnberg begegnete. Ich hatte den fanatischen Kunstlehrer gehasst, der mir das Leben in Gardelegen schwer gemacht hatte, aber zu diesen Leuten hatte ich keine persönliche Beziehung. Die Vernehmungen wurden leidenschaftslos und fair geführt und dienten nur dazu, Beweise für Taten zu erhalten, die überall auf der Welt unter das Strafgesetz fielen. Eigentlich verachtete ich alle Angeklagten, weil sie aus Karriere- oder Machterwägungen nichts anderes als «Jasager» unter einem gemeinen Diktator gewesen waren. Ich wollte kein «umgekehrter Nazi» sein, indem ich mich vom Hass beherrschen ließ.

Die Wochen zogen sich dahin, und die Vernehmungen wurden immer langweiliger, weil Amen mit Göring nicht weiterkam. Immer wenn Amen ihn nach scheußlichen Dingen befragte, die er angeordnet hatte, schnarrte Göring: «Möglicherweise ...» Zuweilen, wenn er mal wieder seinem Befrager erfolgreich ausgewichen war, zwinkerte er mir sogar zu.

Ab und zu gab es auch peinliche Situationen, wenn die amerikanischen Ankläger davon ausgingen, dass die deutsche Regierung genauso funktionierte wie unsere eigene, und sie den Angeklagten Verbrechen anlasten wollten, die sie nicht begangen haben konnten. In solchen Fällen schrieb ich kleine Notizen für die Ankläger.

Justice Jackson vernahm zum Beispiel Ribbentrop, einen geschwätzigen, seichten Champagnerverkäufer und Emporkömmling, der unter Hitler Außenminister gewesen war. Schon vor Beginn des Prozesses erbot er sich, für alles, was in seinem Namen geschehen war, «Verantwortung zu übernehmen». Als ihn Jackson daraufhin bat, das genauer zu definieren, fiel Ribbentrop nichts ein, deshalb beschuldigte Jackson ihn, er habe zum Beispiel Juden, die aus Deutschland entkommen wollten, die Pässe verweigert. Offensichtlich setzte Jackson Hitlers Außenminister, was dessen Befugnisbereich betraf, mit unserem Secretary of State, also dem amerikanischen Außenminister, gleich. In Deutschland stellte jedoch die örtliche Polizei und nicht das Außenministerium Pässe aus. Verstohlen reichte ich Jackson eine Notiz, in der ich ihm erklärte, dass Ribbentrop mit den Pässen nichts zu tun hatte.

Je mehr Jackson auf einer Anschuldigung beharrte, desto hartnäckiger leugnete Ribbentrop. Er wand sich wie ein Aal und gab eigentlich nie eine sinnvolle Äußerung von sich. War er schwachsinnig? Wie hatte dieses graugesichtige, ängstlich aussehende Wrack von einem Mann jemals Außenminister werden können? Natürlich gab es unter Hitler eigentlich keine deutsche Außenpolitik, wenn man einmal von der Bedrängung und der Täuschung der Nachbarstaaten und dem Beharren auf ökonomischer Autonomie in einer zunehmend verflochtenen Weltwirtschaft absah. Ribbentrops erster Stellvertreter sagte mir, er habe genauso wie ich auf Ribbentrops schwammige Äußerungen reagiert, aber Hitler sei es nie aufgefallen, weil er immer nur alleine redete. Ribbentropp sinnloses Geschwätz erzürnte schließlich auch Sir Geoffrey Lawrence, den Vorsitzenden des Internationalen Militärtribunals. Ganz gleich, wie streng er von Ribbentrop verlangte, kurz und präzise zu antworten, der Mann blubberte immer weiter.

Im Gegensatz zu den Anwälten brauchte ich mich nicht mit juristischen Theorien auseinander zu setzen oder mich auf meine Rolle in dem bevorstehenden Prozess vorzubereiten, und so hatte ich viel Zeit, um die Angeklagten bei den Vernehmungen vor dem eigentlichen Prozess zu beobachten. Ich arbeitete fast ausschließlich für den Chef der Vernehmungsbehörde, Colonel John Harlan Amen, oder für Jackson und General Donovan, wenn sie persönlich Zeugen verhörten. Dadurch nahm ich an den wichtigsten Untersuchungen vor dem Prozess teil. Zu Anfang war ich eigentlich nur eine Art Roboter, der die Fragen des Anklägers auf Deutsch wiederholte und die Antworten des Gefangenen ins Englische übersetzte. Dabei versuchte ich, ihre Intonation, ihre Haltung und Einstellung so genau wie möglich zu vermitteln, um jede Nuance der zweisprachigen Kommunikation zu erfassen. Nach einer Weile behaupteten meine Freunde, ich würde automatisch alles, was sie auf Englisch zu mir sagten, ins Deutsche übersetzen. Und manchmal hatte ich Mühe, mich an den Wortlaut einer Sitzung zu erinnern, wenn ich anschließend die Aufzeichnungen des Stenografen abzeichnete. Vieles war wirklich langweilig, manches jedoch war auch aufregend, wie die Berichte über Hitlers geheimste Treffen, an denen die Angeklagten teilgenommen hatten. Sie leugneten zuerst, dabei gewesen zu sein, aber wir konnten es ihnen anhand von Dokumenten beweisen. Mit der Zeit merkten die Ankläger, wie viel ich von deutschen Sitten und Eigenarten verstand, und von da ab gaben sie mir häufig nur noch das grobe Thema vor und ließen mich die Fragen selbständig formulieren.

Als schließlich im November 1945 der Prozess begann, hatte ich wahrscheinlich mehr Zeit als jeder andere sonst mit den Angeklagten verbracht. Vier volle Monate hatten wir sie jeden Tag sechs Stunden und länger vernommen, hatten sie mit Dokumenten konfrontiert, in denen sie ihren Untergebenen befohlen hatten, Taten zu begehen, die nach dem Gesetz jeder zivilisierten Nation Verbrechen waren. Sie hatten versucht, ihre Ankläger davon zu überzeugen, dass auch sie nur Befehle befolgt hätten – von Hitler oder Himmler oder anderen, die bereits tot waren. Häufig war ich auch mit den Angeklagten alleine gewesen, damit sie die deutsche Version ihrer Aussagen unterschrieben. Dabei unterhielten wir uns natürlich, und ab und zu entdeckte ich sogar noch einen Beweis, den die Ankläger nicht gefunden hatten.

Nach dem Ende der Prozesse schrieb ich über die Nazi-Angeklagten: «Nicht so mittelmäßig wie andere Angeklagte war Hjalmar Schacht, der Finanzmagier, ein arroganter Houdini im Nadelstreifenanzug, der von der Anklage der Verschwörung und der Mitwirkung bei einem Angriffskrieg freigesprochen wurde. Eine weitere Ausnahme war Albert Speer, der ehrgeizige Architekt, der die Zwangsarbeit in der deutschen Kriegsproduktion zu verantworten hatte. Er wurde von relativ jungen Ermittlern vernommen, und deshalb war ich häufig nicht dabei, aber ich beobachtete ihn im Gerichtssaal und hörte seine Verteidigungsrede. Er verurteilte Hitler und alle Diktaturen, ‹da er jetzt das ganze Ausmaß der bösen Taten begriffen›, und gesehen habe, wie dumm das Führerprinzip war, das einem einzelnen Mann Unfehlbarkeit zuschrieb. Zwar übernahm er, ‹als Mitglied des Führungsstabs›, bereitwillig Verantwortung für alles, dessen die Nazis angeklagt waren, bestritt jedoch, selber Verbrechen begangen zu haben.» Ich bin heute noch der Ansicht, dass die Richter von seiner Verurteilung des Nationalsozialismus im allgemeinen so beeindruckt waren, dass sie hinsichtlich seiner persönlichen Schuld milder urteilten. Wenn ich die Lebenserinnerungen und die Biographien Speers lese, fällt es auch mir schwer, den Verbrecher hinter dem kühlen, rationalen Kritiker eines kriminellen Systems zu erkennen, dem er auf der höchsten Ebene diente.

Die Mittelmäßigkeit, Dummheit und fehlende Einsicht der anderen Angeklagten war verblüffend. Ihr mangelnder Charakter und drittklassiger Intellekt überraschten mich zuerst. Sie hatten keine Ahnung von Geschichte und der Welt außerhalb Deutschlands, sie waren zwar ehrgeizig, aber ohne jede Integrität, gewissenlose Kriecher – wie waren diese Männer nur in so hohe Positionen gekommen? Aber nach und nach dämmerte mir, dass Moral und Gewissen nur hinderlich sind, wenn man einem Diktator dient. Es darf einem auch nichts ausmachen, beleidigt zu werden, oder man muss so dumm sein, dass man es nicht merkt, wenn man beleidigt wird. Wären sie anders gewesen, hätten sie nie die Eitelkeit eines Mannes befriedigen können, der nie zuhörte, sondern unablässig seine geistlosen Theorien über Eroberung, Rassismus und ökonomischen Schwachsinn von sich gab, wenn auch mit der Kraft eines Hypnotiseurs. Für mich war die Ergebenheit dieser Männer und ihre Nähe zu Hitler ein perfektes Maß ihres Mangels an Rückgrat und Moral.

Ein Diktator duldet niemanden neben sich, er ist nur von Speichelleckern umgeben – und genau so war es in Nazi-Deutschland auch. Letztendlich verursachen Diktatoren dadurch ihren eigenen Fall. Wenn sie in Not geraten, haben sie nur ihre Lakaien um sich herum, während die wirklich guten Männer zu ihren Feinden übergelaufen sind.

Göring war einer der wenigen, die ein eigenes Gefolge hatten, angezogen von seiner vermeintlichen Genialität und der jovialen Ausstrahlung des dicken Mannes, obwohl auch das nur eine Maske für seine gerissenen und satanischen Initiativen war. Er hatte die Gestapo geschaffen, und er war äußerst erfinderisch gewesen, wenn es darum ging, die Staatsmacht zu seinem eigenen Nutzen in Anspruch zu nehmen, beispielsweise bei der Plünderung von Kunstschätzen oder der Verfolgung persönlicher Feinde. Er gerierte sich gerne wie ein römischer Imperator, mit Rouge auf den Wangen, protzigen Ringen an den Wurstfingern und einem fließenden Umhang, unter dem er seinen dicken Bauch verbarg.

Als Göring Generalfeldmarschall Ehrhard Milch zum Luftwaffenkommandeur ernannte, beklagten sich eifersüchtige Rivalen, Milch sei dazu nicht qualifiziert, weil er einen jüdischen Vater habe. Daraufhin sorgte Göring als Chef der Gestapo für den Beweis, dass Milchs echter Vater ein Arier war, der eine außereheliche Beziehung zu Milchs arischer Mutter gehabt hatte. «Wer Jude ist, bestimme ich», verkündete er.

Als Hitler Kanzler wurde, standen die mächtigen deutschen Generäle noch loyal hinter Hindenburg, dem verehrten Generalfeldmarschall und Präsidenten des deutschen Reiches. Die elitären Generäle betrachteten Hitler als ignoranten Abenteurer, der kaum etwas Besseres als Gefreiter gewesen war. 1934 versuchte Hitler, sich ihre Loyalität zu erkaufen, indem er den Reichsführer der SA, Ernst Röhm, ermorden ließ. Die Sturmtruppe wurde als ernste Konkurrenz zu der nur hunderttausend Mann starken Reichswehr angesehen, die der Vertrag von Versailles erlaubte.

Es gelang ihm zwar, die Generäle damit zu besänftigen, aber sie waren immer noch nicht von Hitlers Führerschaft überzeugt. Sie rieten ihm davon ab, das Rheinland wieder zu besetzen, weil es zu gefährlich sei, aber er schlug ihre Warnungen in den Wind. Ihm diese konservativen Generäle aus dem Weg zu schaffen war für Göring nicht nur eine Gelegenheit, sich bei Hitler einzuschmeicheln, sondern auch seine eigene Karriere zu betreiben. General Schleicher, Hitlers Vorgänger als Kanzler, war bereits ermordet worden. Da Göring wusste, dass der sechzigjährige Blomberg, Kriegsminister und hochdekorierter Generalfeldmarschall, eine stadtbekannte Prostituierte heiraten wollte, sorgte er dafür, dass Hitler zu der Hochzeit eingeladen wurde. Hinterher berichtete er Hitler von seiner schockierenden «Entdeckung» hinsichtlich der Braut, und Blomberg wurde gezwungen zurückzutreten, um die Peinlichkeit wieder gutzumachen. Als Nächster war General Fritsch an der Reihe, der Chef der Heeresleitung. Göring besorgte sich über die Gestapo einen berüchtigten Homosexuellen, der behauptete, mit Fritsch auf einer Bahnhofstoilette Geschlechtsverkehr gehabt zu haben. Während der Mann einem Gestapo-Schergen gegenüber «gestand», ließ Göring Hitler hinter einem Vorhang zuhören.

Göring hatte geplant, an Stelle von Blomberg Kriegsminister zu werden, sodass er zusätzlich zur Leitung der Gestapo den höchsten militärischen Rang in Deutschland bekleidet hätte. Hitler jedoch löste das Kriegsministerium auf und ersetzte es durch das Oberkommando der Wehrmacht, zu dessen Oberbefehlshaber er sich selbst ernannte. Jetzt mussten ihm alle Generäle die Treue schwören. So trickste er Göring aus, dessen Bestreben es gewesen war, aus Hitler ein im Grunde genommen machtloses Staatsoberhaupt zu machen. Vor diesem Hintergrund akzeptierte Göring Hitlers Angebot, ihn zum «Reichsmarschall» zu ernennen, wodurch er der Offizier mit dem höchsten Rang in Deutschland wurde. Danach diente er «seinem Führer» loyal, bis er, als sich die Niederlage bereits abzeichnete, in den letzten Tagen des «Dritten Reiches» versuchte, die Macht an sich zu reißen.

Trotz all seiner verbrecherischen Handlungen sorgte Göring ab und zu auch dafür, dass jüdische Gefangene freikamen, gelegentlich auch um seinen jüngeren Halbbruder Albert zu beeindrucken. Dieser vertrat humanitäre Theorien und bat deshalb seinen großen Bruder wiederholt, Menschen die Freiheit zu schenken. Die Beweggründe hinter dieser Menschlichkeit und Großzügigkeit lagen jedoch nur in Görings Allmachtsfantasien.

«Sie haben aber doch erklärt, Sie hätten nichts damit zu tun gehabt, wenn jemand ins Gefängnis oder ins Konzentrationslager kam», sagte ich eines Tages zu Göring. «Wie konnten Sie dann Gefangene freilassen?»

Er grinste. «Ach so», erwiderte er. Touché, dachte ich.

Görings Halbbruder Albert verstand es, die Macht seines großen Bruders Hermann zu nutzen, um Unschuldige aus Konzentrationslagern herauszuholen oder ihre Deportation zu verhindern. Albert sagte bereitwillig als Zeuge aus und rang dabei unablässig die Hände, um seine Unschuld zu betonen und auf die besseren Impulse seines Bruders zu verweisen. Zuerst fiel es uns schwer, Albert zu glauben, und später vermuteten wir, er habe Nazi-Opfer aus Geldgier befreit. Der Kontrast zwischen den beiden Männern hätte nicht größer sein können: Hermann war klein, dick, autoritär und bombastisch; Albert groß, dünn und unterwürfig. Es war schwer, Hermann Göring nachzuweisen, dass seine Behauptung, von den Nazi-Verbrechen nichts gewusst zu haben, gelogen war, aber bei Albert fanden sich ein Dutzend Zeugen, die aussagten, er habe zahlreiche Menschenleben gerettet. Vermutlich hat er sich nicht klar gemacht, dass er die Macht des großen Bruders nur bestätigte. Im Gegensatz zu allen anderen Angeklagten hatte Göring einen von Grund auf menschlichen Bruder.

Göring mochte ja unabhängig von Hitler handeln und agieren, die meisten anderen Nazis jedoch taten das nicht. Ein Beispiel dafür ist Hans Frank (nicht verwandt mit der jüdischen Familie von Anne Frank), der im Gefängnis in Nürnberg seine Sünden bereute, zum Katholizismus übertrat und für eine Versöhnung zwischen Juden und Deutschen betete. Bevor er der grausame, mörderische Gouverneur im besetzten Polen wurde, war er Präsident der Internationalen Rechtskammer und der Akademie für Deutsches Recht. 1934 sagte er: «Wenn wir früher eine rechtliche Entscheidung treffen mussten, galt es zu fragen: Was sagt das Gesetz dazu? Heute fragen wir nur: Was verlangt der Führer von uns?»

Diese verzerrte Definition des Gesetzes führte zu schrecklichen Perversionen. Alle Deutschen mussten Juden ächten, und es war ein Verbrechen, Fragen über das Verschwinden politisch «unerwünschter» Personen zu stellen oder ausländische Sender zu hören. Die Regierung entließ Richter und Staatsanwälte, die im Amt waren, und setzte Nazi-Marionetten an deren Stelle. Jeder, der versuchte, Regimegegner zu verteidigen, wurde ebenfalls verfolgt. Es gab keine politische Partei, keine Kirche, kein Gericht und keine Institution, die Hitlers Gegnern helfen konnte. Sie standen der Macht des Staates allein gegenüber. Eine tragende Rolle bei der Auflösung der Institutionen der schwachen Weimarer Republik spielte Göring.

Noch während des Prozesses hoffte Göring, zum Helden und Märtyrer eines patriotischen Krieges erklärt zu werden. Wiederholt verkündete er mit weit ausschweifenden Gesten, er würde für alles, was in seinem Namen geschehen sei, Verantwortung übernehmen, wobei er jedoch gleichzeitig buchstäblich alles ableugnete. Angeblich hatte er von nichts gewusst: «Sie glauben doch nicht im Ernst, dass ich jemals von all dem Unsinn erfahren habe, der sich in meinen zahlreichen Büros abgespielt hat? Ich hatte so viel zu tun. Aber wenn Sie Unterlagen haben, dann übernehme ich natürlich die Verantwortung für das, was meine Untergebenen getan haben.» Bis zuletzt spielte er den großen Mann mit großer Pose.

Ständig behauptete er, er sei von übereifrigen Kollegen betrogen und von seinen Gegnern missbraucht worden. Wenn er direkt auf irgendeine grauenhafte Sache angesprochen wurde, antwortete er immer: «Möglicherweise habe ich davon gehört.» Er leugnete jedoch stets, von Einzelheiten gewusst zu haben. «Ich hatte so viele offizielle Aufgaben und habe so viel

Zeit damit verbracht, den Führer zu beraten; ich war so beschäftigt und wichtig. Wie soll ich mich jetzt noch an jedes Detail erinnern können?»

Ein Autor hat ihn als «katzenhaften Elefant» bezeichnet. Für mich war er ein Räuberhauptmann, ein faustischer Schauspieler und ein verzweifelter, jedoch immer noch jovialer Krimineller, der nach Unsterblichkeit strebte und diese Träume vermutlich bis zuletzt nicht aufgab. Er erzählte dem Gefängnispsychologen, Dr. Gilbert, er sei sicher, dass «in fünfzig oder sechzig Jahren in ganz Deutschland Standbilder Hermann Görings zu sehen sein» werden. Göring besaß zweifellos Charisma und hatte eine machtvolle Ausstrahlung. Kein Wunder also, dass Hitler ihn benutzte – und seine Macht einschränkte. Während der Vernehmungen bestand Göring darauf, dass Hitler nur wenig über die Konzentrationslager, die Massenvernichtung und all die anderen «bedauerlichen» Verbrechen gewusst habe, die der praktischerweise tote Satan Himmler sich ausgedacht hatte. Und wenn Hitler nichts davon wusste, wie hätte er, Göring, dann davon wissen sollen? Es war wirklich zu schade, dass Himmler tot war. Während er den bösen Parteigenossen beschrieb, sagte Göring einmal zu Amen: «Mein lieber Colonel, Sie hätten Ihre Freude daran gehabt, diesen Mann zu vernehmen.» Als ob es ein Vergnügen wäre, über den Holocaust zu reden.

Rudolf Höß und Rudolf Heß

Es gab kaum unterschiedlichere Männer als Hermann Göring und Rudolf Höß. Höß träumte nicht von der Unsterblichkeit und hätte nie ohne Befehl gehandelt. Er war so unscheinbar, dass man sich immer fragte, ob er eigentlich wirklich da war, wenn er einem gegenübersaß. Er erzählte uns alles. Und obwohl ihm klar sein musste, dass seine Aussagen ihn an den Galgen brachten, machte er nie den Eindruck, er wolle sein Gewissen erleichtern. Allerdings prahlte er auch nicht. Er gehörte zu den Menschen, die einen Vorgesetzten brauchen, und während der Befragungen hatte ich das unheimliche Gefühl, dass er jetzt uns als seine neuen Vorgesetzten ansah.

Als Kommandant von Auschwitz und den dazugehörigen Lagern war Höß ein ungeheuer effizienter Berufsmörder. Er verfügte über ein außergewöhnlich gutes Gedächtnis und einen scharfen logischen Verstand. Jede Frage, die wir ihm stellten, beantwortete er. Menschliche Wesen und Leichen waren für ihn nur Nummern. Ganz zu Anfang war er verärgert, als er gefragt wurde, ob er dreieinhalb Millionen Menschen ausgelöscht habe. «Nein», erwiderte er, «nur zweieinhalb Millionen. Der Rest ist aus anderen Gründen gestorben.»

Höß hatte als Rechtsradikaler wegen Fememordes fünf Jahre im Zuchthaus gesessen. Danach war er, kurz bevor Hitler an die Macht kam, bei der SS als Fahrer eingestellt worden. Ausgebildet wurde er in Dachau, einem der ersten Konzentrationslager. Alle Individuen, die die Nazis aus dem Weg räumen wollten, waren «Feinde des Vaterlandes», und ihre Vernichtung war eine patriotische Pflicht für SS-Männer und SS-Frauen. Auf diese Art wurden Mörder und Verbrecher zu loyalen Soldaten des Vaterlandes, deren heilige Pflicht es war, Unschuldige abzuschlachten.

Die Frage, warum die Nazis ab 1939 ihre Hauptvernichtungslager in den besetzten Gebieten hatten, ist leicht zu beantworten. Sie wollten verhindern, dass neugierige Bürger erfuhren, was dort geschah. Natürlich bemerkten die Deutschen, dass ihre jüdischen Nachbarn verschwanden, aber Genaueres wussten sie nicht, und es war eine kriminelle Handlung, wenn man Nachforschungen anstellte.

Höß beaufsichtigte den Einbau der Gaskammern und Öfen in Auschwitz. Nach der strapaziösen Fahrt teilte man den Opfern mit, sie gingen jetzt in die Duschräume. Und dort wurden sie vergast. Dann schaffte man sie in Schubkarren zu den Öfen, die in jahrelanger Arbeit von der deutschen Industrie perfektioniert worden waren, um der Hitze von Tausenden brennender Leichen standzuhalten.

Höß beschrieb auch bereitwillig, wie seine Männer bei den Toten (und manchmal auch bei den Lebenden) das Zahngold entfernten und wie sie den Schmuck einsammelten, der dann verpackt und beschriftet in den Tresoren der Reichsbank gelagert wurde. Einmal erwischte Höß ein paar SS-Männer beim Stehlen von Wertsachen, die man den Opfern weggenommen hatte. Er schickte die Schuldigen in ein spezielles Konzentrationslager für SS-Leute, wo sie zwar, nicht getötet, aber bestraft wurden, und zwar wie er sagte, «schlimmer als in Auschwitz. Wir haben unsere Gefangenen nie geschlagen».

Als ich ihn fragte, ob er sich selber auch an den Besitztümern seiner Opfer bereichert habe, blickte Höß mich ungläubig an und sagte: «Wofür halten Sie mich?»

«Und wie», fragte ich, «hat Ihnen Ihre Arbeit als Weltmeister der Vernichtung gefallen?» «Ich habe sie gehasst», erwiderte er. «Ich wollte schon seit Jahren da heraus und habe wiederholt um Versetzung an die Front gebeten, aber man sagte mir, man könne auf mich nicht verzichten. Meine Arbeit war wichtiger, als mein Leben für das Vaterland zu riskieren. Wie ein Soldat auf dem Schlachtfeld musste ich zu meinem Eid stehen.» So werden Massenmörder in Helden des Vaterlandes verwandelt!

«Als Sie und Ihre Familie in der Nähe von Birkenau lebten, beklagte sich Ihre Frau ständig über den Gestank in der Luft. Was haben Sie ihr erzählt?»

«Ich sagte ihr, das sei eine Leimfabrik.» Nicht schlecht, Rudolf. Dass der Leim aus menschlichen Körpern gemacht wurde, brauchtest du ihr ja nicht zu sagen.

«Erinnern Sie sich noch daran, wie ein Würdenträger, der zu Besuch war, Ihrer Frau von Ihrem ehrenwerten Beruf erzählt hat? Dass Sie bereits über eine Million Menschen getötet hatten?»

«Ja.»

«Was haben Sie Ihrer Frau gesagt, als sie sich beklagte, dass Sie ihr nie davon erzählt haben?»

«Ich habe ihr abends im Schlafzimmer die Wahrheit gesagt.»

«Und dann?»

«Sie hat das Bett verlassen, und ich durfte sie nie wieder anrühren. Also habe ich mir eine junge Lagerinsassin ins Bett geholt,

Eleanor Hodys. Sie hat nie Fragen gestellt.» Er lächelte leicht, als er den Namen seiner Geliebten erwähnte.

Ein Zwischenfall mit Höß beeindruckte mich. Der SS-Feldwebel Schaub, bekannt als Schlächter von Auschwitz, war ebenfalls unser Gefangener, aber er weigerte sich zu reden. Also stellten wir ihn Höß, seinem ehemaligen Kommandanten, gegenüber. Als Höß ihm befahl, sein Schweigen zu brechen, tat er das, aber nur, wenn Höß dabei war. Gehorsam über alles!

Manche Vernehmungen nahmen geradezu absurde Züge an. Da war zum Beispiel Rudolf Heß, Hitlers Stellvertreter in der NSDAP, der ohne Wissen «seines Führers» nach Schottland geflogen war, wo er sein Gedächtnis verlor. Jetzt war er einer der Hauptangeklagten in Nürnberg. Unser Psychiater, Dr. Douglas Kelley, hoffte, die Amnesie von Heß durchbrechen zu können, nötigenfalls auch durch dramatische Gegenüberstellungen, bei denen ich immer dolmetschte. Dabei stand Göring wieder einmal im Mittelpunkt, als er sagte: «Heß, erinnern Sie sich nicht mehr, dass Hitler mich zu seinem Nachfolger bestimmte, wenn ihm etwas passieren sollte, und Sie zu meinem Nachfolger für den Fall, dass mir etwas geschieht?» «Nein, es tut mir Leid ...», erwiderte Heß. Göring fuhr fort: «Sie erinnern sich nicht, dass ich Oberkommandierender der Luftwaffe, usw. war?» «Nein», sagte Heß, «es tut mir Leid, Sie enttäuschen zu müssen, aber ich erinnere mich nicht daran.» Ausdruckslos blickte er Göring an, der offensichtlich äußerst erbost darüber war, dass eine so wichtige Persönlickeit wie er einfach so in Vergessenheit geraten konnte. Es gab auch eine dramatische Begegnung mit Karl Haushofer, einem Armeegeneral des deutschen Kaisers, der Universitätsprofessor geworden war. Er war der Begründer der Geopolitik mit ihrem «Lebensraum»-Konzept und hatte Heß, dessen Mentor er gewesen war, immer wie einen Sohn behandelt. Haushofer, damals in den Achtzigern, hatte zuerst nicht erkannt, wie Hitler seine akademischen Theorien missbrauchte, dann jedoch hatte er sich dagegen verwahrt und war ins Konzentrationslager gekommen. Offenbar hatte er gehofft, dass auch Heß begriffen hatte, wie verabscheuungswürdig die Taten der Nazis waren, und er war vollkommen fassungslos, als er Heß gegenüberstand. Wir wissen nicht, ob die Tatsache, dass sein einstiger Protegé nur noch eine leblose Hülle war, zu Haushofers tiefer Depression beitrug, aber kurz darauf beging er gemeinsam mit seiner Frau Selbstmord. Auch die langjährige Sekretärin von Heß war in Tränen aufgelöst, als er sie nicht erkannte.

Als Dolmetscher fiel mir auf, dass Heß gelegentlich Wörter verwandte, die unter Halbwüchsigen seiner Generation damals üblich waren. Ich wies die anderen darauf hin, weil ich das Gefühl hatte, Heß täuschte seine Amnesie nur vor.

Und das tat er tatsächlich, wie er dem Gericht in einer dramatischen Erklärung mitteilte, als man ihn auf seine Prozesstauglichkeit hin untersuchte. Dieser «erinnerungslose» Schauspieler war der zweite Mann in der NSDAP und der dritte Mann in Hitlers Tausendjährigem Reich gewesen!

Die Generäle

Generalfeldmarschall Keitel, als Hitlers Protegé seit 1938 Chef des Oberkommandos der deutschen Wehrmacht, trug den Spitznamen «Lakeitel», ein Wortspiel mit «Lakai», und genau das war er auch, ein Jasager ohne Rückgrat. Ich starrte ihn am Anfang so lange an, bis er seine blauen Augen niederschlug. Ich hatte die Frage des Anklägers, «Sagen Sie die Wahrheit?», mit «Warum lügen Sie wie ein Feigling?» übersetzt, und diese Herausforderung eines einfachen Soldaten erschütterte den Herrn Generalfeldmarschall weitaus mehr als der Verlust seiner Insignien und seines Marschallstabes. Selbst der mit ihm entfernt verwandte, abgesetzte Kriegsminister Blomberg, dessen Adjutant er gewesen war, hatte von ihm gesagt: «Keitel ist nur ein aufgeblasener Handlanger.»

Generaloberst Jodl, der Stellvertreter Keitels, bewegte sich wie ein Roboter. Was auch immer Hitler und Keitel von ihm verlangten, setzte er in präzise militärische Befehle um. Und doch muss dieser Mann auch eine weiche Seite gehabt haben, denn seine Frau, Luise, bemühte sich mehr als alle anderen Ehefrauen, ihn sehen zu können, als er als Angeklagter im Gerichtssaal saß. Sie schickte Petitionen an Churchill, Eisenhower und Präsident Truman, damit ihr Mann freigesprochen würde, jedoch ohne Erfolg.

Einige der deutschen Generäle hatten ihre eigene Meinung. Rommel zum Beispiel, der nicht nur in Deutschland berühmt war, sondern auch von den Alliierten als Wüstenfuchs für seine Taten in Nordafrika bewundert wurde, sah Hitler letztendlich als Geißel für Deutschland an und nahm an einer Verschwörung gegen ihn teil. Als Hitler es herausfand, wagte er es nicht, den Kriegshelden Rommel als Verschwörer darzustellen und ihn, wie die anderen Verschwörer, nach einem Schauprozess hinrichten zu lassen. Stattdessen ließ er ihm durch Keitel ausrichten, dass er, wenn er Selbstmord begehe, ein Staatsbegräbnis bekäme. Rommel erschoss sich. Niemand wusste davon, bis es in den Nürnberger Prozessen ans Licht kam. Rommels Sohn, Manfred, der später Oberbürgermeister von Stuttgart war, drückte es so aus: «Die Nazis machten es den Deutschen unmöglich, einfach nur anständig zu sein.»

Generaloberst Halder wurde nicht angeklagt, weil Hitler ihn unehrenhaft entlassen hatte, bevor die deutsche Wehrmacht in Russland begann, Kriegsverbrechen zu begehen. Halder, Generalstabschef des Heeres, war ein militärisches Genie. Er plante den Blitzkrieg, der die Wehrmacht bis kurz vor Moskau brachte. Er erzählte mir, er habe einmal mit Hitler und Göring im Führerhauptquartier in Ostpreußen zu Abend gegessen, und dort habe er gehört, wie Göring sich – vor Dutzenden von Leuten – brüstete: «Der Reichstag? Ihr wisst doch alle, dass ich ihn in Brand gesteckt habe!» Vermutlich war Göring an dem Abend angetrunken, allerdings immer noch nüchtern genug, um nach dieser Prahlerei rot anzulaufen. Am Tisch herrschte betroffenes Schweigen. Hitler hatte ja bekanntlich den Reichstagsbrand den Kommunisten zur Last gelegt und den Vorfall benutzt, um Hindenburg dazu zu bringen, das Ermächtigungsgesetz zu unterschreiben, das der Regierung die absolute Macht gab. Ich ließ Halder eine schriftliche Erklärung unterschreiben, die diese Unterhaltung in allen Einzelheiten beschrieb, und Justice Jackson zitierte sie im Gerichtssaal als Beweis.

Als ich Göring die Erklärung zeigte, meinte er, das sei nur einer seiner üblichen Witze gewesen. «Reichsmarschall», erwiderte ich, «was für Witze haben Sie denn Hitler sonst noch erzählt?» Das war der erste und einzige Moment, in dem Göring sprachlos war.

Hitler hatte Halder entlassen, weil er sich seit Kriegsbeginn in militärischen Fragen immer wieder Hitler zu widerstzen versucht hatte. Beispielsweise hatte Halder im November 1941 Hitler geraten, sich vor Moskau zurückzuziehen und bis zum Frühjahr zu warten, um die Russen erneut anzugreifen. Davon wollte der Führer nichts wissen – der Rest der Geschichte ist bekannt. Halder sagte, er hätte die deutschen Truppen zum Sieg geführt, wenn er seinen Plan hätte durchführen können. Er gehörte zu den wenigen, die Hitler widersprochen und überlebt hatten.

Getrennt von den anderen Angeklagten, befand sich Halder in Sicherheitsverwahrung in einem Haus, wo er mit General Lahousen, dem zweiten Mann in Deutschlands Geheimdienst, ferner zwei Geliebten von Kaltenbrunner, Hitlers offiziellem Fotograf Hoffman, «Putzi» Hanfstaengl, einem frühen Förderer Hitlers, der aber 1937 in die Schweiz geflohen war, und anderen untergebracht war. Nachdem ich Kaltenbrunner und seine beiden Geliebten kennen gelernt hatte, wurde ich den Eindruck eines Bullen mit zwei Kühen nicht mehr los. Halder erzählte mir, die Frauen seien die reinsten Tiere.

Damit Halder die Schlacht um Moskau für mich rekonstruieren konnte, ließ ich mir von meinem Vermieter Hunderte von Spielzeugsoldaten und Spielzeugpanzern besorgen, die wundersamerweise den Krieg in ihrer Originalverpackung überlebt hatten. Wir knieten uns nebeneinander auf den Teppich, und Halder stellte die Schlacht nach. Welcher andere US Army Private ist jemals von einem überdrehten Vier-Sterne-General auf einem Teppich in die Strategie des Blitzkriegs eingewiesen worden?

Wir arbeiteten gerade zusammen, als ich die amerikanische

Armeezeitung, *The Stars and Stripes*, bekam. Eine riesige Schlagzeile verkündete, dass auf Japan Atombomben abgeworfen worden waren.

Ich zeigte Halder die Zeitung und fragte: «Herr Generaloberst, was sagen Sie nun?» Er überlegte. «Clausewitz ist tot», erwiderte er dann. Was meinte er damit? Clausewitz war ein deutscher Militärphilosoph, ein General, von dem der Ausspruch stammen soll: «Krieg ist nur die Fortführung der Diplomatie mit anderen Mitteln». Aber damit war es jetzt vorbei. Der Atomkrieg ist keine Fortführung von irgendetwas, er bedeutet das Ende für alles, und Halder sah, dass kein Volk zu nationalistischen Zwecken Atombomben im Krieg einsetzen darf. In diesem Moment verlor ich meine Angst, dass Deutschland jemals wieder eine Bedrohung für den Weltfrieden werden würde.

Eines Tages fragte ich Halder: «Wofür haben Sie gekämpft?»

«Wir hatten einen Eid auf den Führer geschworen», erwiderte er.

Damit bestätigte er nur, was ich bereits wusste. Wir Amerikaner kämpften, um unser Land und unsere Werte zu verteidigen, und nicht, um einem allmächtigen Führer Ruhm zu verschaffen. Unser Präsident war der Diener des Volkes, nicht umgekehrt. Als Roosevelt starb, waren wir schockiert und traurig, aber unsere Werte blieben intakt. Als Hitler nicht mehr da war, blieb den Deutschen nichts mehr, wofür sie kämpfen konnten. Die Männer, die in Nürnberg angeklagt waren, hatten mit blindem Gehorsam gekämpft, aber ihre Feinde hatten sie besiegt. Und jetzt mussten sie sich ihren dummen Täuschungen und der Perversität ihrer Verbrechen stellen.

Hitlers Personal

Eines kalten Tages Ende 1945 fuhr ich in meinem Armeewagen, einer olivgrünen, zweitürigen Fordlimousine, Baujahr 42, nach München, um dort Hitlers Sekretärin, Johanna Wolff, abzuholen. Sie war eine unscheinbare Frau mittleren Alters in ausgebeulten Kleidern, ungeschminkt und mit jenem nachlässigen Aussehen, das bei Deutschen aus der Mittelschicht als bescheiden galt. Es war bereits dunkel, aber ich wollte trotzdem noch mit ihr nach Nürnberg zurückfahren. Die Autobahn war eisig, und da ich mit hoher Geschwindigkeit fuhr, geriet ich auf einmal ins Schleudern. Der Wagen drehte sich mehrmals um sich selber, blieb aber dann wie durch ein Wunder in der richtigen Richtung stehen. Zum Glück war sonst kein Auto unterwegs, weil die Deutschen kein Benzin hatten. Es hieß, dass deutsche Saboteure Draht über die Autobahn spannten, um amerikanische Soldaten, die in Jeeps unterwegs waren, zu enthaupten. Deshalb war ich auch so schnell gefahren, weil ich etwaige Drähte zerreißen wollte. Aber in Nürnberg konnte ich nur von meiner Rutschpartie berichten.

Vor dem Unfall hatte Fräulein Wolff nicht viel gesagt, aber danach wurde sie gesprächiger, so als hätten wir jetzt etwas gemeinsam. Sie erzählte mir, sie sei vor dem Krieg viel mit Adolf Hitler gereist, dann allerdings nicht mehr, weil er die meiste Zeit in seinen Hauptquartieren blieb. Sie hatte die Stelle deshalb bekommen, weil sie genauso schnell tippen konnte, wie Hitler redete. Er hatte eine Abneigung dagegen, seine Reden Stenografen zu diktieren, deren Zeichen er nicht lesen konnte, aber bei ihr sah er seine Worte quasi entstehen. Sie beschrieb mir, wie er sich in Rage redete, wenn er über Deutschlands Feinde und die Gegner seiner Partei sprach. Dann wurde seine Stimme immer lauter und rauer, die Haare fielen ihm in die Stirn und er reckte die Faust. «Können Sie sich das vorstellen», sagte sie, «nur ich und der Führer!» Ich merkte ihr an, dass sie sich sogar jetzt sofort wieder für ihn an die Schreibmaschine gesetzt hätte. Wenn sie für ihn schrieb, durfte nie jemand dabei sei. Ihren ganzen Bericht über bezeichnete sie ihn als «mein Führer», und ihre Stimme und ihre Körperhaltung strahlten Ehrerbietung aus, wenn sie von ihm sprach. Es war beinahe so, als stünde er neben ihr. Mir lief ein Schauer über den Rücken. Ob ich wohl auch in seinen Bann gezogen worden wäre?

Schließlich fragte ich sie, ob sie jetzt ihre Memoiren schreiben wolle. Sie warf mir einen verständnislosen Blick zu. «Worüber sollte ich denn schreiben?»

Eines Tages redete ich mit Erich Kempka, Hitlers Fahrer. Nachdem Adolf Hitler und Eva Braun sich das Leben genommen hatten, wickelte Kempka sie in Armeedecken, trug sie vor den Bunker und übergoss sie mit Benzin, bevor er sie verbrannte. Noch Tage vor seinem Tod erwartete Hitler «die Wende», die zum Sieg führen würde, obwohl die Russen nur noch wenige Kilometer entfernt waren. Als die Niederlage schließlich unabwendbar war, diktierte Hitler seinen letzten Willen. Darin verlangte er, alle Deutschen sollten mit ihm gemeinsam sterben, weil er sich von einem Volk betrogen fühlte, das sich im Krieg besiegen ließ. Adolf Hitler hatte keine Schuldgefühle gegenüber seinem Land. «Das war nicht richtig», sagte Kempka. «Ich habe es nicht verdient zu sterben.» Offensichtlich war sonst alles richtig, was Hitler getan hatte, nur sterben wollte Kempka nicht mit seinem Führer.

Der Prozess

Je mehr beschlagnahmte Dokumente ich las, desto klarer wurde mir eine weitere Seite Hitlers. Er war ein Zauberlehrling. Er handelte nicht nach einem großen Plan, sondern einfach nur opportunistisch, und zu seinem Glück waren seine Feinde so schwach, dass sie sich schon zurückzogen, wenn er nur mit dem Finger drohte – bis er es am Ende übertrieb. 1937 offenbarte er bei einer Konferenz seinem engsten Führungsstab, dass es ihm nicht gelinge, Deutschland wirtschaftlich unabhängig zu machen. Nachdem England, Frankreich und Italien ihm gestattet hatten, einen Teil der Tschechoslowakei, das so genannte Sudetenland, zu annektieren, sagte Hitler insgeheim: «Ich werde Frankreich und England angreifen, wenn es am günstigsten ist. Mein Name muss unersetzlich und unfehlbar werden. Ich bin überzeugt von der Stärke meines Intellekts und meiner Entscheidungskraft. Ich werde spielen; ich muss jetzt zwischen Sieg und Zerstörung wählen. Ich wähle den Sieg.» Er fügte hinzu: «Ich hoffe nicht, dass irgendein Schwein mit einem Friedensangebot daherkommt, das ich bedenken muss.» Diese Worte, die Hitlers Militäradjutant bezeugt hat, sind wohl kaum die Worte eines Strategen.

Die europäischen Nationen hätten ihn aufhalten sollen, als es noch möglich war, aber die erschreckte Welt glaubte, er verfolge eine Strategie, und versuchte, ihn zu befrieden. Wenn wir nur gewusst hätten, was für ein besessener Spieler er war! Vielleicht gilt diese Lektion nicht für alle Diktatoren, aber ich bin überzeugt, dass man sie besser von Anfang an bekämpft, bevor sie zu Monstern werden.

Natürlich muss ein Diktator Feinde haben, damit sein Volk ihn als Retter betrachten kann. Nur durch die Gnade des Schicksals konnte ich nun in Nürnberg mit der Verachtung des Siegers auf Hitlers Perversionen blicken. Und diese Erfahrung hat sich mir auf immer eingeprägt.

Am Freitag, dem 19. Oktober 1945, um zwei Uhr nachmittags, klingelte mein Telefon, und Colonel Williams bat mich, mich sofort bei ihm im Büro zu melden. Als ich eintrat, saßen auch andere Mitglieder des juristischen Stabs dort und blickten mich feierlich an. Ich musste meinen Namen, Rang, meine Dienstnummer und Aufgabe nennen.

«Heben Sie bitte Ihre rechte Hand. Schwören Sie feierlich, dass Sie die Gespräche zwischen Major Harry Neave vom Internationalen Militärtribunal und den Angeklagten hinsichtlich der Anklage, die gegen sie erhoben wird, vom Englischen ins Deutsche und vom Deutschen ins Englische übersetzen werden?» Ich antwortete mit Ja.

«Harry» Neave war eigentlich Airey Neave, ein britischer Major, der im Krieg einen Arm verloren hatte. Er war gefangen genommen worden, konnte aber aus den Nazi-Kerkern fliehen. Nach dem Krieg wurde er ein führendes Mitglied des Unterhauses und später von der IRA auf der Treppe des Parlaments ermordet. Damals jedoch war er Beamter des Generalsekretariats des Internationalen Militärtribunals, und ich war sein Dolmetscher und damit Vertreter der Anklage.

Und so ging ich mit Neave von Zelle zu Zelle. Begleitet wurden wir dabei von Colonel Andrus, dem Kommandanten des Nürnberger Gefängnisses, der ständig die Hand an seiner juwelenbesetzten Pistole hatte. Er und zwei russische Offiziere marschierten einige Schritte hinter uns. Für jeden Angeklagten wiederholte ich: «Sie sind der Verbrechen gegen den Frieden, der Kriegsverbrechen, Verbrechen gegen die Menschlichkeit, des Völkermords oder der Verschwörung zur Ausführung einer der vorgenannten Handlungen angeklagt.» Diese Anklageschrift liegt jetzt vergilbt vor mir, aber der Tag wird mir auf ewig im Gedächtnis bleiben. Göring begrüßte uns mit den Worten: «Können Sie einen Anwalt für mich finden? Wobei ich jetzt einen guten Dolmetscher sogar mehr als einen Anwalt brauche.» Schacht gelang es, verächtlich dreinzublicken. Keitel stand ganz still und aufrecht, aber ich sah, wie seine Arterie im Hals pochte.

Während wir unsere Litanei immer wieder herunterbeteten, standen uns die Stapel aufgeblähter Leichen vor Augen, und wir erstickten fast an dem Gestank der Massenvernichtung, den diese Männer und ihre Kohorten ausgelöst hatten. Mit sauberen Händen griffen sie nach den Dokumentenstapeln, in denen ihre Vergangenheit aufgelistet war. Ohne ihre Sträflingskleidung hätte man sie durchaus für ganz gewöhnliche Männer halten können. Ihre physische Normalität, die Tatsache, dass sie aussahen wie der Mann auf der Straße, war Angst einflößender, als es irgendwelche Anzeichen von Wahnsinn gewesen wären.

Die Ankläger arbeiteten jetzt rund um die Uhr, um den Prozess vorzubereiten, und es fanden keine Vernehmungen der Angeklagten durch Staatsanwälte mehr statt. Wir bemühten uns jedoch, zusätzliche Zeugen aufzutreiben. Nach Monaten unablässigen Drucks und harter Arbeit durfte ich aufgrund eines angeblichen Befehls nach St. Valentin fahren, einem Ort, den ich erfunden hatte, um ungestört durch Bayern, Österreich und Norditalien reisen zu können. Viele Jahre später entdeckte ich, dass es tatsächlich ein St. Valentin gab. Weil ich einen OSS-Wagen fuhr, wurde ich selten behelligt, und falls doch, wurde ich aufgrund meiner Reisepapiere an jeder Kontrollstelle durchgewinkt. Auf diesen Fahrten spürte ich Himmlers Frau und Tochter auf, auch Görings Frau und noch weitere Geliebte von Kaltenbrunner. Ich redete mit allen, aber keine der Frauen enthüllte etwas Neues über die Taten ihres Mannes oder ihres Geliebten. Frau Himmler erzählte mir, ihr Mann habe ihr schon vor langer Zeit gesagt, seine Arbeit sei so anstrengend, dass er zu Hause nicht darüber sprechen möchte. Himmlers pickelige Teenagertochter reagierte völlig ungläubig auf die Karriere ihres Vaters, die jetzt überall in der Presse nachzulesen war.

Schon vor dem Beginn des Prozesses war mir klar, dass die meisten Deutschen nichts Genaues von den grausigen Taten der Nazis wussten. Wenn sie Fragen gestellt hätten, wären sie ins Gefängnis gekommen. Für die Medien waren die Konzentrationslager in Deutschland tabu, und es gab zwar Vermutungen darüber, was in Buchenwald, Sachsenhausen, Dachau und Oranienburg vor sich ging, aber sie wurden nur aus Gerüchten gespeist. Die Lager in Polen und Russland lagen in von Militär besetztem Gebiet und waren für die Soldaten nicht zugänglich. Der Rest erfuhr erst im letzten Kriegsjahr von den Vorkommnissen, und selbst die Amerikaner und Briten konnten es ja dann kaum glauben ...

Lange bevor Daniel Goldhagen das Thema aufbrachte, diskutierten wir schon über eine Kollektivschuld der Deutschen. Es gab keinen Zweifel daran, dass Tausende von Ausführenden schuldig waren, aber wir wussten auch alle, dass eine kleine Gruppe von heroischen Deutschen viele Juden und andere Verfolgte unter Einsatz ihres Lebens manchmal jahrelang versteckt hatte. Hätte einer von uns das gewagt?

Was war mit den vielen Deutschen, die eigentlich hätten wissen müssen, was vor sich ging, und doch nichts dagegen unternommen haben? Unwillkürlich fragt man sich, ob sich nicht jedes Volk überall auf der Welt so verhalten würde, wenn die Bürger schon allein durch das Stellen unbequemer Fragen zu Staatsfeinden erklärt würden. Aus den Dokumenten, die mir vorlagen, ging hervor, dass Präsident Hindenburg und gewählte Vertreter des deutschen Volkes Hitler in die Lage versetzten, die absolute Macht zu ergreifen und alle Kontrollmechanismen außer Kraft zu setzen, sodass er die Gerichte, das Parlament und die anderen politischen Parteien auflösen und die Kirchen zum Schweigen bringen konnte. Niemand unternahm ernsthaft etwas gegen seinen Griff nach der Alleinherrschaft, weil alle in ihm ihren «Retter» sehen wollten, und ohne Unterstützung durch die Institutionen war der Einzelne machtlos. So wurden aus gewöhnlichen deutschen Bürgern zunächst willige und dann unwillige Vollstrecker, und als sie die Konsequenzen von Hitlers Machtstreben erdulden mussten, wurden sie schließlich zu Opfern, genau wie seine erklärten Feinde. Diktatoren muss man sich widersetzen, wenn man sich noch gegen sie erheben kann. Es ist nie zu früh.

Und dann begannen die Nürnberger Prozesse. Hier ging es nicht um geschichtliche Theorien, sondern um Verbrechen, die von Angeklagten begangen worden waren. Das Internationale Militärtribunal, «das Gericht», im Gegensatz zu der amerikanischen Anklagebehörde, deren Chefdolmetscher ich war, verfügte über eigene Simultandolmetscher für Englisch, Deutsch, Französisch und Russisch. Der Sekretär des Tribunals bat mich, die Eröffnungsplädoyers der deutschen Verteidigung, die jetzt auch «dazugehörte», aus Gefälligkeit zu übersetzen.

Ich saß in einer der vier Glaskabinen im Gerichtssaal. Zu meiner Linken saßen die vier Richter und ihre Vertreter, rechts vor mir die einundzwanzig Angeklagten, ihre Anwälte und ihre Wachen. Die Tische für die vier Vertreter der anklagenden Nationen waren direkt vor mir, und hinten im Saal war eine erhöhte Tribüne für die Presse und geladene Gäste. Hinter den Angeklagten standen an der Wand bewaffnete Wachen mit weißen Helmen. In diesem historischen Moment war der Gerichtssaal in Nürnberg der Nabel der Welt.

Die Richter blickten feierlich drein, und vom ersten Augenblick an hatte Sir Geoffrey Lawrence, der Vorsitzende, die Vorgänge vollkommen unter Kontrolle, auch wenn ab und zu die Kopfhörer ausfielen. In einer dieser Zwangspausen erblickte mich Göring in meiner Kabine und zwinkerte mir vertraulich zu.

Justice Jackson zeichnet Richard für seine Verdienste als «Chief Interpreter» für die Amerikanische Staatsanwaltschaft aus, Juni 1946

Nach der Eröffnungsverhandlung reiste der Chefdolmetscher des Tribunals an. Er brachte eigene Dolmetscher mit, bat mich aber ebenfalls in sein Team. In der ersten Sitzung musste ich ständig juristische Ausdrücke nachschlagen, die ich nicht verstand, und das war mir unangenehm. Ich fand diese juristische Auseinandersetzung so langweilig, dass ich beschloss, ich wolle nicht Wochen oder sogar Monate in der Glaskabine sitzen, um Kreuzverhöre zu übersetzen, an deren Vorbereitung ich beteiligt gewesen war.

Colonel Amen und Justice Jackson hatten bereits damit begonnen, mich zu Vernehmungen zusätzlicher Zeugen mitzunehmen, was ich wesentlich interessanter fand als die Teilnahme an den Verhandlungen im Gerichtssaal. Deshalb arbeitete ich bald wieder als Vollzeitkraft für die amerikanische Anklage.

Ganz unerwartet wurde mir eines Tages die Army Commendation Medal vom Kommandierenden General der US Streitkräfte in Europa verliehen. An seiner Stelle überreichte mir Jackson den Orden. In der Urkunde heißt es:

«Als Leiter der Übersetzungsabteilung nahm Sergeant Sonnenfeldt eine führende Rolle ein bei der Einrichtung und Beaufsichtigung der aus fünfzig Personen bestehenden Organisation, die als Dolmetscher bei den Vernehmungen der über fünfundsiebzig Hauptzeugen tätig waren und die Vernehmungen sowie die Erklärungen und Affidavits aufgenommen und protokolliert haben. Seine Abteilung stellte bei dieser Arbeit mehr als zehntausend Seiten von Aussagen zusammen. Sonnenfeldts Verhalten und Vorgehensweise bezüglich der Behandlung der Gefangenen während der Vernehmungen und seine Vorschläge waren so vernünftig und praktikabel, dass sie von den Ermittlern bis auf den heutigen Tag angewendet werden. Sonnenfeldts Abteilung bestand aus Militärpersonal, das an Rang und Grad höher stand als er, und aus Zivilisten vieler verschiedener Nationalitäten. Er legte im Umgang mit ihnen eine so erstaunliche Diplomatie und so großes Taktgefühl an den Tag, dass sie alle voller Freude mit ihm zusammenarbeiteten. Durch seine Führungsstärke und Gewissenhaftigkeit hat Sergeant Sonnenfeldt einen wertvollen Beitrag zum Prozess gegen die Hauptangeklagten in Nürnberg, Deutschland, geleistet. Auf Anweisung des Kriegsministeriums, usw. usw.»

Natürlich freute ich mich sehr über diese Auszeichnung.

Während des Prozesses war ich in eine Episode verwickelt, die schließlich sogar Präsident Truman berichtet wurde. General Donovan suchte immer noch nach einem «Kronzeugen» oder jemandem, dessen Kenntnis den Naziverbrecher Göring dazu bewegen könnte zu gestehen. Nach Donovans Meinung würde ein wörtliches Geständnis eine größere Wirkung auf die öffentliche Meinung haben als Beweisdokumente oder die Aussage eines Zeugen, der dadurch vielleicht versuchte, seine eigene Haut zu retten.

Eine Schlüsselfigur in dem Versuch, Göring ein Geständnis zu entringen, war General Lahousen, den ich entdeckt hatte und der jetzt in Sicherheitsverwahrung war. Ich vernahm ihn, um seine Geschichte zu erfahren. Er war ein österreichischer Offizier gewesen, und später Stellvertreter von Admiral Canaris, dem Chef der Abwehr des deutschen Geheimdienstes. Die Abwehr hatte einen wesentlich größeren Einblick als Hitler und sein Anhang in das Machtgleichgewicht zwischen der Achse und den Alliierten. Diese Offiziere waren zwar zum Schweigen verpflichtet, aber sie wussten schon lange, bevor es offensichtlich wurde, dass Deutschland den Krieg verlieren würde. Sie wussten auch von den Gräueltaten der Nazis und was in den Konzentrationslagern vor sich ging. Admiral Canaris und sein engster Kreis waren sich völlig klar darüber, dass jeder deutsche Vorstoß letztendlich zum Eingreifen der Vereinigten Staaten führen würde, deren Macht sie fürchteten. Canaris, der das Attentat auf Hitler unterstützte, um so eine völlige Niederlage Deutschlands zu vermeiden, wurde sofort nach dessen Scheitern verhaftet, kurz vor Kriegsende in das Konzentrationslager Flossenbürg gebracht, dort von einem SS-Standgericht am 8. April 1945 zusammen mit Pastor Bonhoeffer und drei anderen Militärs zum Tod verurteilt und tags darauf gehängt.

Als Canaris' Stellvertreter wusste Lahousen natürlich über all das Bescheid. Weil Göring bald in den Zeugenstand treten sollte, hatte ich für den Abend des 22. November 1945 eine private Sitzung mit Lahousen arrangiert. Als er nicht erschien, stellte ich fest, dass man ihn zum Wohnsitz von General Donovan gebracht hatte. Colonel Amen und Justice Jackson, die vermuteten, er wolle ihnen den Zeugen wegnehmen, schäumten vor Wut.

Als ich am nächsten Morgen mit Lahousen zusammensaß, kam Amen ins Zimmer und fragte Lahousen empört, was er sich dabei gedacht hätte, sich einfach davonzuschleichen und zu Donovan zu gehen. Lahousen hob die Handflächen und sagte: «Was hätte ich als armer Kriegsgefangener denn tun sollen, als man mir befahl, in General Donovans Auto zu steigen?» Dieser Zwischenfall führte unter anderem zu einem heftigen Briefwechsel zwischen Jackson und Donovan, und schließlich zog sich Donovan von der amerikanischen Anklage zurück. Jackson schrieb einen langen Bericht an Präsident Truman, in dem er seine Strategie als offizieller US Ankläger darlegte und sich darüber beklagte, wie mit ihm und seinem Untersuchungsbeamten (das war ich!) umgesprungen worden war. Dieser Brief an Truman ist eins meiner Erinnerungsstücke an die Nürnberger Prozesse.

In der Eröffnungsrede der amerikanischen Anklage sagte Justice Jackson: «Der Vorzug, eine Gerichtsverhandlung über Verbrechen gegen den Frieden der Welt zu eröffnen, wie sie hier zum erstenmal in der Geschichte abgehalten wird, legt eine ernste Verantwortung auf. Die Untaten, die wir zu verurteilen und zu bestrafen suchen, waren so ausgeklügelt, so böse und von so verwüstender Wirkung, daß die menschliche Zivilisation es nicht dulden kann, sie unbeachtet zu lassen, sie würde sonst eine Wiederholung solchen Unheils nicht überleben. Daß vier große Nationen, erfüllt von ihrem Siege und schmerzlich gepeinigt von dem geschehenen Unrecht, nicht Rache üben, sondern ihre gefangenen Feinde freiwillig dem Richtspruch des Gesetzes übergeben, ist eines der bedeutsamsten Zugeständnisse, das die Macht jemals der Vernunft eingeräumt hat.»

Jackson erklärte, dass der Krieg, den die Angeklagten angezettelt hatten, nur wenige wirklich Neutrale hinterlassen habe, und so müssten in Anklage und Urteil siegreiche Nationen über geschlagene Feinde zu Gericht sitzen. «Wenn man die einstmals hohe Stellung der Angeklagten bedenkt, wenn man bedenkt, wie offenkundig ihre Handlungen waren, und wie ihr ganzes Verhalten nach Vergeltung ruft, dann fällt es schwer, das Verlangen nach einer gerechten und maßvoll bedachten Wiedergutmachung zu scheiden von dem unbekümmerten Schrei nach Rache, der sich aus der Qual des Krieges erhebt. Unsere Aufgabe ist es jedoch, soweit das menschenmöglich ist, das eine streng abzugrenzen gegen das andere. Denn wir dürfen niemals vergessen, daß nach dem gleichen Maß, mit dem wir die Angeklagten heute messen, auch wir morgen von der Geschichte gemessen werden. Diesen Angeklagten einen vergifteten Becher reichen, bedeutet, ihn an unsere eigenen Lippen zu bringen. Wir müssen an unsere

Aufgabe mit so viel innerer Überlegenheit und geistiger Unbestechlichkeit herantreten, daß dieser Prozeß einmal der Nachwelt als die Erfüllung menschlichen Sehnens nach Gerechtigkeit erscheinen möge.»

Da er das Beweismaterial, das in zahlreichen Dokumenten und Filmen über die Grausamkeiten und Obszönitäten der Nazis zusammengefasst war, kannte, fuhr Jackson fort: «Wir möchten ebenfalls klarsellen, daß wir nicht beabsichtigen, das ganze deutsche Volk zu beschuldigen. Wir wissen, daß die Nazi-Partei bei der Wahl nicht mit Stimmenmehrheit an die Macht gelangt ist. Wir wissen, daß ein unseliges Bündnis sie an die Macht gebracht hat, ein Bündnis, zu dem sich die Besessenen des wütenden Umsturzwillens unter den Nazi-Revolutionären mit der Hemmungslosigkeit unter den deutschen Reaktionären und der Angriffslust unter den deutschen Militaristen zusammengetan hatten. Wenn die breite Masse des deutschen Volkes das nationalsozialistische Parteiprogramm willig angenommen hätte, wäre in den früheren Zeiten der Partei die SA nicht nötig gewesen, und man hätte auch keine Konzentrationslager und keine Gestapo gebraucht, beides Einrichtungen, die sofort geschaffen wurden, nachdem die Nazis sich des Staates bemächtigt hatten. Erst nachdem sich diese Neuerungen, aller gesetzlichen Bindung ledig, im Innern als erfolgreich erwiesen hatten, wurden sie auch ins Ausland übertragen.»

Gegen Ende seiner Rede sagte Jackson: «Die wahre Klägerin vor den Schranken dieses Gerichts ist die Zivilisation. Sie ist noch unvollkommen und ringt in allen unseren Ländern. Sie behauptet nicht, daß die Vereinigten Staaten oder irgendein anderes Land an den Zuständen schuldlos seien, die das deutsche Volk so leicht dem Schmeicheln und der Einschüchterung der Nazi-Verschwörer haben zum Opfer fallen lassen. (...) Die Zivilisation fragt, ob das Recht so zaudernd und träge sei, daß es gegenüber so schweren Verbrechen, begangen von Verbrechern von so hohem Rang, völlig hilflos it. Die Zivilisation erwartet nicht, daß sie den Krieg unmöglich machen können. Wohl aber erwartet sie, daß Ihr Spruch die Kraft des Völkerrechts mit seinen Vorschriften und seinen Verboten und vor allem mit seiner Sühne dem Frieden zum Beistand geben werde, so daß Männer und Frauen guten Willens in allen Ländern leben können ‹keinem untertan und unter dem Schutz des Rechts› ...»

Ich saß am Tisch der amerikanischen Anklagevertreter, um Aussagen im Gerichtssaal zu verifizieren, die ich vorher übersetzt oder erhalten hatte. Sir Geoffrey Lawrence war der perfekte Vorsitzende Richter, er ließ sich weder durch offensichtliche Lügen noch durch grauenhafte Tatsachen aus der Fassung bringen. Der Zeugenstand war genau gegenüber und der Stand der Anklage rechts von mir. Die Verteidiger befanden sich direkt zu meiner Linken. Ich war froh, nicht hinter der Glasscheibe bei den anderen Dolmetschern sitzen zu müssen. Sie leisteten großartige Arbeit in vier Sprachen, von denen jede abgerufen werden konnte, indem man einen Knopf an einer kleinen Schaltuhr an den Kopfhörern drehte. Hoch oben hinter dem Zeugenstand sah man im Medaillon des rechten Marmorportals eine «geflügelte» Sanduhr als Zeichen für die Vergänglichkeit alles Zeitlichen, und Tag für Tag, Woche für Woche wurden die bis dahin unentdeckten Geheimnisse des bösesten Reiches, das die Welt jemals erlebt hatte, aufgedeckt.

Man merkte deutlich, dass manche der Angeklagten freundschaftlich miteinander umgingen, Streicher jedoch wurde von allen gemieden. Da ich nicht allzu viel zu tun hatte, konnte ich alles ungeniert beobachten. Wieder einmal dachte ich, dass manche der Angeklagten in einer normalen Gesellschaft nie diese Positionen eingenommen hätten. Nur ihre Speichelleckerei einem Diktator gegenüber hatte sie so weit gebracht.

Als ein Film über die Vernichtungslager, zusammengestellt aus erbeuteten deutschen Aufnahmen und Bildern, die bei der Befreiung der KZ-Häftlinge gemacht worden waren, im Gerichtssaal gezeigt wurde, hörte man in der atemlosen Stille Keuchen und Schluchzen, sogar von einigen der Angeklagten. Als das Licht wieder anging, waren die meisten so erschüttert, dass der Prozess unterbrochen werden musste. Nur Göring sagte ungerührt, wie bereits eingangs erwähnt, das sei doch nur einer der

Propagandafilme gewesen, wie Goebbels sie gerne produziert habe. Als ob der Holocaust eine Einbildung wäre.

Jackson befragte Göring persönlich, und nachdem dieser wiederholt geleugnet hatte, wurde er schließlich durch Beweismaterial überführt. Im Gegensatz dazu waren die britischen Ankläger ungeheuer effizient. Ich bewunderte ihre kühle Haltung und ihre samtweiche Höflichkeit, mit der sie ihre messerscharfen Fragen umgaben. Die deutschen Verteidiger waren zum Teil tüchtige, aufrechte Anwälte, zum Teil aber auch Trottel. Die Franzosen waren pedantisch, und den Russen sah man an, dass sie die Angeklagten am liebsten auf der Stelle erschossen hätten.

Die Beweise gegen die Hauptangeklagten waren überwältigend. In seinem Schlussplädoyer sagte Jackson über Göring: «Die große und vielfältige Rolle Görings war halb die eines Militaristen und halb die eines Gangsters. Er hatte seine fetten Finger in jedem Kuchen. Er benutzte seine SA-Muskelmänner, um die Bande an die Macht zu bringen. Um diese Macht zu festigen, heckte er den Plan aus, den Reichstag niederzubrennen, richtete die Gestapo ein und gründete die Konzentrationslager. Er war genau so behende, wenn es galt, Gegner abzuschlachten oder Skandale zu fabrizieren, um widerspenstige Generale los zu werden. Er baute die Luftwaffe auf und schleuderte sie gegen seine verteidigungslosen Nachbarn. Er war unter den ersten, die die Juden aus dem Lande hetzten. Durch die totale Mobilisierung der Wirtschaftsquellen Deutschlands ermöglichte er die Führung des Krieges, an dessen Planung er in größtem Maße teilgenommen hat. Er war der Mann, der nächst Hitler die Tätigkeit aller Angeklagten zu einer gemeinsamen Bestrebung zusammenfaßte.»

Am Ende lieferte Jackson eine mit beißender Ironie gespickte Beschreibung des Verhaltens der Angeklagten: «Wenn wir nur die Erzählungen der vorderen Reihe der Angeklagten zusammenstellen, so bekommen wir folgendes lächerliche Gesamtbild von Hitlers Regierung; sie setzte sich zusammen aus:

Einem Mann Nummer 2, der nichts von den Ausschreitungen der von ihm selbst eingerichteten Gestapo wußte, und nie etwas vermutete von dem Ausrottungsprogramm gegen die Juden, obwohl er der Unterzeichner von über 20 Erlassen war, die die Verfolgung dieser Rasse ins Werk setzten.

Einem Mann Nummer 3, der nur ein unschuldiger Mittelsmann war, der Hitlers Befehle weitergab, ohne sie überhaupt zu lesen, wie ein Briefträger oder ein Botenjunge.

Einem Außenminister, der von auswärtigen Angelegenheiten wenig und von der auswärtigen Politik gar nichts wußte.

Einem Feldmarschall, der der Wehrmacht Befehle erteilte, jedoch keine Ahnung hatte, zu welchen praktischen Ergebnissen diese führen würden.

Einem Chef des Sicherheitswesens, der unter dem Eindruck war, daß die polizeiliche Tätigkeit seiner Gestapo und seines SD im wesentlichen derjenigen der Verkehrspolizei gleichkam.

Einem Parteiphilosophen, der an historischen Forschungen interessiert war und keinerlei Vorstellung von den Gewalttaten hatte, zu denen im 20. Jahrhundert seine Philosophie anspornte.

Einem Generalgouverneur von Polen, der regierte, aber nicht herrschte.

Einem Gauleiter von Franken, der sich damit beschäftigte, unflätige Schriften über die Juden herauszugeben, der jedoch keine Ahnung hatte, daß sie irgend jemand jemals lesen würde.

Einem Innenminister, der nicht wußte, was im Innern seines eigenen Amtes vor sich ging, noch viel weniger etwas wußte von seinem eigenen Ressort und nichts von den Zuständen im Innern Deutschlands.

Einem Reichsbankpräsidenten, der nicht wußte, was in den Stahlkammern seiner Bank hinterlegt und was aus ihnen herausgeschafft wurde.

Und einem Bevollmächtigten für die Kriegswirtschaft, der geheim die ganze Wirtschaft für Rüstungszwecke leitete, jedoch keine Ahnung hatte, daß dies irgend etwas mit Krieg zu tun hätte.

Das mag wie eine phantastische Übertreibung klingen, aber zu diesen Schlußfolgerungen müßte man tatsächlich gelangen, wenn man diese Angeklagten freisprechen wollte.»

Nach dieser Beschreibung fuhr er fort: «Angesichts dieses Hintergrundes verlangen diese Angeklagten heute von diesem Gerichtshof sie für nichtschuldig zu erklären an der Planung, Ausführung oder Verschwörung zur Begehung dieser langen Liste von Verbrechen und Unrecht. Sie stehen vor dem Material dieses Prozesses wie der blutbefleckte Gloucester an der Bahre seines erschlagenen Königs. Er bat die Witwe, wie die Angeklagten Sie bitten: Sage, daß ich sie nicht erschlagen habe!, und die Königin antwortet: Dann sage, sie seien nicht erschlagen worden! Aber sie sind tot!

Wenn Sie von diesen Männern sagen sollten, daß sie nicht schuldig seien, so wäre es ebenso wahr zu sagen, daß es keinen Krieg gegeben habe, daß niemand erschlagen und kein Verbrechen begangen worden sei.»

Während die Richter des Tribunals fast einen Monat lang über die Urteile berieten, gab es eine Unterbrechung. Ich hatte als Verbindungsglied zwischen der amerikanischen Anklage und den anderen Delegationen bei den Prozessen gearbeitet, und jetzt hatte ich ein bisschen Zeit für ein paar gesellschaftliche Verpflichtungen. Am Ende der Eingangshalle waren die Büros der russischen Anklage, und einer ihrer weiblichen Offiziere hatte es mir angetan. Sie war ein üppiger, blonder Leutnant mit dem Gesicht eines Mädchens vom Land und einem fröhlichen, einladenden Lächeln. Eines Tages traf ich sie in der Halle, und obwohl sie weder Deutsch noch Englisch oder Französisch sprach, beschloss ich, mich mit ihr zu verabreden. Ich malte ihr das Grand Hotel auf, damals das Forum der «Nurenberg War Crimes Community», und eine Uhr, deren Zeiger auf sechs standen. Sie nickte lächelnd, und ich war ganz aufgeregt. Kurz darauf trat ein russischer Colonel in mein Büro, schüttelte mir die Hand und setzte sich. Er malte einen weiblichen Leutnant, eine Uhr, deren Zeiger auf sechs standen, das Bild eines Hauses und schrieb eine Adresse dazu, die ich unschwer als den Sitz der russischen Anklage identifizierte. Dann sagte er: «Da?» Ich erwiderte: «Njet!», denn zu einer überwachten Verabredung im Haus eines sowjetischen Generals hatte ich keine Lust. Offenbar sahen die Sowjets meine potenzielle Romanze als Staatsaffäre an. Wenn wir uns in Zukunft irgendwo auf dem Gang trafen, lächelten das Mädchen und ich einander zu, aber wir verabredeten uns nie wieder. Es gab jedoch noch zahlreiche andere attraktive Frauen in Nürnberg: Britinnen, Französinnen, Däninnen und amerikanische Zivilistinnen im Dienst des Militärs, Journalistinnen, Sekretärinnen und Dolmetscherinnen. Ich fand in den verschiedenen Delegationen viele gute, enge Freunde, mit denen ich noch jahrelang in Kontakt stand.

Mittlerweile hatte Curly Williams meine «Entlassung aus der Armee mit Zustimmung der Regierung» erwirkt, und ich wurde «Zivilist im Dienst der OSS». Mein Rang entsprach dadurch dem eines Lieutenant Colonels, einschließlich der Bezahlung und der damit verbundenen Privilegien. Ich war in eine Villa auf dem amerikanischen Gelände eingezogen und verfügte über einen Dienstwagen. Nicht schlecht für einen zweiundzwanzigjährigen Immigranten, der noch nicht einmal einen High-School-Abschluss hatte!

Mein bester Freund war Poul Kjalke, der Leiter der dänischen Delegation, der während des Krieges Chef der Untergrundorganisation der dänischen Polizei gewesen war. Statt mit den Deutschen zu kollaborieren, hatte er sein Leben aufs Spiel gesetzt. Dazu fällt mir ein, dass auch der dänische König einen gelben Stern trug und sich damit zum «Ehrenjuden» gemacht hatte. Die Deutschen waren außer sich vor Wut, weil sie vergessen hatten, es Nichtjuden zu verbieten, den Stern zu tragen.

Poul und ich blieben enge Freunde, bis er 1993 starb. Weil ich den Dänen geholfen hatte, wurde ich nach Kopenhagen eingeladen und durfte die königliche Familie, Pouls Familie und seine Gefährten aus dem Widerstand kennen lernen. Justice Jacksons Pilot flog uns in seiner C-47 nach Kopenhagen. Auf dem Weg dorthin kreiste er über Pouls Haus, wo seine Frau und seine Kinder uns zuwinkten. Während des Empfangs im königlichen Schloss unterhielt ich mich angeregt mit einem großen, distinguierten Mann mit weißer Krawatte und Frack, bis er schließlich sagte: «Sir, Sie müssen mich jetzt entschuldigen, ich muss am Tisch bedienen.»

Ich wurde neben einen königlichen Prinzen gesetzt. Nachdem er meine Lebensgeschichte gehört hatte, sagte er: «Wenn man bedenkt, dass ich mein ganzes Leben hauptsächlich hier im Schloss verbracht habe!» Darauf fiel mir nur ein: «Nun, das war in beiden Fällen wohl Schicksal.» Dann wurde ein unglaubliches Festmahl aufgetragen. Die Dänen hatten offensichtlich einiges vor den Deutschen versteckt! Suppe, Salat, Fisch, Fleisch, Sorbet, jeder Gang noch besser als der vorherige. Das Essen wurde mit Aquavit und Bier heruntergespült, wobei es zahlreiche Toasts auf die königliche Familie, Präsident Truman, General Eisenhower, Churchill und Justice Jackson gab. Schließlich brachte Poul Kjalke sogar noch einen Toast auf mich aus, weil ich so ein großartiger Freund Dänemarks war. Ich nahm an, dass damit das Bankett zu Ende war, aber da irrte ich mich. Nach einer kurzen Pause wurden riesige Platten mit Erdbeeren, Sahne und Kuchen aufgetragen, und dazu wurden Kaffee und Cognac gereicht. Mir platzte fast der Magen, weil ich von jedem Gang gegessen hatte, als sei es der letzte. Die zwanglose Atmosphäre und die Freundlichkeit der dänischen Königsfamilie waren hinreißend.

Als die Festlichkeiten vorüber waren, fuhr ich mit Poul in einer Polizeilimousine mit Eskorte zu seinem Haus, wo seine Frau noch einmal ein Festessen vorbereitet hatte, von dem ich jedoch nicht einen Bissen herunterbekam, weil ich noch so satt vom königlichen Bankett war. In den nächsten Tagen wurde ich wie ein Held gefeiert, und dabei hatte ich doch kaum etwas für Dänemark getan! Damals entwickelte ich eine tiefe Bindung zu diesem wundervollen Land, und in späteren Jahren kam ich oft und gerne wieder dorthin zurück. Die Dänen waren in den Widerstand gegangen, obwohl sie genauso gut Kollaborateure hätten sein können; aber dieses nordische Volk verachtete Rassismus.

Als die Prozesse sich ihrem Ende näherten, überlegte ich, was ich nun mit meinem Leben anfangen sollte. Dieses Mal würde ich mich nicht mehr auf das Schicksal verlassen können, sondern musste es selber in die Hand nehmen. Ich hatte zwar das Angebot, weiter bei der Regierung zu arbeiten, aber da die Johns Hopkins Universität mich als Student aufgenommen hatte, schrieb ich mich im Fachbereich für Elektroingenieurwesen ein.

Als die Urteile vom Tribunal verkündet wurden, war ich dankbar, am Leben zu sein. Immer noch versuchte ich zu verdauen, was ich alles erlebt hatte. Ich hatte so viel Glück gehabt. Mein Leben war wesentlich besser verlaufen, als es jemals hätte sein können, wenn ich als arischer Junge in Gardelegen aufgewachsen wäre. Ich war froh darüber, amerikanischer Bürger zu sein, stand hinter den Werten und Idealen dieses freien Landes, war dankbar für die Chancen, die sich mir boten, und sah optimistisch in die Zukunft.

Ich bin oft gefragt worden, ob ich die Urteile von Nürnberg als gerecht empfunden habe. Göring beging nach seiner Verurteilung zum Tode Selbstmord mit einer Zyankalikapsel, wobei ich glaube, dass er das weniger aus Angst vor dem Strick getan hat, als vielmehr, um seine Henker zu betrügen. Er war einer von zwölf Personen, die zum Tod durch Erhängen verurteilt wurden. Sieben Angeklagte mussten Gefängnisstrafen verbüßen, und drei wurden freigesprochen, was vielleicht zu milde war.

Ich werde die Nürnberger Prozesse nie vergessen. Sie haben uns die Verpflichtung hinterlassen, patriotische Perversionen oder Verbrechen, die unter dem Deckmantel nationaler Souveränität begangen werden, nie mehr zu dulden. Wir müssen uns dagegen wehren, dass diejenigen, die nicht einer Meinung mit uns sind, als Feinde hingestellt werden und dass diejenigen, die nicht zu unserem Volk gehören, verfolgt werden. Wir dürfen keinen «Gruppenhass» zulassen, und wir müssen aufhören, Diktatoren edle Motive zuzuschreiben.

Heute, mehr als fünfzig Jahre nach Nürnberg, hoffe ich trotz Kriegsverbrechen und Terrorismus immer noch auf eine gerechte Welt, auf ein universelles Rechtssystem, das Verbrechen, die im Namen von Regierungen begangen werden, genauso bestraft wie die Taten gewöhnlicher Krimineller, und das vielleicht solche Verbrechen überhaupt verhindern kann.

7. Johns Hopkins University

Nach den Nürnberger Prozessen unterschied sich meine Rückkehr in die Vereinigten Staaten erheblich von meiner ersten Ankunft als staatenloser Immigrant. Dieses Mal war ich ein «US Zivilist in Uniform», der von seinem Dienst bei den Streitkräften in Europa zurückkam. Wie fünf Jahre zuvor kam ich in Hoboken an, nahm mir sofort ein Taxi zur Pennsylvania Railroad Station und bestieg dort den Zug nach Baltimore. Ich saß im Speisewagen, trank Scotch mit Soda und ließ mir von einem schwarzen Kellner, der aussah wie ein Hollywood-Star und dessen Würde und Fröhlichkeit ansteckend waren, etwas zu essen servieren. Noch heute spüre ich das wohlige Gefühl, das ich in diesem Zug empfand.

Mittlerweile war es Ende August 1946, fast auf den Tag genau acht Jahre, seit ich Deutschland verlassen hatte. Und zum ersten Mal konnte ich mein Leben wirklich planen. Meine Eltern waren in ein bescheidenes Haus in der Hollins Ferry Road, einem ärmlichen Viertel von South Baltimore, gezogen, wo mein Vater sich seine Praxis eingerichtet hatte. Zum ersten Mal seit 1938 hatten wir wieder ein Zuhause. Ich hatte mit meinen dreiundzwanzig Jahren bereits so viel erlebt, dass meine Eltern mit mir angaben und ich ständig all ihren Freunden über meine Erfahrungen berichten musste.

Bald war ich es leid, aufs Stichwort meine Geschichte zu erzählen. Obwohl meine Eltern beide als Ärzte arbeiteten, kamen sie mir vor dem Hintergrund dessen, was ich bereits hautnah vom Weltgeschehen miterlebt hatte, naiv vor. Meine Mutter jedoch war nicht in der Lage, meiner Selbständigkeit Rechnung zu tragen. Ständig mischte sie sich in alles ein und behandelte mich wie einen Halbwüchsigen.

Der Kontrast zu meinem Leben in Nürnberg hätte stärker nicht sein können. Ich hatte nicht vor, mich beaufsichtigen zu lassen, und ich wollte auch nicht mehr in unser ehemaliges Familienleben zurückkehren. Natürlich war mir klar, dass meine Eltern nachholen wollten, was ihnen nicht vergönnt gewesen war, aber im Alltag ging die Freude darüber, endlich wieder zusammen zu sein, rasch verloren. Als ich schließlich auch noch feststellte, dass mein Vater zwar merkte, wie unpassend sich meine Mutter benahm, jedoch nicht in der Lage war, ihr Einhalt zu gebieten, wusste ich, dass ich nicht mehr lange in der Hollins Ferry Road bleiben konnte.

Mittlerweile studierte ich an der Johns Hopkins University, um Elektroingenieur zu werden. Das war schon mein Traumberuf gewesen, als ich als Junge Radios gebaut hatte, und da ich ja schon Abendkurse in diesem Fachbereich belegt hatte, wusste ich auch, dass ich eine Begabung dafür hatte.

Da meine Abendkurse anerkannt und auch mein Kriegsdienst angerechnet wurde, konnte ich gleich mit dem zweiten Studienjahr beginnen. Dank meines Physik- und Mathematikunterrichts bei Benson Herbert in England kam ich rasch voran und machte meinen Abschluss bereits nach zweieinhalb Jahren.

Geld hatte ich während des Studiums genug. Arther Raffel, mein ehemaliger Arbeitgeber, beschäftigte mich an mehreren Nachmittagen in der Woche als Elektrikermeister und bezahlte mich gut. Außerdem standen mir als ehemaligem GI sechshundertfünfzig Dollar pro Semester zu, und mein Vater, der sich während meiner Zeit in Deutschland Geld von meinen Ersparnissen geliehen hatte, um sich die Praxis kaufen zu können, zahlte mir diese Summe in monatlichen Raten zurück.

Bevor ich in die Armee eingetreten war, hatte mein Freundeskreis in Baltimore hauptsächlich aus Medizinern bestanden. Jetzt wurde ich aufgrund meiner jüngsten Erfahrungen zunehmend von Historikern und Politikwissenschaftlern eingeladen, um mit ihnen über Nazi-Deutschland zu diskutieren. Natürlich waren sie gegen die Nazis eingestellt, aber einige von ihnen waren in jener Zeit vor dem Kalten Krieg auch prosowjetisch.

Vom Prozess in Nürnberg und von Gesprächen mit Überlebenden aus der Sowjetunion wusste ich, dass Stalins Verletzung der Menschenrechte sich von Hitler im Wesentlichen dadurch unterschied, wie diese Despoten ihre Opfer auswählten, und nicht, wie sie sie behandelten. Bei Hitler waren Rasse, Glaube und Nationalität entscheidend, während Stalin einfach alle verfolgte, die sich ihm nicht unterwarfen.

Hitlers Dummheit brachte ihm Feinde ein, die ihn schließlich besiegten, aber Stalin war gefährlicher. Er sang sein Sirenenlied und versprach Gerechtigkeit und Brot für alle, die einstimmten. Gerade den Idealisten, die glaubten, die Unzulänglichkeiten der kapitalistischen Demokratie könnten durch die Lehren des Marxismus behoben werden, gefiel er dadurch. Ich wusste über das Massaker in Katyn Bescheid, wo Tausende polnischer Offiziere von den Sowjets abgeschlachtet worden waren, über die Todeslager in Sibirien, wo Dissidenten und Verdächtige misshandelt wurden, wusste von der Säuberungsaktion gegen sowjetische Armeegeneräle und der Versklavung des russischen Volkes. Vor dem Kalten Krieg fanden einige meiner liberalen Freunde es schwer verständlich, warum ich gegen den Nationalsozialismus und nicht gleichzeitig prosowjetisch eingestellt war. Aber für mich war es noch unverständlicher, wie jemand die unmenschlichen Praktiken einer sowjetischen Diktatur akzeptieren konnte.

Ich hegte die Hoffnung, dass die Schaffung eines Internationalen Rechtssystems letztlich zu einer Weltregierung führen würde, und so wurde ich Weltföderalist. Bald schon erhielt ich Einladungen, Reden zu halten und Diskussionen zu leiten.

Auf der Grundlage der Geschichte der Vereinigten Staaten vertraten Weltföderalisten die Ansicht, dass Kriege zwischen Staaten verhindert werden können, ohne dass man sich allzu sehr in die inneren Angelegenheiten friedlicher Nationen einmischt. Die wesentlichen Freiheiten individueller Bürger wurden nicht durch ihre Zugehörigkeit zu einem Staatenbund beeinträchtigt, und ich hoffte, dass das Beispiel der USA den Rest der freien Welt dazu bewegen würde, sich dem Weltföderalismus anzuschließen.

Ich gründete einen Ableger der United World Federalist (UWF) an der Johns Hopkins University, dem sich viele Studenten und Professoren anschlossen. In der größeren Baltimore-UWF-Gruppe lernte ich Jim Rouse kennen, den visionären Architekten, der die Slums um den Hafen von Baltimore in eines der schönsten Touristen- und Geschäftsviertel von Amerika verwandelte. Außerdem begegnete ich dort Howard Howe, der als Erster den Polio-Virus im Rückenmark isolierte; Alfred Gwynne Vanderbilt, dem bekannten Reiter mit seiner rauen Stimme; und vielen führenden Mitgliedern der Gesellschaft von Baltimore. Nur Schwarze gab es nicht. Ich hielt Vorträge beim Lions-Club und den Rotariern, in Kirchen und auf anderen Bürgerversammlungen.

Wenn ich mir heutzutage die vergilbten Zeitungsausschnitte von diesen Vorträgen anschaue, fällt mir auf, wie recht wir im Prinzip hatten und wir sehr wir uns doch irrten, weil wir glaubten, eine Welt voller unabhängiger Nationen könne bereit sein, ein Weltgesetz über die Souveränität der einzelnen Staaten zu stellen. Die Logik der Weltföderation prallte an den Nationen ab wie unsere 37mm-Geschosse an den deutschen Panzern.

Stattdessen begann der Kalte Krieg. Angesichts der Realität beschloss ich, den Weltföderalismus besser als Konzept mitzutragen und auf die Zukunft zu hoffen, statt ihn als Gelegenheit für sofortige politische Aktion zu sehen. Also hielt ich keine Vorträge mehr. Aber bis auf den heutigen Tag hoffe ich auf die Entwicklung eines weltumfassenden Rechtssystems.

Mittlerweile hatte ich mir eine möblierte Wohnung auf halber Strecke zwischen dem Groucher College für Frauen und der Johns Hopkins University gemietet. Für Verabredungen lag sie perfekt. Durch meine Aktivitäten als Weltföderalist hatte ich einige Quäker kennen gelernt, die mich zur Teilnahme an ihren Projekten in den Slums von Baltimore einluden, wo sie Schwarze und andere benachteiligte Jugendliche unterrichteten. Ich gab dort Unterricht in Naturwissenschaften und Mathematik, wobei ich feststellte, wie begabt einige dieser Kinder waren. Wenn sie jedoch zu Hause keinen Rückhalt und keine Unterstützung erfuhren, nützte ihnen all ihre Begabung nichts, und auch meine Arbeit war vergeudet. Damals begriff ich zum ersten Mal, wie sehr der Erfolg von Bildung und Erziehung an das familiäre Umfeld gekoppelt ist.

Die Quäker veranstalteten auch Seminare über Außenpolitik in den Sommercamps für College- und High-School-Studenten. Bekannte Persönlichkeiten leiteten diese Seminare, und obwohl ich weder bekannt noch eine Persönlichkeit war, wurde auch ich wegen meiner Erfahrung in Nürnberg und meiner Aktivitäten in der Weltföderation als Vortragender eingeladen. Ich verbrachte zwei wunderschöne Sommer in diesen Feriencamps, in denen intelligente, eifrige Studenten aus aller Welt mit bedeutenden intellektuellen und akademischen Lehrern zusammentrafen. Die Diskussionen dort waren das Beste, was ich je erlebt habe.

Der bekannte schwarze Aktivist Jim Farmer und ich teilten uns ein Zimmer, und ich erfuhr, dass die Welt in seinen Augen eine weiße Enklave voller Privilegien und Vorurteile war. Der bekannte afrikanische Politker Kwame Nkrumah aus Ghana, der damals in den Vereinigten Staaten Theologie studierte, wohnte auch einmal ein paar Tage lang mit mir zusammen. Seiner Meinung nach war natürlich der Kolonialismus die Ursache für die Armut und Rückständigkeit in Afrika, und die Schuld daran trug der weiße Mann. Dann gab es noch Amiya Chakravarty, einen Professor für englische Literatur in Princeton, der lange Zeit ein enger Vertrauter von Nehru gewesen war. Ich führte angeregte Gespräche mit Amiya über meine Vorstellung, dass Individuen nicht nur deshalb moralisch überlegen oder besser werden, weil man sie verfolgt.

Einer der Höhepunkte in diesen Sommercamps war meine Freundschaft mit George Schuster, dem Präsidenten des Hunter College, einem gläubigem Katholiken, der US Militärgouverneur von Bayern gewesen war. Wir redeten stundenlang über Deutschland. Veränderten sich die Deutschen tatsächlich oder versuchten sie nur, als besiegte Nation den Besatzern zu gefallen? Ich dachte daran, wie mich als Junge die martialischen, schön illustrierten Abenteuerromane, die ich abends mit der Taschenlampe unter der Bettdecke las, fasziniert hatten. Die Geschichtsbücher für die Schule, die die amerikanische Militärregierung jetzt eingeführt hatte, würden sicher in ein oder zwei Generationen Wunder bewirken.

Ich war auch befreundet mit Max Wolff, einem Soziologieprofessor an der berühmten New Yorker New School University und Freund von Hannah Arendt, der den Begriff der «Banalität des Bösen» prägte. Unsere gemeinsame Erfahrung als Angehörige einer verfolgten Minderheit in Deutschland führte zu zahlreichen Gesprächen. Wir diskutierten die Rassentrennung in Amerika und den Kampf der Schwarzen um Gleichberechtigung, redeten über stalinistische Verfolgung und die Feindschaft zwischen Israelis und Arabern. Gemeinsam mit ihm erforschte ich, dass Anhänger bestimmter Kulte oder Religionen im Namen der Glaubenstreue Dinge tun, die sie nie tun würden, wenn sie sich als Individuen nur von den zehn Geboten leiten ließen. «Gruppendenken», stellten wir fest, steht über dem individuellen Bewusstsein, verschleiert Verbrechen als Pflicht und Hass als Patriotismus. Die wissenschaftliche Disziplin und historische Strenge, mit der meine akademischen Freunde diese Themen beleuchteten, verstärkte meine alte Abneigung gegen orthodoxe Religionen und ethnische Trennung. Mir wurde immer klarer, dass ich mit Menschen, die zu wissen glauben, was für andere richtig ist, nichts anfangen konnte. Damals wie heute träume ich von einer menschlichen Gesellschaft, zu der alle Menschen mit gutem Willen, gleich welcher Herkunft, gehören.

Die Sommer im Quäkercamp waren wundervoll, aber sie nahmen unweigerlich ein Ende, und ich musste wieder zurück an die Universität. Einige junge Psychiater, mit denen ich mich vor dem Krieg angefreundet hatte, hatten mittlerweile geheiratet und Kinder bekommen. Sie luden mich häufig ein und forderten mich auf, auch meine jeweilige Freundin mitzubringen. Hinterher bekam ich dann kostenlos ihre Einschätzung über die Persönlichkeit der Mädchen, über die verborgenen Aspekte meiner Beziehungen und meinen Geschmack in Bezug auf Frauen. Ein Psychoanalytiker hielt mir sogar einen Vortrag im Auto meiner damaligen Freundin, einer Anwältin, während sie uns zu seinem Haus fuhr. Freudianer taten so etwas nicht. Bei ihnen saßen die Männer am Steuer, auch wenn das Auto der Frau gehörte.

Ein Ehepaar aus meinem Freundeskreis – beide Psychoanalytiker – besaß Katzen. Als ich einmal dort zu Besuch war, beschlossen sie, ihre geliebte siamesische Katze mit einem extra für diesen Zweck angeheuerten Kater zu paaren. Nach einigen Martinis und ausgiebigen freudianisch-analytischen Spekulationen über das sexuelle Verhalten von Katzen – das männliche Tier lief ständig vor dem Weibchen davon – stellten wir fest, dass der Kater gar keiner mehr war. Er war kastriert. Wieder einmal lernte ich, dass die einfachsten Erklärungen oft die besten sind.

Auch an der Universität gab es ulkige Geschichten. Einmal musste ich für einen Test in Mechanik eine Brücke entwerfen. Damals arbeiteten die Ingenieure noch mit Rechenschiebern. Ich stellte lange, komplizierte Berechnungen an, vertat mich aber im Endergebnis um eine Stelle hinter dem Komma, und der Professor gab mir eine Sechs. Erbost ging ich zu ihm und erklärte ihm, es handle sich doch nur um eine Stelle hinter dem Komma und alles andere sei korrekt. Er sagte: «Sonnenfeldt, durch Ihren Fehler wäre eine echte Brücke eingestürzt.» Unbeirrt erwiderte ich: «Ja, Sir, aber in der Realität würde ich auch nie eine Brücke in vierzig Minuten mit einem Rechenschieber entwerfen.» Daraufhin korrigierte er seine Note nach oben.

In meinem letzten Studienjahr gab es die Gelegenheit, bei einem nationalen Wettbewerb, der jährlich vom Institute of Electrical Engineers veranstaltet wurde, einen Entwurf einzureichen. Als ich den Biographien der Preisrichter entnahm, dass sie alle keine Radioingenieure (wie man damals die Elektroingenieure nannte) waren, beschloss ich, meinen Entwurf eines Instruments für die Ortung verborgener elektrischer Leitungen einzureichen. Ich nutzte dieses Gerät bereits mit einigem Erfolg, hatte es allerdings noch nirgendwo vertreiben können. Wie ich vermutet hatte, ging es bei allen anderen Einsendungen um abgelegene Aspekte spezieller elektronischer Schaltkreise, von denen die Jury keine Ahnung hatte. Mein Vorschlag hingegen war so bodenständig, dass die Preisrichter ihn sofort verstanden und ihn deshalb mit dem ersten Preis auszeichneten.

Zur gleichen Zeit wurde ich wegen meiner Beiträge in der Universitätszeitung, meiner Aktivitäten als Weltföderalist und der Gründung des Internationalen Clubs an der Johns Hopkins in die Studentenverbindung Omega Delta Kappa gewählt. Im Club hielten bekannte Persönlichkeiten Vorträge über weltpolitische Themen, die anschließend diskutiert wurden. Er stand Studenten aller Nationalitäten und Rassen offen, darunter auch Studenten vom Morgan State College, damals eine Universität nur für Schwarze. Einer von ihnen war Zeno, ein wunderbarer, fröhlicher Mann aus St. Lucia in der Karibik. Wir wurden gute Freunde. Er kannte ein paar Nachtclubs in Baltimore, in denen Calypso Musik gespielt wurde, die ich liebte. Durch ihn lernte ich zahlreiche andere Schwarze kennen, mit denen ich mich anfreundete, was in Baltimore im Jahr 1947 äußerst selten vorkam. Trotz seiner geographischen Lage im Norden von Washington, D.C., war Baltimore eine sehr südliche Stadt, und Schwarze hatten noch lange nicht die gleichen Rechte wie weiße Bürger. Sie durften nur im Kellergeschoss der Kaufhäuser einkaufen, und in den Zügen gab es getrennte Waggons für sie. Einmal ging ich mit Zeno in die Bar des Hotels Belvedere, damals eines der ersten Häuser am Ort. Es gelang mir nur deshalb, ihm etwas zu trinken zu bestellen, weil ich erklärte, er sei ein ausländischer Diplomat, und wir wollten doch keinen internationalen Zwischenfall provozieren.

In dieser Zeit kehrte auch mein Bruder Helmut von seinem Dienst als CIC-Agent in Deutschland zurück und schrieb sich an der Johns Hopkins für Politikwissenschaften ein.

Schon damals bewies er die ausgeprägten sozialen Fähigkeiten, die ihn später im diplomatischen Dienst so rasch Karriere machen ließen. Im Gegensatz zu mir war er nämlich in der Lage, bei meinen Eltern zu wohnen.

Ich hatte jetzt eine Wohnung in der Stadt und besuchte meine Eltern am Wochenende. Ab und zu übernachtete ich sogar dort. Meine Mutter war morgens immer munter wie eine Lerche, während man mich am besten in Ruhe ließ. Zum Frühstück gab es für jeden immer eine halbe Grapefruit, die sie bereits am Abend zuvor aufgeschnitten und mit Zucker bestreut hatte. Wenn mich niemand sah, gab ich frühmorgens einen Schuss Gin auf meine Grapefruithälfte, um die mütterliche Tatkraft beim Frühstück besser überstehen zu können. Einmal jedoch wurden die Hälften verwechselt und meine Mutter meinte, ihre Grapefruit sei gegoren. Ich bot ihr an, sie mit meiner zu tauschen, aber das wollte sie nicht. Und kurz darauf war sie noch munterer als jemals zuvor.

Meine Eltern hatten nur ein Telefon, das für die Praxis und für private Anrufe gleichermaßen genutzt wurde. Eines Sonntags saßen wir gerade beim Frühstück, als das Telefon klingelte. Noch bevor jemand den Hörer abnehmen konnte, meinte meine Mutter: «Das ist euer Onkel Hans aus New York.» Aber es war jemand anderer. Den ganzen Tag über läutete das Telefon, und jedes Mal wiederholte Mutter ihre Prophezeiung. Am Nachmittag schließlich, nachdem das Telefon ungefähr fünfzehn Mal geläutet und meine Mutter immer wieder das Gleiche vorausgesagt hatte, rief schließlich mein Onkel Hans an. Und Mutter erklärte: «Seht ihr, was habe ich euch gesagt?»

Nachdem Mutter die notwendigen Prüfungen abgelegt hatte, um als Ärztin arbeiten zu können, kaufte sie sich ein Auto, einen Hudson Coupé. Als sie stolz damit nach Hause kam, verkündete mein Bruder, er ginge jetzt in den Eisenwarenladen. Als wir ihn erstaunt fragten, was er denn dort wolle, meinte er, er würde eine

Säge kaufen und damit die Spitze des Auspuffs an Mutters neuem Auto absägen. Das war eine Anspielung auf die Entdeckung meiner Mutter, dass man von ihr als Geburtshelferin erwartete, dass sie die Neugeborenen beschnitt. In Deutschland war das nicht üblich gewesen, dort wurden kleine Jungen normalerweise so belassen, wie die Natur sie geschaffen hatte. Im Gegensatz zur religiösen Zeremonie, bei der die Gefahr eines zu großen Schnitts besteht, wird die chirurgische Beschneidung mit einem Instrument durchgeführt, das lediglich das Risiko eines unvollständigen Schnitts birgt. Bevor sie ihr neues Auto kaufte, hatte Mutter mit diesem Instrument an Penis-Attrappen geübt. Offensichtlich hatte unsere Familie die Verfolgung durch die Nazis überwunden.

Die Zeit verging. In meinem letzten Jahr an der Johns Hopkins mussten wir die so genannte Corliss-Dampfmaschine testen. Obwohl wir ermahnt worden waren, vorsichtig damit umzugehen, machte ich versehentlich einige Teile dieser altehrwürdigen Maschine kaputt. Meine Kommilitonen, die den Test noch nicht gemacht hatten, waren begeistert. Obwohl der Dozent sein liebstes Folterwerkzeug verlor, bekam ich nur einen Verweis, da er jetzt ein neues Experiment entwickeln konnte, was er seit zehn Jahren schon nicht mehr getan hatte.

Eine Aufgabe in unserer Ingenieursausbildung bestand darin, den Kohlenhaufen im Heizungsraum der Universität zu beobachten. Mit Messgeräten ausgestattet, betrachteten wir den unregelmäßig geformten Berg aus allen Perspektiven, um sein Volumen und daraus sein Gewicht zu bestimmen. Danach mussten wir langatmige Berechnungen anstellen, die zahlreiche Möglichkeiten für arithmetische Fehler boten. Der Leiter der Heizanlage kannte mich noch aus meiner Zeit als Elektriker und erzählte mir, der Professor wisse die richtige Antwort auch nur, weil er sich die Lieferscheine angeschaut habe. Ganz zufällig ließ er sie auf seinem Schreibtisch liegen, als ich in seinem Büro war. Natürlich verglich ich sie nur mit meinen eigenen Zahlen, aber ich fand trotzdem, dass dieses Beispiel bewies, dass man auch im Ingenieurwesen die besten Ergebnisse auf dem direktesten Weg erzielt.

Auszeichnung als «Outstanding Alumnus», Johns Hopkins University, Juni 1999; v.l.n.r.: Tochter Ann, Richard, Ehefrau Barbara und die Söhne Larry und Michael

Schließlich kam das Abschlussexamen. Noch Jahre hinterher durchlebte ich in Alpträumen meine Angst durchzufallen. Aber glücklicherweise bestand ich, und das College lag auf einmal hinter mir.

Die Johns Hopkins Universität hatte mich aufgenommen, obwohl ich keinen High-School-Abschluss vorweisen konnte, und ließ mich beweisen, dass ich einen solchen auch nicht brauchte, um mein Studium erfolgreich abzuschließen. Lange Zeit nach meinem Examen hatte ich keinen Kontakt zur Universität, bis ich in das National Advisory Council der Ingenieursfakultät und in ein ähnliches Gremium, das zur medizinischen Fakultät gehörte, berufen wurde. In den letzten zwanzig Jahren war ich mit der «Hopkins» eng verbunden, und mir wurde die Ehre zuteil, beim fünfzigsten Jahrestag meines Examensjahrgangs zum «Outstanding Alumnus» ernannt zu werden. Ein Jahr später wurde mir die Bronk Medal (benannt nach dem Rektor der Universität) für hervorragende berufliche Leistungen verliehen.

An solche Ehrungen jedoch dachte ich 1949 noch nicht. Ich hatte es eilig, endlich als Ingenieur zu arbeiten, wenn auch für einen Lohn, der viel geringer war als das Gehalt, das ich als Elektrikermeister verdient hatte. Nun, ich wusste immer, dass ich jederzeit wieder Leitungen legen und Geräte anschließen konnte, wenn es mit dem Ingenieurberuf nicht klappen sollte.

8. Leben in Amerika

Hochzeitsbild mit Shirley Claire Aronoff, 23. Dezember 1949

Am 14. Juni 1949 trat ich meine erste Stelle nach dem Examen bei der Radio Corporation of America, später RCA, in Camden an. Wie bereits befürchtet, war mein Anfangsgehalt viel niedriger als das, was ich sechs Jahre zuvor als Elektrikermeister verdient hatte, aber meine Freunde und Professoren rieten mir, das Angebot anzunehmen, da die RCA damals als weltweit führendes Elektronikunternehmen galt. Ende der vierziger Jahre ging man noch davon aus, dass man ein ganzes Leben lang bei ein und derselben Firma blieb.

Zuerst einmal jedoch machte ich Ferien und wanderte mit einer Freundin von Portland, Maine, nach Keene, New Hampshire. Wir übernachteten in Bed&Breakfast-Pensionen, die alle entweder von einer Mrs. Murphy oder einer Mrs. Sullivan geleitet wurden, die zwar neugierig guckten, aber nie eine Frage stellten. Danach fand ich mich, sonnenverbrannt, mit Blasen an den Füßen, Träumen im Kopf und einem neuen Anzug bei meinem neuen Arbeitgeber, der RCA, ein. Direkt nebenan lag die Campbell Suppen-Fabrik. Im Sommer roch es in der ganzen Gegend oft nach verfaultem Gemüse, vor allem, wenn ein überladener Truck mal wieder eine Ladung Tomaten verloren hatte. Eine Klimaanlage gab es nur in dem Gebäude, in dem sich das Büro des Vizepräsidenten und ein kleiner Konferenzsaal befanden.

Ich konnte es kaum erwarten, mich an die Arbeit zu machen. Trotz der schäbigen Umgebung war das hier doch ein echtes Unternehmen, in dem unter anderem Radio- und Fernsehempfänger erfunden und gebaut wurden.

Lassen Sie mich jetzt ein wenig von meinem Privatleben erzählen. Am 3. Juli 1949, meinem sechsundzwanzigsten Geburtstag, hatte ich Shirley Claire Aronoff kennen gelernt. Sie war an jenem Tag als Freundin meines Bruders zu uns gekommen, aber für uns beide war es Liebe auf den ersten Blick. An ihrem Geburtstag, am 16. Oktober, als wir erst vier Wochenenden miteinander verbracht hatten, gestanden wir uns unsere Liebe und beschlossen, am Tag vor Weihnachten zu heiraten.

Unsere Familien waren nicht gerade begeistert. Shirley kam aus einer russisch-jüdischen Familie und ich aus einer deutsch-jüdischen. Damals stießen solche Verbindungen auf Unverständnis. Shirleys Mutter fiel sofort eine Kusine ein, die einen Ingenieur geheiratet hatte, der nicht in der Lage war, seiner Braut ein von materiellen Sorgen unberührtes Leben zu bieten. Meine Mutter fragte mich, ob David Sarnoff, der berühmte Geschäftsführer von RCA, nicht unverheiratete Töchter hätte (was der Fall war). Als sie hörte, dass der Vater meiner Braut Glaser war und ihre Mutter nie die High School abgeschlossen hatte, bekam sie auf der Stelle einen so heftigen Migräneanfall, dass sie sich ins Bett legen musste.

Als Shirley und ich dann meine Eltern über die bevorstehende Hochzeit unterrichteten, wollte meine Mutter sie gerne kennen lernen. Sie lud uns zum Tee ein und backte sogar einen Kuchen, um Shirley in aller Ruhe ausfragen zu können. Aber Shirley drehte den Spieß um und ließ stattdessen meine Mutter von sich erzählen, was mein Vater lachend zur Kenntnis nahm. Schließlich fügte sich meine Mutter in das Unvermeidliche und zwei Monate nach unserer Heirat war sie bereits so weit, dass sie sich fragte, ob ich überhaupt gut genug war für Shirley.

Aus Shirleys großer Familie in Baltimore legte sich nach unserer Verlobung zwar niemand mit Migräne ins Bett, aber viele Verwandte waren erbost über unsere Verbindung. Ich war ein deutscher Jude, ein «Deitscher» oder «Yekke», und, was noch schlimmer war, meine Ablehnung traditioneller religiöser Riten jagte ihnen die schlimmsten Ängste ein: «Was sollen denn die *goyim* (dieses schreckliche Wort für Nichtjuden) denken, wenn sie herausfinden, dass du nicht zu jüdischen Gottesdiensten gehst?», fragten sie. Nicht zum ersten Mal stellte ich fest, dass Juden, die sich ihr eigenes Ghetto schaffen, denken, jeder müsste sich so verhalten wie sie selbst, um von der übrigen Welt, von der sie gar keine Ahnung haben, geachtet zu werden.

Der Brooklyner Zweig von Shirleys Familie war erleichtert, dass ich kein typischer WASP (White-Anglosaxon-Protestant), Schwarzer oder Hindu war. Mit einem deutschen Juden konnten sie sich abfinden, zumal Shirleys Vetter, Henry Wallman, in Princeton Einsteins Assistent gewesen war. Shirleys Onkel Benny war Klempner und Onkel Willy war Taxifahrer. Beide lebten in einer voll gestopften Wohnung mit ihrer verheirateten Schwester Jennie zusammen, einer Politikerin der New York Democratic Party, die eine Stimme wie ein Nebelhorn und einen weit ausladenden Busen hatte, der viel Raum für ihr wundervoll großzügiges Herz bot. Später merkte ich, dass man auf diesem horizontal vorstehenden Busen wunderbar Babys ablegen konnte.

Onkel Willy fragte mich, wo ich wohnte, und ich sagte: «In South Jersey.» Willy nickte verständnisvoll. Für ihn waren Newark und Jersey, die gerade mal fünf Meilen entfernt von Brooklyn auf der anderen Seite des Hudson lagen, der tiefste Süden.

In New York stellte ich Shirley meinem Onkel Hans und seiner Frau, Tante Lotte, vor, die immer noch in Washington Heights, diesem selbst ernannten deutsch-jüdischen Ghetto, wohnten. Hans fristete ein ärmliches Dasein als Buchhalter. Tante Lotte, die früher in Berlin so eifrig die Künste gefördert hatte, nähte Büstenhalter für einen Halsabschneider. Als ich meine Braut vorstellte, holte Onkel Hans ein vergilbtes Foto eines bärtigen Mannes aus einem Schrank. «Das», sagte er, «ist mein Großvater. Ostpreußische Juden haben ihn schlafend auf einem Feld gefunden, weil er dem Zwangsdienst in der Armee des Zaren entflohen war.»

Danach besuchten wir Hans Hesse, meinen alten Freund aus Gardelegen, der jetzt praktischer Arzt in Washington Heights war. Seine Frau Loscha verkündete sofort, dass ihre Vorfahren «polnische Juden» seien. Sie tischte uns ihre köstliche Zervelat- und Mettwurst auf, obwohl wir gar keinen Hunger hatten. Aus Höflichkeit jedoch aß auch Shirley ein wenig und hatte damit bei Loscha sofort einen Stein im Brett.

Unsere Hochzeit fand am 23. Dezember 1949 im Wohnzimmer des bescheidenen Heims meiner Schwiegermutter in der Belle Avenue in Baltimore statt. Ein paar Monate vor unserer Verlobung war Shirleys Vater ganz plötzlich gestorben, und seine Frau war finanziell nicht allzu gut gestellt.

Shirley wollte unbedingt eine religiöse Zeremonie, und so standen wir vor zwei Rabbis, hinter denen ein großer Spiegel aufgebaut war. Einer von ihnen hatte bereits die Hochzeitszeremonie für Shirleys Eltern vollzogen. Der andere war Shirleys Großonkel Jerome aus Nashville, ein Reformrabbiner, der darauf bestanden hatte teilzunehmen. Als ich in den Spiegel hinter den beiden blickte, sah ich mehr Tränen als fröhliche Gesichter, und fragte mich, warum sie alle weinten. Oder waren das etwa jüdische Freudentränen? Meine Eltern allerdings, die mit einigen alten Freunden aus Deutschland zusammensaßen, wirkten glücklich.

Plötzlich brach Kantor Weisgall in das traditionelle Geheul aus, das ich bei Hochzeiten immer so seltsam finde. Gerade als ich den Ring an Shirleys Finger stecken wollte, stimmte auch Onkel Jerome ein. Sollte das jetzt ein Segen oder eine Warnung sein? Er hörte auf, als er sah, dass ich erwartungsvoll den Ring in der Hand hielt, und Kantor Weisgall sagte: «Sprich mir nach! Mit diesem Ring...» Danach tranken wir einen Schluck Wein, und ich trat auf das Glas, um es zu zerbrechen. Onkel Jerome sprach einen langatmigen Segen, Kantor Weisgall ebenfalls, bis sie beide schließlich von ihrem Duett – oder Duell – völlig erschöpft waren. Offensichtlich waren sie so wild darauf, uns ordentlich zu verheiraten, dass sie gar nicht merkten, wie sehr sie die Hochzeit unnötig in die Länge zogen.

Nach einem kurzen, wundervollen Essen wurde Shirley von allen geküsst – ich zum Glück nur von den weiblichen Familienmitgliedern –, und dann fuhren wir in meinem Auto nach New

York in das Hotel St. Moritz, um dort unsere Flitterwochen zu verbringen.

Als ich nach meiner Hochzeit wieder zur Arbeit ging, wurde mir nach Ablauf der halbjährigen Probezeit zu meiner großen Überraschung eine der begehrtesten Stellen für Berufsanfänger angeboten. Ich wurde ein Mitglied des Teams, das für RCA das Farbfernsehen entwickelte. Von Anfang an hatte ich fantastische Mentoren, die sich alle erdenkliche Mühe gaben, junge Talente zu erkennen und zu fördern, und ich war wild entschlossen, mein Bestes zu geben und rasch voranzukommen, da ich durch Hitler und den Krieg so viel Zeit verloren hatte. Für meine Frau war das neue Leben jedoch nicht so leicht. Wir wohnten in einer trüben Gegend, ungefähr fünf Meilen von meinem neuen Arbeitsplatz entfernt. Etwas Besseres konnten wir uns nicht leisten, und als Shirley die Wohnung zum ersten Mal sah, wischte sie sich verstohlen eine Träne von der Wange. Nachdem wir ein paar Tage darin gewohnt hatten, hob ich den zerschlissenen Teppich an, weil sich der Boden so weich anfühlte, und stellte fest, dass ein Loch in den verfaulten Dielen mit zerknülltem Zeitungspapier ausgestopft worden war. Aber das war noch nicht einmal das Schlimmste für Shirley. Weil wir bei der Entwicklung des Farbfernsehens in einem extremen Konkurrenzkampf mit der Firma Columbia standen, musste ich zwölf Stunden am Tag, sechs Tage in der Woche arbeiten, und dadurch war meine Frau in dieser seltsamen, schäbigen Umgebung ohne Führerschein dazu verdammt, das Leben einer Einsiedlerin zu führen. Daran, dass sie trotzdem bei mir blieb, merkte ich, wie sehr sie mich liebte.

In den ersten vier Wochen nach meiner Probezeit setzte ich mich intensiv mit den bereits vorliegenden technischen Ideen von RCA für das Farbfernsehen auseinander. Daraufhin schlug ich vor, die Empfänger extrem zu vereinfachen. Ich weiß bis heute nicht, ob mich meine Chefs nur gewähren ließen, um mir meine Arroganz auszutreiben, oder ob sie mir eine ehrliche Chance geben wollten. Auf jeden Fall erlaubten sie mir, einen ganz neuen Farbfernsehempfänger zu entwickeln, und unterstützten mich in jeder nur möglichen Weise. Dabei konnte ich von allen Ingenieuren bei RCA die höchste Anzahl von Patenten auf meinen Namen anmelden. Nach sechsmonatiger Arbeit in Tag- und Nachtschicht erwies sich das Gerät zum Erstaunen aller als tauglich, und ich wurde unvermittelt vom Jungingenieur auf die oberste Gehaltsstufe befördert: Auf einmal verdiente ich achttausend Dollar im Jahr, was damals ungeheuer viel Geld für mich war. Ich war sehr bemüht, das große Vertrauen, das man mir entgegengebracht hatte, nicht zu enttäuschen, und arbeitete immer fleißig weiter.

Glücklicherweise fand auch Shirley als ausgebildete Bakteriologin in dieser Zeit eine Stelle in Philadelphia, am berühmten Wismar Institute, das von dem Nobelpreisträger Dr. Szent Georgy, dem Entdecker des Vitamin B, geleitet wurde. Jetzt waren ihre Tage ausgefüllt, und sie kam aus unserer elenden Wohnung heraus, zumal ich nach wie vor zehn bis zwölf Stunden am Tag arbeitete.

Inzwischen konnten wir uns eine bessere Wohnung in Haddonfield, New Jersey, leisten. Wir kauften uns jeden Monat ein paar neue Möbelstücke, gingen ins Kino und sogar zu Konzerten in der Academy of Music in Philadelphia. Auf einmal jedoch begann Shirley zu kränkeln, sie klagte über Übelkeit und Müdigkeit und war ganz anders als sonst. Als ich schließlich mit ihr zum Arzt ging, stellte dieser sofort die Diagnose «M A M A». Im April 1951 würde unser erstes Kind auf die Welt kommen.

Als der Termin näher rückte, stellten wir fest, dass wir dann gar nicht zum jüdischen «Pessach»-Fest mit dem traditionellen Gastmahl «Seder» nach Baltimore fahren konnten. Stattdessen lud uns unsere Freundin Ruth Fine, die aus einer gläubigen evangelischen Familie kommt, gemeinsam mit ihrem Mann Roy, der zwar jüdische Wurzeln hat, aber keineswegs gläubig ist, zum «Seder»-Gastmahl ein. Sie und Shirley kochten alle traditionellen Gerichte zu diesem Fest. Als ich gerade meinen ersten Matze-Knödel in den Mund stecken wollte, platzte Shirleys Fruchtblase, und wir mussten sie in die Klinik fahren. Auf dem Weg dorthin wurden wir an einem Bahnübergang auch noch von einem Frachtzug, der mit mindestens hundert Autos beladen war, aufgehalten. Ich war furchtbar nervös, aber Shirley blieb erstaunlich ruhig. Im Krankenhaus erklärte mir Dr. Klingensmith, ihr Gynäkologe, ich solle am besten wieder nach Hause fahren, «weil es noch eine ganze Weile dauern wird». Ich rief sofort meine Eltern an, um ihnen die Neuigkeit mitzuteilen, und meine Mutter, ganz die erfahrene Frauenärztin, sagte zu mir: «Mach dir keine Sorgen, es sind nur Ammenmärchen, dass Babys tot geboren werden, wenn die Fruchtblase gleich zu Beginn platzt.» Ich dankte ihr für diese interessante Information, aber bis dahin hatte ich davon wirklich noch keine Ahnung gehabt. Danach fuhr ich nach Haddonfield zurück und war gerade auf der Wohnzimmercouch der Fines eingeschlafen, als Dr. Klingensmith anrief: «Sie sind der Vater einer wunderhübschen Tochter!»

Hastig zog ich mich an und fuhr wieder nach Philadelphia zu meiner Frau und meiner Tochter – Ann Elizabeth, MEINE TOCHTER!! Eine Woche später holte ich die beiden nach Hause.

Wir engagierten eine Kinderkrankenschwester, die uns beibrachte, wie man mit einem Säugling umging. Dann bekam Shirley einen riesigen Abszess in der Brust und musste operiert werden. Als sie wieder aus dem Krankenhaus kam, hatte sich ein ähnlicher Abszess bei unserer kleinen Ann entwickelt, offenbar keine ungewöhnliche hormonelle Reaktion bei Mädchen. Auch sie wurde operiert, von einem plastischen Chirurgen, damit keine entstellende Narbe zurückblieb. Kurz darauf kam Shirleys Abszess wieder, und sie musste erneut operiert werden. In dieser Zeit wohnte meine Schwiegermutter bei uns, um uns den Haushalt zu führen und sich um das Baby zu kümmern, während ich arbeitete. Nachts jedoch war ich an der Reihe, und fast vier Wochen lang kümmerte ich mich jede Nacht um mein kleines Mädchen, fütterte sie, wechselte ihr die Windeln und liebte sie.

Für Eltern mit dem ersten Kind war dies ein beschwerlicher Start. Gott sei Dank hatte ich mittlerweile keine Achtzig-Stunden-Woche mehr, sondern einen mehr oder weniger geregelten

Acht-Stunden-Tag. Als Ingenieur der «Ersten Klasse», der ich jetzt war, konnte ich mir aussuchen, an welchem Projekt ich arbeiten wollte.

Bald darauf musste Shirley Auto fahren lernen. Eines Tages saß sie am Steuer, ich neben ihr und Baby Ann in einer Trage auf dem Rücksitz, als der Wagen auf einem unbeschrankten Bahnübergang stehen blieb. Während in der Ferne schon der Zug pfiff, versuchte sie vergeblich, ihn wieder zu starten. Ich rannte rasch zur Fahrerseite, und glücklicherweise gelang es mir, den alten Hudson wieder zum Laufen zu bringen. Uns beiden war klar, dass wir jetzt endlich ein neues Auto haben mussten. Unser nächster Wagen war einer dieser sensationellen Studebakers, die vorne und hinten aussahen wie ein Torpedo, mit viel Chrom und grau, grün und braun gestreiften Nylonsitzen. Das Nylon war besonders wichtig, weil es unserer Tochter im Auto immer schlecht wurde.

Ich arbeitete weiter an der Entwicklung und Verbesserung von Farbfernsehern bei RCA, und auch unsere Familie entwickelte sich weiter. 1952 kam Lawrence zur Welt und 1955 Michael. Shirley war mittlerweile nur noch Mutter und Hausfrau, und ich hatte als Ingenieur eine reguläre Vierzig-Stunden-Woche. Wir kauften ein Einfamilienhaus in Haddonfield, New Jersey, und ich machte, wie viele meiner Kollegen, die damals auch gerade ihr erstes Haus bezogen, den Innenausbau selber.

Zeitgleich mit unserem Umzug wurde ich auch zum «AA-Ingenieur» befördert, das heißt, ich wurde ein «beratender» Ingenieur. Das war die höchste Stufe auf der Karriereleiter, die nicht von vielen Ingenieuren erreicht wurde, und wenn überhaupt, dann meist erst nach zehn oder mehr Jahren hervorragender Tätigkeit. Ich hatte es in weniger als drei Jahren geschafft.

In dieser Phase meiner beruflichen Laufbahn erhielt ich zwei Preise: 1950 für die Entwicklung des Farbfernsehens und 1956 für hervorragende Leistungen in der Fernsehtechnik den Award of Merit, der bei der RCA beinah nie an Ingenieure ging.

Meine Eltern hatten mittlerweile ihre Praxen geschlossen und waren beim Springfield State Hospital angestellt, einem riesigen Klinikkomplex für psychisch Kranke. Sie bewohnten dort ein Häuschen auf dem Grundstück. Damals war es üblich, dass die Ärzte ambulante Patienten als Hausangestellte beschäftigten. Darunter war auch eine nette Frau mit einem Kindergesicht, die ihrem Mann die Kehle aufgeschlitzt hatte, als sie ihn in den Armen einer anderen Frau antraf. Wir baten meine Eltern inständig, sie nicht mit den Kindern allein zu lassen, aber sie erklärten uns, sie liebe Kinder und sei keine Gefahr für sie.

Wenn ich dort zu Besuch war, überprüfte ich auch immer die Limousine meines Vaters, weil er von Mechanik überhaupt keine Ahnung hatte. Einmal stellte ich fest, dass der zweite Gang nicht funktionierte. Als ich Vater davon berichtete, erklärte er mir, das wisse er, aber er habe gedacht, er würde sich schon wieder erholen. Einmal ein Arzt …

Schließlich heiratete auch mein Bruder Hal, der gerade seinen kometenhaften Aufstieg im State Department begonnen hatte, Marjorie Hecht, die meine Mutter als Erbin einer prominenten deutsch-jüdischen Familie betrachtete. Also gab es in diesem Fall keine Migräne. Shirley und ich liebten Marjorie, und wir wurden enge Freunde.

Unsere Familien besuchten einander häufig. Die Kinder suchten gemeinsam Ostereier, und wir machten Ausflüge in den Zoo und nach Washington.

1955 wurde meine Mutter wegen Brustkrebs operiert. Zwei Jahre lang ruhte die Krankheit, aber dann bekam sie Metastasen in der Wirbelsäule und hatte unerträgliche Schmerzen. Auch bei meinem Vater, der nie in seinem Leben krank gewesen war, wurde im Januar 1958 Krebs im Endstadium festgestellt. Er starb innerhalb weniger Wochen, aber in seinen klaren Momenten sorgte ich dafür, dass er wusste, wir würden für meine Mutter sorgen.

Auf der Beerdigung sagte meine Mutter: «Alle haben erwartet, dass sie mich beerdigen würden, und jetzt habe ich ihn noch überlebt.» Ann, die mittlerweile sechs war, und der dreijährige

Michael fuhren mit Shirley nach New Jersey zurück, aber Larry, der damals fünf war, bestand darauf, bei seiner Großmutter zu bleiben und sie zu trösten, während ich mich um einen Pflegeplatz für sie kümmerte. Dieses Mitgefühl anderen gegenüber ist eine der herausragenden Fähigkeiten meines Sohnes, und es war erstaunlich, wie viel Trost der kleine Junge seiner Großmutter spenden konnte.

Ich setzte durch, dass meine Mutter ihre letzten Monate im Johns Hopkins Hospital verbringen konnte, das normalerweise keine chronisch Kranken aufnahm. Zwei Mal in der Woche verließ ich mein Büro schon um drei Uhr nachmittags und fuhr nach Baltimore, um sie zu besuchen. In ihren letzten Tagen veränderte Mutter sich auf erstaunliche Weise und wurde zu einer lieben, dankbaren und einsichtigen Frau. Sie sagte mir, wie viel es ihr bedeutete, dass ich mich um sie kümmerte. Vor ihrem Tod schrieb sie mir einen Brief, in dem sie ihrer Liebe und Bewunderung für mich Ausdruck verlieh. Nach ihrem Tod erzählte mir der Rabbi, der ihr Beichtvater geworden war, dass sie angesichts des Todes auf einmal begriffen habe, wie anmaßend ihr Verhalten manchmal gewesen sei.

Mittlerweile war ich mit meiner Karriere weiter gekommen, als ich es je für möglich gehalten hätte, und es wurde mir langweilig, nur im technischen Bereich zu arbeiten. Ich besorgte mir einige Management-Bücher aus der Universitätsbibliothek, und nachdem ich sie gelesen hatte, war ich fest entschlossen, Manager zu werden. Nach ursprünglich großem Widerstand meiner Abteilung, die nur mit Radio, Fernsehempfängern und Plattenspielern zu tun hatte, gelang es mir, einen Job als Manager in einem anderen Zweig des Unternehmens RCA zu bekommen. Dort beschäftigte man sich mit Computern und medizinischen Geräten. Ich wurde zum Leiter der Technischen Entwicklung ernannt.

In dieser Funktion erregte ich das Interesse des Vorsitzenden von RCA, dem daran gelegen war, bahnbrechende Computer für den industriellen Gebrauch zu entwickeln. Diese Geräte waren ihrer

Zeit weit voraus, weil wir sie «fail safe» machten, das heißt, wir wollten sicherstellen, dass die Benutzer stets auf eine sichere Ebene zurückfinden konnten, selbst wenn Fehler im System auftraten. Damals war dies unerhört fortschrittlich. Und tatsächlich konnten wir unser Ziel realisieren. Leider verkauften sich diese fabelhaften Maschinen nicht sofort, und deshalb bat man mich im Sommer 1961, nach Europa zu fliegen, um in Frankreich, Deutschland und England Firmen für unsere Computer zu interessieren. Ich beschloss, Shirley mitzunehmen. Wir landeten in Orly, damals noch der Hauptflughafen von Paris, und fuhren sofort in das Hotel, das von der RCA-Niederlassung in London für uns gebucht worden war. Es war grauenhaft! Das Zimmer war hässlich, und in dem winzigen Badezimmer gab es nur ein kleines Waschbecken, das unvermeidliche Bidet und eine Dusche, aus der das Wasser nur äußerst spärlich tröpfelte. In den umliegenden Zimmern herrschte anscheinend lebhafter Betrieb, und langsam dämmerte mir, dass wir offensichtlich in einem Stundenhotel abgestiegen waren. Und dabei war ich das erste Mal mit meiner Frau auf Europareise! Während Shirley in meinen Armen schluchzte, versprach ich ihr, gleich am nächsten Morgen ein neues Hotel für uns zu suchen.

Kurz entschlossen steuerten wir am nächsten Tag das altehrwürdige Claridge an den Champs-Élysées an, aber der Empfangschef sagte nur: «Pas de chambres, Monsieur, rien.» Ich erinnerte mich an die Invasion in Südfrankreich, zog eine Hundert-Franc-Note, die damals etwa dreißig Dollar wert war, aus meiner Brieftasche und erwiderte in meinem besten Französisch: «Können Sie mir denn eins der Zimmer, die Sie nicht haben, zeigen?» «Ah, naturellement, Monsieur», antwortete der Empfangschef! In einem Badezimmer, das größer war als unser Wohnzimmer zu Hause, drehte ich den Wasserhahn auf, und als das Wasser in einem dicken Strahl herausschoss, wurden wir uns rasch einig.

Während ich einige französische Firmen besuchte, besichtigte Shirley die Stadt. An den Abenden gingen wir ins Moulin Rouge, in die Gaietée Parisienne und sogar in die Oper. Dann fuhren wir im Schlafwagen von Paris nach Köln. Unvergesslich wird mir der Schaffner bleiben, der uns einen Nachttopf ins Abteil brachte, damit wir nicht über den Gang zur Toilette gehen mussten. Im Morgengrauen überquerten wir die Grenze nach Deutschland, was vor allem daran genau zu erkennen war, dass hier im Gegensatz zu Frankreich überall die Bettwäsche zum Lüften aus den Fenstern hing.

Der Zug schlängelte sich am Rhein entlang, vorbei an Feldern und Orten, wo wir 1945 noch gekämpft hatten. Alles sah blitzblank und wie aus dem Ei gepellt aus, so als habe es nie einen Krieg gegeben. Vom Zugfenster aus erlebten wir das deutsche «Wirtschaftswunder». Es war kaum zu glauben, dass in knapp fünfzehn Jahren alle Spuren des verlorenen Krieges so gründlich beseitigt worden waren.

In Köln ließ ich Shirley bei Vorkriegsfreunden meiner Eltern, während ich meinen Geschäften in Düsseldorf nachging. Freitagabend kehrte ich wieder zurück, und am Samstagmorgen frühstückten wir erst einmal ausgiebig, während unsere Bekannten sich auf den Weg in ihr Geschäft machten. Als wir später aufbrachen, um Geschenke einzukaufen, hatte ich keine Lust, den schweren Schlüsselbund mitzuschleppen, und warf ihn durch den Briefkastenschlitz wieder in die Wohnung, nachdem ich die Tür hinter uns zugezogen hatte. Nur Sekunden darauf musste ich jedoch feststellen, dass ich ohne Schlüssel die Haustür des Zweifamilienhauses nicht öffnen konnte! Wir waren in der Diele eingesperrt!

Glücklicherweise war die Tür zum Keller nicht abgeschlossen. Dort waren oben an der Wand schmale Fenster mit Eisengittern, die mit Ketten gesichert waren. Ich kletterte in meinem schwarzen Business-Anzug auf die Mülltonne, öffnete eines der Fenster und löste den Riegel am Gitter, damit ich herausklettern konnte. Gerade als ich Shirley half, ebenfalls auf diesem Weg ins Freie zu gelangen, sah ich eine Dame aus der Nachbarschaft, die mich mit erschreckt aufgerissenen Augen beobachtete. Ich stammelte: «Meine liebe Frau, bekommen Sie keinen Schreck. Wir sind aus New York und das ist meine Frau. Haben Sie jemals in Ihrem

Leben einen Einbrecher mit einer Frau gesehen?» Und dann zog ich Shirley aus dem Kellerfenster herauf. Aber die Frau rannte nur stumm in ihr Haus. Eilig liefen Shirley und ich davon, wobei wir fast noch von einer Straßenbahn überfahren worden wären. Kaum waren wir um die Ecke gebogen, da hörten wir in der Ferne schon das Martinshorn des Polizeiwagens.

Unsere Freundin Claire brach übrigens in hemmungsloses Gelächter aus, als wir ihr am Abend den Vorfall berichteten. Ihr Mann Karl sagte nur immer wieder: «Wie kann ein erwachsener Mann sich nur so blöd benehmen?» Aber bei uns zu Hause wurden eben die Türen nicht abgeschlossen.

Auch in London besichtigte Shirley die Stadt, während ich arbeitete. Wir besuchten alte Freunde und Verwandte und stellten fest, dass dort die Spuren des Krieges noch überall zu sehen waren. Die Sieger hatten offensichtlich noch nicht so gründliche Arbeit geleistet wie die Besiegten.

Es war eine denkwürdige Reise, aber die geschäftlichen Resultate waren enttäuschend. Keines der Unternehmen, das ich kontaktierte, außer Siemens in Deutschland, war bereit, RCA-Computer in Lizenz zu übernehmen. Nur Siemens sah den Vorteil, dass sie mit unserer Technologie IBM-kompatibel waren. Die anderen Unternehmen träumten immer noch davon, ihre eigenen Computerprodukte herzustellen, die auf die nationalen Bedürfnisse zugeschnitten waren.

Kurz nach dem Ende meiner Reise wurde ein neuer RCA-Vorstandsvorsitzender gewählt, und wir mussten die Arbeit an unserem Projekt abbrechen. Zwischenzeitlich wurde uns jedoch für unsere technische Leistung der RCA Team Award for Computer Engineering verliehen, und ich wurde 1961 für meine Forschungsarbeit an Farbfernsehen und Computer zum Fellow of the Institute of Electric and Electronic Engineering gewählt. Meine Ambitionen aber, bei RCA ein großer Manager zu werden, waren fehlgeschlagen. Wie so oft im Leben kamen mir jedoch unvorhergesehene Umstände zu Hilfe.

Als RCA die Produktion der Computer, mit der ich begonnen hatte, einstellte, bot die Foxboro Company an (weltbekannt für Rationalisierungstechnologien), mein Projekt unter der Bedingung zu übernehmen, dass mein Team und ich für sie arbeiteten. Und dort hatten wir tatsächlich den ersehnten Erfolg! Nach drei Jahren setzten mehrere Elektrizitätswerke, Textil- und Papierfabriken sowie die weltgrößte Bäckerei unseren Computer erfolgreich ein. Das war ein technischer Erfolg, wie ihn Riesenunternehmen wie IBM und die General Electric Company nicht vorweisen konnten. Aber es war mir klar, dass solche Projekte auf lange Sicht kein Riesengeschäft sein konnten. Foxboro stellte für unser Team ein willkommenes Rettungsboot dar, und im Gegenzug hatten wir es unserem Retter ermöglicht, die industrielle Computertechnik mit großem Erfolg zu nutzen. Aber für mich war es nicht das Schiff, auf dem ich für den Rest meines Lebens segeln wollte. Allerdings lernte ich bei Foxboro eine Menge, und unser Erfolg trug auch zu meiner persönlichen Reputation bei. So schieden wir im besten Einvernehmen voneinander, und achtzehn Jahre später wurde ich sogar zum Aufsichtsratsmitglied bei Foxboro berufen.

Ich wurde Geschäftsführer bei Digitronics, der amerikanischen Niederlassung der holländischen Firma Philips, damals weltweit das führende Elektronikunternehmen. Digitronics steckte durch seine Pionierarbeit im Bereich der Datenkommunikation (die Übertragung von Computerdaten über Telefonleitungen) tief in den roten Zahlen, und Philips erwartete von mir, dass ich das Unternehmen profitabel machte, damit es als Brückenkopf für das geplante Philips-Computergeschäft in Amerika dienen konnte. Da ich als Geschäftsführer jetzt nicht mehr von der Unternehmenspolitik behindert wurde und frei agieren konnte, gelang mir das auch bald, indem ich die Datenkommunikation für fünfundzwanzig der größten amerikanischen Unternehmen übernahm – und damit war der Brückenkopf gebaut. Aber selbst nach vierjährigem Warten kamen die von Philips versprochenen Computer nie an. Dieses Riesenunternehmen wurde in Europa von der Konkurrenz IBM erdrückt, und Philips entschloss sich

Bei Foxboro, 1963; v.l.n.r.: Sohn Michael, Tochter Ann, Ehefrau Shirley, Richard, Sohn Larry

schließlich, mit großem Verlust das eigene Computerprojekt aufzugeben. Deshalb griff ich zu, als mein erster Arbeitgeber RCA mir überraschend das Angebot machte, als Vizepräsident in das Unternehmen zurückzukehren und dort eine Abteilung für Datenkommunikation aufzubauen, die ihrem schlaffen Computergeschäft auf die Beine helfen sollte. Ich kannte die Situation ganz genau und auch den Manager und die Organisation, mit der ich auf einem parallelen Gleis arbeiten sollte. Trotz dieser scheinbar viel versprechenden Aussichten und einem sehr attraktiven Angebot wurde diese Rückkehr eine große Enttäuschung für mich, weil ich wieder einmal große Hoffnungen in die Pläne eines Unternehmens gesetzt hatte, die sich letztendlich nicht verwirklichten.

Ohne mein Wissen hatte RCA, nachdem ich das Angebot zur Rückkehr angenommen hatte, einen neuen Manager für die Computerabteilung eingestellt, und von daher konnte ich nicht mit dem Mann zusammenarbeiten, den ich kannte und erwartet hatte. Der neue Manager ruinierte das Computergeschäft, und so blieb mir nichts, worauf ich aufbauen konnte.

Genau in dieser Zeit entdeckte Shirley einen Knoten in der Brust, der als bösartig diagnostiziert wurde. Ich weiß noch, wie ich vor der Operation zu ihrem Arzt fuhr, um mit ihm allein zu sprechen, und wie ich danach auf dem Parkplatz in meinem Auto saß und weinte. Weinte, weil ich an den qualvollen Tod meiner Mutter dachte, die auch Brustkrebs gehabt hatte; weinte, weil Shirley so voller Lebensfreude war und das Leben viel mehr genießen konnte als ich. Damals wünschte ich mir, es hätte mich an ihrer Stelle getroffen.

Shirley überstand die Operation hervorragend, aber der Krebs hatte sich bereits in ihrem Körper ausgebreitet. Damals gab es noch keine Chemotherapie, und selbst Bestrahlungen wurden bei ihr nicht als geeignete Behandlung angesehen. Zwei unserer Kinder waren auf dem College und auch unser Jüngster würde in Kürze dorthin gehen. Bald würden hohe Arztrechnungen zu bezahlen sein. Glücklicherweise hatte mein erneuter Wechsel zu

RCA mich in eine gute finanzielle Position gebracht, und mein Vorgesetzter, dessen Frau an Krebs gestorben war, gab mir die Möglichkeit, mich so viel wie möglich um Shirley zu kümmern.

Kurz nach Shirleys Operation machten wir mit der ganzen Familie Urlaub in Long Boat Key in Florida, gingen am Strand spazieren, lagen in der Sonne und aßen Steinkrabben mit Senf, was ich liebe. Ich machte die Bekanntschaft Willy Brandts, der damals Bundeskanzler in Deutschland war und in unserer Nähe ebenfalls Urlaub machte. Bei dieser Gelegenheit erzählte ich ihm von meinen Erfahrungen in Nürnberg. Er war ein Deutscher, der während der Hitlerzeit das tat, was sein Gewissen ihm befahl. Das Bild von Willy Brandt, wie er ergriffen am Yad Vashem in Jerusalem kniet, bleibt jedem unvergesslich, der es einmal gesehen hat.

Eines Tages segelte ich mit meinem Sohn Larry auf einem kleinen Katamaran, als das Boot ungefähr eine Meile von der Küste entfernt kenterte. Ich schaffte es zwar, es wieder umzudrehen, aber es gelang uns nicht mehr, hineinzuklettern. Natürlich trugen wir Schwimmwesten, und so sagte ich zu Larry: «Schwimm!» Ich hatte mir die Hand verletzt, und als mein Sohn das Blut sah, meinte er: «Du weißt doch, wie sehr ich Haie hasse.» «Larry», entgegnete ich, «halt den Mund und schwimm mit mir zum Strand zurück, sonst ist deine Mutter eine reiche Witwe.» In der Zwischenzeit hatte jemand schon die Küstenwache alarmiert, aber Shirley blieb ganz ruhig und meinte, sie sollten sich keine Sorgen machen, ihr Mann hätte schon alles im Griff. Einer unserer Retter, der nicht schwimmen konnte, fiel aus dem Rettungsboot und musste am Ende selber gerettet werden, während Larry und ich schon längst zum Strand geschwommen waren. Ich küsste meine Frau und meine Tochter, und dann genehmigte ich mir an der Bar einen Martini.

Während ich ihn trank, dachte ich darüber nach, dass Shirley immer für mich da war und mich mit ihrem ruhigen Selbstvertrauen stützte, und ich nahm mir vor, in Zukunft ein bisschen vorsichtiger zu sein, schließlich konnte ich nicht immer Glück haben.

Da ich die Katastrophe im Computergeschäft bei RCA vorausgesehen und Maßnahmen empfohlen hatte, wie sie zu vermeiden wäre, machte der neue Vorstandsvorsitzende mich zu seinem Chefanalysten und Planer, damit die anderen elektronischen Bereiche, die zu Gunsten der Computerabteilung vernachlässigt worden waren, neu belebt werden konnten. Das war zwar ein angesehener und auch gut bezahlter Job, aber ich war doch enttäuscht und frustriert, weil ich jetzt nur noch Berater war.

Um diese Zeit herum heiratete meine Tochter Ann. Natürlich waren wir die Gastgeber, und es war eine schöne Feier mit vielen Freunden. Shirley konnte noch tanzen, was sie so gerne tat. Kurz danach besuchten wir das junge Ehepaar in seiner neuen Wohnung, einem so genannten Loft, ehemals eine Werkstatt in Soho, einem Viertel in Manhattan. Es war ein Paradies für junge Leute, aber Shirley weinte nach dem Besuch. Unter anderem fürchtete sie die Feuergefahr in dem altem Gebäude, aber ich erklärte ihr, dass die Kinder aus dem Fenster springen könnten – die Berge von Müllsäcken, die da vor dem Haus auf dem Bürgersteig lagen, würden ihnen gewiss eine weiche Landung bescheren. Und dann lachten wir beide.

Im Jahre 1974 war das einzige wirklich neue Elektroprodukt am Verbraucherhorizont ein Video-Platten-Spieler, mit dem man Videofilme auf dem häuslichen Fernsehapparat abspielen konnte. Diesen Bereich bekam ich übertragen, um RCAs Reputation als innovatives Unternehmen zu retten.

Als ich den Job antrat, war RCAs Video-Projekt eine Ansammlung von Blütenträumen. Systematisch, aber gegen mühsamen Widerstand setzte ich mich gegen eine aufgeblasene und angeberische Forschungsabteilung durch (sie zählte mehr als hundert Diplomingenieure, Wissenschaftler und deren weltberühmte Chefs), um sie dazu zu bringen, ihre meiner Meinung nach völlig unrealistische Vorstellung von einer Video-Platte (Videodisk) dahingehend zu modifizieren, dass am Ende ein Produkt herauskam, das man in der Tat fabrizieren konnte.

Doch mittlerweile gab es schon wieder einen neuen Vorstandsvorsitzenden bei RCA, der es nicht zuließ, dass ich die Markteinführung vorbereitete. Als endlich bekannt wurde, dass mir die technische Produktentwicklung gelungen war, brachte das *Fortune Magazine*, eine der führenden amerikanischen Wirtschaftszeitschriften, eine Titelgeschichte über diesen Vorstand, in der seine Kompetenz, ein so großes Unternehmen zu führen, angezweifelt wurde, weil er sich weigerte, die Videodisk auf den Markt zu bringen. Er reagierte mit so dummen Geschäftsbefehlen auf diesen fachlich einwandfreien Artikel, dass ich kündigte. Allerdings wurde ich dabei in der Öffentlichkeit wegen meines Erfolges bei der Entwicklung des Produkts mit Lob überschüttet, während der Vorstandsvorsitzende zwei Jahre später dem öffentlichen Druck nicht mehr standhalten konnte und seinen Abschied nehmen musste.

Zu Hause wurde Shirley mittlerweile rund um die Uhr gepflegt, weil sich ihr Zustand immer weiter verschlechterte, aber irgendwie gelang es uns trotzdem, ein ganz normales Leben zu führen. Ein Jahr, nachdem meine älteste Tochter Ann geheiratet hatte, heiratete unser Sohn Michael seine Frau Katja. Es war eine große, prächtige Hochzeit mit wunderbarem Blumenschmuck und erlesener Tischdekoration im Ballsaal des Regency Hotels in Manhattan, das der Familie meiner Schwiegertochter gehört.

Hier nur ein paar Erinnerungen am Rande. Ein Gast beleidigte die Frau eines anderen Gastes, und als der Ehemann sie verteidigen wollte, gingen sie mit den Fäusten aufeinander los. Mein Sohn Larry hatte die Grippe und fieberte, aber die Frau, deren Ehre verletzt worden war, wählte gerade ihn als Tanzpartner für den Abend. Offensichtlich hielt Larry sie besonders warm. Am Ende sagte einer meiner Freunde, auf dieser Hochzeit habe es alles gegeben, was man sich nur wünschen konnte: «Eine Prügelei, das beste Essen und Trinken, prächtige Blumen, großartige Musik und Tanz und sogar einen Kantor in grünem Samt.»

Shirley sah aus wie eine Königin, und es war kaum zu glauben, dass sie sterbenskrank war. Kurz nach der Hochzeit brach sie sich jedoch bei einer spontanen Bewegung das Schlüsselbein, und der Bruch heilte nicht mehr. Später brach sie sich auch noch das Bein, weil ihre Knochen durch die Metastasen spröde geworden waren. Von da an war sie bettlägerig. Als sie zur Schmerzbehandlung im Krankenhaus lag, versuchten mehrere Krankenschwestern, sie mit der so genannten Hoyer-Schlinge aus dem Bett zu heben, damit sie zum Röntgen gefahren werden konnte. Shirley bestand darauf, dass sich eine Schwester zu Demonstrationszwecken in dem Gerät anheben ließ. Die Schwester landete prompt auf dem Fußboden, und daraufhin verlangte Shirley, man solle mich rufen, damit ich den Vorgang überwachen konnte. Alles ging gut, und ich stellte bei dieser Gelegenheit auch noch fest, dass ich das Gerät so umbauen konnte, dass ich Shirley zu Hause damit aus dem Bett in den Rollstuhl heben konnte. Also kaufte ich einen Hoyer-Lift und außerdem noch einen tollen, zehn Jahre alten Cadillac-Krankenwagen, in dem ich ihren Rollstuhl transportieren konnte. Auf diese Weise konnte Shirley doch noch ihre Kinder und Freunde besuchen und sogar mit mir ins Kino fahren.

Auch ich blieb nicht von Krankheiten verschont. Ich hatte einen großen Nierenstein, der operativ entfernt werden musste. Mein Chirurg sagte: «Wenn Sie nicht aufhören zu rauchen, wachen Sie während der mehrstündigen Operation auf, wenn ich an Ihnen herumschneide.» Also rauchte ich nur noch bis zum Operationstermin und habe danach nie wieder eine Zigarette angerührt. Beim Vorbereitungsgespräch sagte der Arzt auch: «Sie werden ungefähr sechs Wochen brauchen, bis Sie wieder ganz gesund und schmerzfrei sind, aber danach können Sie besser Tennis spielen als jemals zuvor.» Ich erwiderte: «Das ist toll, Doktor, weil ich noch nie in meinem Leben Tennis gespielt habe!» Na ja, und nach der Operation habe ich mit einundfünfzig Jahren noch Tennis spielen gelernt, und jetzt, mit neunundsiebzig, kann ich sagen: «Ich werde immer besser!»

Um meine Familie abzusichern, ging ich als Executive Vice President zur National Broadcasting Company (NBC), einer der drei großen Rundfunkanstalten in Amerika, der damals über zweihundert Fernsehsender und über dreihundert Radiosender angeschlossen waren. Dieses Unternehmen war Teil der RCA, und so bot man mir den lückenlosen Fortbestand meiner so wichtigen Kranken- und Lebensversicherung an.

Ich sah die Aufgabe dort als «Parkplatz» an, weil es zwar eine sehr angesehene und sichere Position war, aber eben kein «Karriereschritt» im eigentlichen Sinn – wenigstens für mich. Ich wusste, dass ich NBC wirtschaftlich und strukturell auf die Beine bringen könnte, aber sonst gab für mich dort keine größere Herausforderung. Schließlich war ich doch nicht programmgestalterisch begabt!

Shirleys Zustand verschlechterte sich zusehends, sie litt an ernsthaften Kreislauf- und Atembeschwerden. Sie hatte mich gebeten, sie wolle zu Hause, in ihrem eigenen Bett sterben, und ich hatte ihr versprochen, ihr diesen Wunsch zu erfüllen. Ihre Pflegerinnen jedoch wollten jedes Mal sofort den Notarzt rufen, wenn sich ihre Symptome verschlimmerten, und es war ihnen nur schwer beizubringen, dass sie es Shirley lediglich so angenehm wie möglich machen sollten. Shirleys Arzt, Dr. Tomao, ein wundervoller Onkologe, der sie zu Hause besuchte, um ihr Schmerzmittel zu geben und sie zu trösten, was damals äußerst ungewöhnlich war, war gerade nicht da, als die Krankenschwestern sie schon wieder einmal ins Krankenhaus bringen lassen wollten. Bei Dr. Tomao erreichte ich nur Dr. O'Shaughnessy, eine ehemalige Nonne. Ich bat sie, zu uns zu kommen und mit den Pflegerinnen zu reden. Sie erklärte ihnen, dass es ihre Pflicht sei, die Patientin so sterben zu lassen, wie sie es wolle. Wenn die nächste Krise einträte, sollten sie es ihr so bequem wie möglich machen. Das war an einem Sonntagnachmittag, und ich war ihr zutiefst dankbar.

Am nächsten Tag, Montag, war Shirley bei Bewusstsein und wollte die Kinder und deren Partner sehen. Die ganze Familie, einschließlich ihrer Mutter, versammelte sich um ihr Bett, und Shirley sprach mit jedem persönlich. Dann bat sie darum, dass wir ihr eine Krone aufsetzten, weil sie meinte, sie käme sich vor wie

Queen Victoria. Das Einzige, was wir als Krone verwenden konnten, war eine neue Rolle Toilettenpapier, aber sie gab sich damit zufrieden. Sie küsste ihre Mutter und die Kinder und bat dann alle, außer mir, zu gehen. Ich musste La Traviata in den Kassettenspieler an ihrem Bett einlegen, und sie fragte mich, ob wir noch etwas zu besprechen hätten. Ich sagte ihr, dass ich sie liebe. Sie erinnerte mich an einen Pakt, den wir vor Jahren geschlossen hatten, als ich mich einer großen, allerdings nicht lebensbedrohlichen Operation unterziehen musste. Damals hatte ich zu ihr gesagt: «Shirley, ich habe ständig irgendwelche Wehwehchen, deshalb werde ich bestimmt vor dir sterben. Versprich mir, dein Leben nicht so zu vergeuden wie deine Mutter. Du kannst eine Weile um mich trauern, aber dann solltest du einen anderen Mann so glücklich machen, wie du mich glücklich gemacht hast.» Shirley hatte geantwortet: «Ich verspreche es, wenn du mir versprichst, es ebenso zu machen, sollte ich vor dir sterben.» Und jetzt erinnerte sie mich daran: «Ich sterbe, und du musst dein Versprechen halten.» Und dann schloss sie die Augen.

Am nächsten Morgen, meinem 56. Geburtstag, genau dreißig Jahre auf den Tag und sogar beinahe die Stunde, zu der ich Shirley kennen gelernt hatte, war sie tot. Ich weiß noch, wie ich auf der Beerdigung nach jüdischer Tradition Erde auf ihren Sarg schaufelte, als letzten Akt der Liebe für einen geliebten Verschiedenen. Danach begleiteten mich meine Kinder nach Hause und blieben eine Zeit lang bei mir. Unsere Trauer war mit Erleichterung vermischt, weil für Shirley die schreckliche Leidenszeit, die sie mit unglaublichem Mut ertragen hatte, nun endlich zu Ende war.

Beruflich war für mich jetzt wieder die Zeit gekommen, mich kreativeren Aufgaben zuzuwenden. Ich hatte alle meine Aufgaben bei NBC gelöst, und sozusagen als Abschiedsgeschenk hatte ich alle Sendungen von NBC auf Satelliten umgelegt, ein Projekt, das unsere Konkurrenten in der Presse zunächst als völlig utopisch zerrissen hatten. Für NBC wurde es dann allerdings ein riesengroßer Vorteil, was die Qualität und die Kosten der Sendungen anbelangte. Über Jahre hinweg war man der Konkurrenz um Meilen voraus. Als ich signalisierte, dass ich zu neuen Ufern aufbrechen wollte, bat mich der neueste Vorstand der RCA, die Zukunft des Unternehmens zu planen. Das habe ich sechs Monate lang versucht, aber da mir seine Unternehmenspolitik nicht gefiel, beschloss ich, eine günstige Ruhestandsregelung in Anspruch zu nehmen. Das Unternehmen, in das ich vor dreißig Jahren mit der Erwartung eingetreten war, mein Leben lang dort zu arbeiten, hatte in der Zwischenzeit neun verschiedene Vorstände gehabt, und von meinen alten Kollegen war kaum noch jemand da. Zu meiner Überraschung bot mir RCA jedoch einen Beratervertrag an. Ich kam in den Aufsichtsrat angesehener Firmen, in Amerika wie auch im Ausland, und wurde sogar für zwei Jahre Dekan der School of Management an einer bekannten New Yorker Hochschule für Ingenieurwissenschaften. Unter anderem entwickelte ich sogar für den Vorstand des führenden japanischen Computerunternehmens Pläne, wie das Unternehmen am amerikanischen Markt erfolgreich werden könnte, und wurde mit der tatsächlichen Umsetzung dieses gewaltigen Projekts beauftragt.

Das Versprechen einzuhalten, das ich Shirley gegeben hatte, fiel mir nicht schwer. Ich war ein erfolgreicher Manager, über den sogar schon in der *New York Times* geschrieben worden war, verfügte über eine Limousine mit Chauffeur, hatte ein Haus und eine Haushälterin, ein Segelboot, und alle wussten, dass meine Ehe glücklich gewesen war. Ich war fast dreißig Jahre lang verheiratet gewesen, und ich hatte nicht vor, jetzt allein zu bleiben.

Mein Tennispartner stellte mir eine Frau vor, mit der ich mich verabredete. An diesem Tag war meine schicke Limousine in der Werkstatt, und so fuhr ich mit Shirleys Krankenwagen-Cadillac zu meiner Verabredung. Die kräftig gebaute, blonde Frau war natürlich verblüfft, als ich mit dem rotweißen Ungetüm ankam, und zum Staunen ihrer Nachbarn fuhren wir los, um vor dem Abendessen noch eine Partie Tennis zu spielen. Sie hatte eine enorme Vorhand, eine enorme Rückhand, alles an ihr war enorm, und auf ihren Elefantenbeinen jagte sie mich über den Platz, bis ich das Gefühl hatte, gleich einen Herzinfarkt zu bekommen. Als sie bemerkte, dass ich kurz vor dem Zusammenbruch stand, gab sie mir eine Massage auf dem Tennisplatz, bestand aber darauf, dass wir noch einen Satz spielten. Ich fand sie sehr dominant, und da mir klar war, dass ich bei dieser Behandlung rapide altern würde, fiel mir plötzlich ein, dass ich noch eine andere Verabredung hatte.

Mein Freund und Zahnarzt Lew Smoler und ich besaßen ein Segelboot, auf dem vier Leute Platz hatten. Lew wirkte auf umgängliche und präsentable Frauen wie ein Magnet. Eine kam mit hochhackigen roten Pumps auf unser Boot und hatte eine Freundin dabei, die sofort nach Pot verlangte. Eine andere bezeichnete sich selbst als «Taktikerin» und gab mir ständig gute Ratschläge, wie ich mich am besten auf einer Regatta verhalten sollte. Als sie mir auch noch Anweisungen geben wollte, wie ich am besten anlegen sollte, erklärte ich ihr, dass sie jetzt ins Wasser springen könne.

Eines Abends lud ich Barbara Hausman, die heute meine Frau ist, zum Abendessen ein. Barbara, eine Freundin von Shirley, war eine kluge, hübsche Blondine, eine gute Tennisspielerin und Seglerin, und man konnte sich wundervoll mit ihr unterhalten. Ich bat unsere Haushälterin, Narcissus Hill, ihr bestes Gericht zum Essen vorzubereiten, holte aber zur Vorsicht vorher aus Shirleys Rezeptsammlung diejenigen heraus, die ich nicht mochte. Da ich unbedingt Blumen auf dem Tisch haben wollte, besorgte Narcissus ein Seidenbouquet, was nicht so ganz meinen Vorstellungen entsprach, aber meine Haushälterin meinte ungerührt, dass ich es auch noch für andere Verabredungen verwenden könnte. Kochen wollte sie übrigens «Chicken Hausman», was ein wenig unglücklich war, da Shirley gerade dieses Rezept von Barbara hatte. Ich weiß bis heute noch nicht, was sie an diesem Abend von mir als Gastgeber hielt, aber wir amüsierten uns prächtig.

Richard und seine zweite Frau Barbara, 1981, kurz nach der Heirat

In der Folgezeit gingen wir ein paar Mal ins Kino oder zum Segeln. Barbara war ein erfahrener Steuermann, attraktiv und fröhlich wie eine Lerche. Ich hatte sie immer für eine verwöhnte Prinzessin gehalten und entdeckte jetzt eine liebevolle, warmherzige Persönlichkeit unter der hübschen Verpackung. Bald schon begleitete ich Barbara nach unseren Treffen nach Hause, und nachdem ich ihre Heizung repariert hatte – sie fror ständig –, entwickelten sich die Dinge rasch.

Als es offensichtlich wurde, dass wir ein Paar waren, ging es unseren erwachsenen Töchtern ähnlich wie uns damals, als sie geheiratet hatten – sie machten sich Sorgen. Barbara jedoch landete sofort einen Volltreffer bei meiner Tochter Ann und ihrem Mann Sam, weil sie ihnen beim Anstreichen in ihrem Haus half.

Wir heirateten am 8. März 1981. Unsere alten Häuser verkauften wir, und stattdessen kauften wir uns ein Haus in einer hübschen Straße in Port Washington, um dort ein neues Leben anzufangen. Als wir die Treppe ins Wohnzimmer herunterkamen, waren unsere beiden Familien dort versammelt, jeweils drei Kinder auf jeder Seite und die Brüder mit ihren Familien.

Barbara sah hübsch aus in ihrem weißen Kleid und wischte sich verstohlen eine Träne aus dem Augenwinkel. Es war für uns beide die zweite Ehe, und wir freuten uns auf eine glückliche Zukunft. Der Rabbi, der uns traute, gab uns das Gefühl, füreinander geschaffen zu sein. Unser gemeinsamer Aufbruch in ein gemeinsames Leben war ein wunderschönes Familienfest. Unsere Kinder freuten sich für uns.

Beruflich folgte ebenfalls die erfolgreichste und erfreulichste Zeit meiner Karriere, die in meiner Berufung erst als Berater, dann als Vorstandsmitglied und endlich als Vorstand über zehn erfolgreiche Jahre lang bei NAPP Systems ihren Höhepunkt fand. Diese Firma produzierte Druckplatten für die größten Zeitungen der Welt, und dort konnte ich in die Praxis umsetzen, woran mich früher Vorgesetzte und Firmenstrukturen gehindert hatten. In meinem dritten Jahr als Vorstand bei NAPP hatte ich den Nettogewinn vervierfacht, und ich hatte eine großartige Mannschaft und Kunden, mit denen wir eng verbunden waren. Das Unternehmen war die führende Exportfirma in Süd-Kalifornien, und unsere Bank bezeichnete unsere Bilanz als die stärkste, die sie je bei einem Unternehmen gesehen hatte. Zwar hatte ich, um das zu erreichen, erst bei RCA in den Ruhestand treten müssen, aber ich hatte endlich das Gefühl – im Alter von siebzig Jahren –, die Resultate im Geschäftsleben erreicht zu haben, die ich mir fünfunddreißig Jahre früher zum Ziel gesetzt hatte. Ich war zufrieden, einen so krönenden Abschluss meiner beruflichen Laufbahn erreicht zu haben!

1990 war ich der einzige meiner ehemaligen Kollegen, der noch arbeitete und sich beruflich immer noch weiterentwickelte. Meine Universität, die berühmte Johns Hopkins, ehrte mich mit zwei ihrer höchsten Auszeichnungen für technische und staats-

75. Geburtstag auf der *Peregrine*, 1998

bürgerliche Leistungen. Das hätte ein passendes Finale sein können, wenn nicht noch zwei Ereignisse eingetreten wären.

Zum einen beschloss ich, den Atlantik in meinem eigenen Segelboot zu überqueren, um einmal ein Abenteuer zu erleben, das ich mir selbst ausgesucht hatte. Ich fand einen wundervollen Partner für mein Vorhaben, Seth Morrison, der schon immer davon geträumt hatte, ein Jahr lang auf dem Mittelmeer zu segeln. 1992 kauften wir ein Boot, die «Peregrine», und arbeiteten ein Jahr lang daran, ich jeden Tag fünf Stunden, um es hochseetüchtig zu machen. Die erste Ozeanüberquerung würde mein großes Abenteuer werden!

Letztendlich überquerte ich den Atlantik in der *Peregrine* nicht nur ein Mal, sondern drei Mal! Meinen siebzigsten Geburtstag 1993 feierte ich bei der ersten Überquerung und meinen fünfundsiebzigsten Geburtstag 1998 bei der dritten auf hoher See mit meinem Sohn Michael, der zur Crew gehörte. Auch nutzten Barbara und ich das Boot oft mit Kindern und Enkelkindern und auch mit Freunden, wenn wir nicht gerade unser angenehmes Leben in Port Washington genossen. Wir besegelten heimische Gewässer, aber auch die Karibik und das Mittelmeer, von Portugal bis Griechenland, und einmal fuhr ich sogar bis nach Israel. Die «Peregrine» machte vielen Menschen Freude, bis ich mich im Alter von siebenundsiebzig Jahren vom Segeln zurückzog.

Das zweite Ereignis war eine Einladung in meine Heimatstadt Gardelegen, um dort eine Ehrung entgegenzunehmen. Durch diese späte Rückkehr nach Gardelegen wurde die innere Bindung an meine alte Heimat Deutschland noch einmal erheblich verstärkt.

9. Rückkehr nach Gardelegen

Richard mit Jugendfreunden Joe und Fritz Behrens
mit Schülern in Gardelegen, 1996

Nachdem ich Deutschland 1938 verlassen hatte, dachte ich nicht mehr oft über meine Jugend in Gardelegen nach. Es gab nichts Großartiges oder unvergesslich Schreckliches, an das ich mich hätte erinnern können. Auch als ich während der Nazi-Prozesse in Nürnberg war, besuchte ich die Stadt nicht, in der ich aufgewachsen war. Die erwachsenen Juden waren alle umgekommen, und es lebte niemand mehr dort, den ich wiedersehen wollte.

Ich lebte seit 1941 in Amerika, war seit 1943 amerikanischer Staatsbürger, hatte in der US Army gedient, war zweimal mit amerikanischen Frauen verheiratet, die ihrerseits amerikanische Eltern hatten, und konnte auf eine ganze Schar verheirateter Kinder blicken, drei eigene und drei, die meine zweite Frau mit in die Ehe brachte. Mir schien, als hätte ich meine Beziehung zu Deutschland durch meinen Dienst als amerikanischer Frontsoldat und meine Teilname an den Nürnberger Prozessen ein für alle Mal aufgearbeitet. Nicht einmal mit meinem Bruder – dem Amerikaner par excellence – sprach ich Deutsch. Meine Verwandten und Bekannten kannten Deutschland nur aus Hollywood-Filmen. Ich hatte keine deutschen Freunde, abgesehen von einigen Geschäftspartnern. Als ich mich entschloss, den Atlantik zu überqueren, hatten wir bereits zehn Enkel, lauter kleine Amerikaner. Mein Leben spielte sich zu hundert Prozent in Amerika ab, und es wäre mir nie in den Sinn gekommen, noch einmal mit Deutschland in Kontakt zu treten. Meine Jugend war in weiter Ferne, sowohl emotional wie auch geographisch gesehen.

1977 war ich auf Geschäftsreise in Deutschland, und ein Flug der British Airways von Hannover nach Berlin ging direkt über Gardelegen, das damals noch in der ehemaligen DDR lag. Da es ein klarer Tag war, konnte ich durch das Fernglas, das ich mir vom Piloten geliehen hatte, aus dreitausend Meter Höhe die Straße erkennen, in der ich gewohnt hatte, sogar unser Haus, die Kirchen, das Rathaus und meine alte Schule. Aus dieser Höhe wirkte alles so, wie ich mich noch von früher her daran erinnerte. Ein paar Monate später besuchte mein Bruder Hal mit seiner Frau Gardelegen und machte Fotos. Während ich die vertrauten Szenen betrachtete, gratulierte ich mir zu meinem präzisen Gedächtnis.

Zwölf Jahre später fuhr ich, kurz nach dem Fall der Mauer, während einer Geschäftsreise mit einem Mietwagen über die Autobahn von Berlin nach Hannover. Unerwartet sah ich ein Schild nach Gardelegen, und da ich Zeit hatte, nahm ich einen kleinen Umweg in Kauf. Kurz darauf ging ich durch die vertrauten Straßen, sah unser Haus in der Sandstraße, die Schulen, die ich besucht hatte, und die kurze Einkaufsstraße. Alles kam mir viel schäbiger und kleiner vor als in meiner Erinnerung. Die Ruine der einen Kirche war nicht wieder aufgebaut worden, seitdem vor vierundvierzig Jahren eine Bombe darauf gefallen war, wie auf einer Hinweistafel vermerkt war. Da ich niemandem begegnete, den ich kannte, und auch im örtlichen Telefonbuch keine vertrauten Namen standen, machte ich ein paar Fotos, stieg wieder in mein Auto und fuhr weiter.

Im März 1993, ungefähr drei Jahre nach meinem spontanen Abstecher, erhielt ich einen Brief des Bürgermeisters von Gardelegen, in dem er mich unerwartet einlud, «die Orte Ihrer Jugend» zu besuchen. «Bringen Sie bitte Ihre Familie mit, und fühlen Sie sich als Gäste der Stadt», schrieb er, «wenn Sie sich in der Lage fühlen, sich über die Schrecken der Vergangenheit und die Ungerechtigkeit des Schicksals hinwegzusetzen.» Er erwähnte auch, er habe meine Adresse von einer Frau Bunge bekommen. Ich kannte niemanden, der so hieß, und schrieb ihm zurück, dass das Schicksal mir wohl gesonnen gewesen sei – möglicherweise war es mit mir sogar freundlicher umgesprungen als mit den Bürgern von Gardelegen. «Ich bedanke mich für die Einladung, Herr Bürgermeister, möchte jedoch ablehnen.»

Ein paar Wochen später schrieb mir Frau Gisela Bunge. Sie war die Witwe eines evangelischen Pfarrers, um die siebzig, und hatte Informationen über die jüdischen Familien gesammelt, die früher in Gardelegen gewohnt hatten. Kein Jude, den ich kannte, hatte überlebt. Zwei Frauen hatten Selbstmord begangen, um der Deportation zu entgehen, und ein Mann wurde einfach erschossen, als er einem Gestapo-Mann eine Frage stellte. Die anderen wurden deportiert und umgebracht. Meine Eltern hatten sich als Einzige aus ihrer Generation durch die Emigration in Sicherheit gebracht. Frau Bunge hatte meinen Bruder Hal, der Diplomat geworden war, im Fernsehen gesehen und hatte sich daraufhin unsere Adressen besorgt. Sie schrieb, sie arbeite an einem Büchlein über die Juden von Gardelegen, in dem auch meine Eltern vorkommen würden.

Gisela war mit ihrem Mann, dem protestantischen Pfarrer, während der sowjetischen Besatzung nach Gardelegen gekommen, und ein verlassener Friedhof voller zerstörter Grabsteine mit hebräischen Schriftzeichen hatte ihr Interesse geweckt. Sie machte Gardelegener ausfindig, die ihr erzählen konnten, was geschehen war, und nach und nach rekonstruierte sie die Geschichte der verschwundenen Juden. Sie schrieb mir, dass sogar heute noch, sechzig Jahre danach, ehemalige Patienten meinen Eltern medizinische Wunder zusprachen.

Gisela hatte dafür gesorgt, dass die zerstörten Grabsteine restauriert und in einem eigens dafür angelegten Abschnitt des christlichen Friedhofs wieder aufgestellt wurden. Sie hatte sogar so viel Geld gesammelt, dass für die Juden, die im Holocaust vernichtet worden waren, eine Gedenkstätte errichtet werden konnte. Und nun lud sie mich ein, sie zu besuchen, weil sie doch an einer Geschichte der Juden von Gardelegen schrieb.

Ohne so recht zu wissen, was mich erwartete, ging ich bei meiner nächsten Geschäftsreise auf ihre Einladung ein. Gisela hatte glatte weiße Haare und strahlend blaue, lebendige Augen, die mich gleich gefangen nahmen. Im Haus ihrer Tochter Eva wurde ich aufs Herzlichste aufgenommen. Wir tranken Kaffee zusammen und mochten uns auf Anhieb.

Als Tochter eines evangelischen Pfarrers war Eva in der DDR ein Studium verwehrt gewesen. Sie war Kinderkrankenschwester geworden, eine üppige, hübsche Frau, die Verkörperung von «Mutter Erde». Ihr Mann Karl-Heinz, bärtig und mit langen Haaren, groß und dünn, war ein genialer Mechaniker und ein geschickter Handwerker, der das ganze Haus selber renovierte. Gemeinsam zogen sie ihre vier Kinder auf. Wir wurden auf Anhieb Freunde.

Während des Kaffeetrinkens fragte ich Gisela, wo sie gerne zu Abend essen würde. Sie schlug ein griechisches Restaurant vor, erwähnte aber, dass es auch ein chinesisches Restaurant gäbe. Ich war verblüfft. In meiner Jugend wäre es absolut undenkbar gewesen, im xenophoben Gardelegen ein ausländisches Restaurant zu eröffnen. Das hätte man äußerst merkwürdig gefunden. Wir entschieden uns für den Griechen und verbrachten einen netten Abend dort.

Am nächsten Morgen ging Gisela mit mir zusammen zu unserem ehemaligen Haus, in dem jetzt mehrere Parteien wohnten. Die Stelle, an der das Praxisschild meines Vaters vor fünfzig Jahren gehangen hatte, war immer noch leicht verblasst, und auch am Türrahmen konnte man noch sehen, wo sich seine beleuchtete Nachtglocke befunden hatte. Eine Glocke mit einer Lampe war damals etwas Unerhörtes gewesen! Auch die Eingangshalle war immer noch mit dem glatten, rot gestrichenen Estrich ausgelegt, auf den meine Mutter so stolz gewesen war. In meinem alten Zimmer blickte ich noch einmal durch das Schlüsselloch, durch das mein Bruder und ich früher unsere nackten Dienstmädchen beim Baden beobachtet hatten. Wir besuchten auch den Friedhof, und ich verneigte mich vor dem Monument zum Gedenken an die jüdischen Männer und Frauen, die im Holocaust verschwunden waren.

Die Lebenserinnerungen meines Vaters, die er 1943 in Amerika geschrieben hatte, fielen mir ein. Am 10. November 1938 hatte ihn die örtliche Polizei, ehemalige Patienten von ihm, verhaftet – am Morgen nach der Kristallnacht. Als sie ihn nach Buchenwald ins Konzentrationslager schafften, flüsterten sie ihm ins Ohr, dass ihre Befehle ihnen keine andere Wahl ließen. Auch für meinen gesetzestreuen Vater wäre es undenkbar gewesen, sich den Vertretern des Staates zu widersetzen. Also verabschiedete er sich mit einem Kuss von Mutter und ging stumm mit. Meine Mutter schrie den Polizisten hinterher, sie sollten sie auch mitnehmen.

Er berichtete, dass jeder Widerstand oder Auflehnung gegen die Autoritäten im Konzentrationslager Folter oder Tod bedeutete. Die meisten Gefangenen ertrugen ihr Los stoisch, aber einige versuchten auch, Vergünstigungen zu erlangen, indem sie Mitgefangene denunzierten. Es nützte ihnen jedoch nichts, weil auch sie dadurch nicht der Vernichtung entgingen. Und niemand kam auf die Idee, sich gegen diese Perversion staatlicher Macht zu wehren, weil Hitler den Antisemitismus zum Gesetz erklärt hatte. Die Kultur der deutschen Juden basierte darauf, dass sie vorbildliche Bürger waren, und Widerstand hätte Auflehnung gegen den Staat bedeutet, was für die meisten Juden unvorstellbar war. Mein Vater jedenfalls wurde, wie schon erwähnt, als Träger des Eisernen Kreuzes wieder entlassen, mit der Auflage, unter Zurücklassung seines gesamten Besitzes aus Deutschland zu verschwinden.

All das ging mir durch den Kopf, während ich vor dem Monument stand. Vor meinem geistigen Auge sah ich die Juden von Gardelegen, die wie Lämmer zur Schlachtbank getrieben wurden. Wie hätte ich reagiert, wenn ich dabei gewesen wäre?

Gisela wartete schweigend, während ich in Gedanken verloren dastand und die Grabsteine betrachtete, unter denen keine Särge mit Leichen lagen. Das Schicksal der Juden von Gardelegen überwältigte mich. Schon die Särge der Vorfahren der Holocaust-Generation waren einfach so verschwunden, und ihre Söhne und Töchter waren in den Vernichtungslagern umgekommen. Nichts war von ihrem Leben geblieben außer diesem Mahnmal und den spärlichen Erinnerungen einiger alter Gardelegener.

Anschließend gingen Gisela und ich zu der Gedenkstätte, wo der über tausend Zwangsarbeiter gedacht wurde, die von der SS nur wenige Stunden vor dem Eintreffen der US 102nd Infantry Division lebendig verbrannt worden waren. Ich hatte 1945 als GI von dieser unerhört grausigen Tat gehört. Als der kommandierende General der Amerikaner die verkohlten Leichen sah, befahl er, Gardelegen dem Erdboden gleichzumachen. Dieses Schicksal blieb der Stadt nur erspart, weil der evangelische Pfarrer, Pastor Frantz, ein Mann, der uns oft zu Hause besucht hatte, auf die Knie fiel und darum bat, dass die Stadt verschont bleiben möge. Er machte den Amerikanern klar, dass die SS und nicht die Einwohner der Stadt dieses schreckliche Verbrechen begangen hatte. Die Bürger von Gardelegen mussten die Opfer beerdigen und dann alle einen Gottesdienst besuchen, der von Pastor Frantz und den Amerikanern abgehalten wurde. Danach befahl der General der Stadt, eine Gedenkstätte zu errichten und jedes Jahr mit einem Gottesdienst der Opfer zu gedenken. Seitdem nehmen die Bürger Gardelegens jedes Jahr an einer Kerzenprozession zu dieser Gedenkstätte teil.

«Leben von meinen Klassenkameraden noch welche?», fragte ich. Gisela erzählte mir, dass einige als deutsche Soldaten in Russland gefallen und andere später eines natürlichen Todes gestorben seien. Zwei gleichaltrige Jungen aus der Familie Behrens lebten noch, und sie wusste auch von Eva Lemberg, die ich nach dem Krieg in Brüssel aufgespürt hatte. Gisela war auch im Kontakt mit Lottie Behrens, die mit vierzehn Jahren zur Zwangsarbeit verschleppt worden war und Auschwitz und den berüchtigten Arzt Dr. Mengele überlebt hatte. Sie war wesentlich besser als ich über die toten und lebenden Juden von Gardelegen informiert, und sie idealisierte sie alle. Aber sie kannte sie nicht so gut wie ich. Auch sie hatten ihre Fehler gehabt, allerdings hatte keiner von ihnen das grausame Schicksal verdient, das sie erlitten hatten. Das verdient kein unschuldiger Mensch. Es war wie ein Symbol, dass die frühere Generation der Gardelegener Juden nun neben ihren christlichen Nachbarn lag – oder dass zumindest ihre Grabsteine auf einem christlichen

Friedhof standen –, weil die Nazis den jüdischen Friedhof zerstört hatten.

Gisela war enttäuscht, dass ich nicht länger bleiben wollte, aber ich hatte meine Neugier befriedigt und ihr alles erzählt, was ich wusste. Und so fuhr ich wieder nach Hause nach Amerika.

1996 lud ein neuer Bürgermeister meine Familie und mich zu den Festlichkeiten anlässlich des 800. Jahrestags der Gründung von Gardelegen ein. Mittlerweile hatten mich schon drei meiner Enkelkinder, wie im Lehrplan ihrer Schule vorgeschrieben, für ein Referat über das Thema Immigration befragt. Dabei hatte meine Familie zum ersten Mal etwas ausführlicher von meiner Jugend in Deutschland, meiner Schulzeit in England und meinen übrigen Erlebnissen gehört. Jetzt wollten meine Frau Barbara, mein Sohn Michael und seine Frau Katja gerne sehen, wo ich aufgewachsen war.

Wir flogen nach Berlin. Auf ihrer Hochzeitsreise fünfzehn Jahre zuvor war Katja buchstäblich ausgerastet, als sie mit Michael Dachau besichtigt hatte, was damals zu ihrer sofortigen Abreise aus Deutschland geführt hatte. Barbara hatte mit mir bereits das Rheinland und Süddeutschland bereist, aber echte soziale Kontakte hatte sie dabei mit Deutschen nicht gehabt. Ich stellte also einen richtigen Notfallplan auf: Sollte eines meiner Familienmitglieder in Panik geraten, würde ich einfach so lange in unserem gemieteten BMW nach Westen fahren, bis wir in Paris ankamen!

In Gardelegen fiel mir auf, dass die Stadt, die sich für ihr 800. Jubiläum rüstete, wesentlich besser aussah als bei meinem letzten Besuch, und auch meine Familie meinte, dass alles viel schöner sei, als ich es beschrieben hätte. Wir wohnten außerhalb der Stadt, im Lindenthal, einem Landgasthof, in den meine Eltern sonntags nachmittags mit Helmut und mir oft zu Kaffee und Kuchen gefahren waren. Der Gasthof hatte sich überhaupt nicht verändert, was sich unter anderem daran zeigte, dass man, wie früher in Deutschland üblich, als Gast selber Handtuch und Seife mitbringen musste. Da wir so etwas natürlich nicht dabeihatten, behalfen wir uns mit Tischtüchern, die der Gastwirt zur Verfügung stellte.

Am ersten Nachmittag trafen wir uns mit Joe Behrens und seinem Vetter Fritz, beides jüdische Freunde aus meinen Kindertagen, die auch der Vernichtung entkommen waren. Später wollte Gisela Bunge zu uns stoßen und uns zu einem Abendessen mit Bürgern der Stadt mitnehmen.

Obwohl wir uns fünfundfünfzig Jahre lang nicht gesehen hatten, erkannte ich Joe Behrens auf den ersten Blick und sagte zu ihm: «Joe, du weißt es vielleicht nicht, aber du hast ein ernsthaftes Problem.» «Ich habe kein Problem», erwiderte Joe. «Doch», fuhr ich fort, «ich habe Barbara erzählt, dass du einer der nettesten Menschen bist, die ich kenne, und jetzt musst du das auch beweisen.» Das tat er auch, und wir erinnerten uns an die schönen Zeiten, als wir bei ihm zu Hause mit seinem Vater Karten spielten und seine Mutter uns Milchkaffee kochte. Es war wirklich eine so nette Familie, und ich war sehr traurig darüber, dass seine Eltern in Auschwitz umgekommen waren. Joe erzählte, wie mein Vater wochenlang Hausbesuche bei seinem Großvater, der im Sterben lag, machte, um sich zu vergewissern, dass er genug Schmerzmittel bekam. Damals machten sich die Ärzte noch keine Gedanken deswegen, ob zu viel Morphium im Endstadium die Patienten süchtig machte. Ich fragte Joe, ob er sich noch an meine Mutter erinnere. «Ja», sagte er, «ich fand sie immer ziemlich diktatorisch.»

Das Abendessen war eine eher gezwungene Angelegenheit. Alle benahmen sich, als gingen sie auf Eiern, und ich kann mich an kein einziges Gespräch mehr erinnern.

Am nächsten Morgen trafen wir uns mit einer Gruppe von Oberschülern. Die meisten sprachen kein Englisch, die Mädchen waren schüchtern und die Jungen wirkten gelangweilt. Schon allein die geographischen Koordinaten unserer Lebensgeschichten verwirrte sie. Joe und sein Vetter waren nach Südafrika geflohen, hatten aber nach dem Ende des Kolonialismus das Land wieder verlassen müssen und lebten jetzt in London. Nach meiner Odyssee rund um die Welt war ich schließlich in Amerika gelandet und hatte dort mein ganzes Leben nach dem Krieg und den Nürnberger Prozessen verbracht. Niemand stellte uns Fragen über unsere Erfahrungen während der Nazizeit. Gisela, die uns begleitete, forderte uns auf zu erklären, warum wir Gardelegen verlassen hatten, aber auch darauf folgte nur Stille. Ich fragte, wer schon einmal im Ausland gewesen sei. Nur wenige Hände hoben sich. Polen, Tschechoslowakei, Österreich und einer in England. «Würdet ihr denn gerne mal sehen, was sonst noch so auf der Welt los ist?», fragte ich. Daraufhin flogen viele Hände hoch. Wohin wollten sie gerne? In die Vereinigten Staaten, nach England und Skandinavien.

Später saßen wir mit dem Direktor der Schule und einigen Lehrern zusammen. Genau wie ihren Schülern merkte man ihnen die jahrzehntelange totalitäre Indoktrinierung an. Mein Sohn Michael fragte: «Was war die größte Veränderung nach dem Fall der Mauer?» Sie antworteten, die Lehrer könnten jetzt selber bestimmen, was sie unterrichten wollten, und die Eltern hätten ein Mitspracherecht bei der Ausbildung ihrer Kinder. Und doch hatten, fast drei Jahre nach der Vereinigung, noch keine Änderungen im Lehrplan stattgefunden! Die Lehrer waren noch nicht auf die neue Situation eingestellt, und das Ministerium in Sachsen-Anhalt hatte noch keine neuen Bücher und Lehrpläne herausgegeben! «Was bringen Sie den Kindern über die Nazis, den Krieg und die Nachkriegszeit unter den Sowjets bei?», fragten wir. Die jüngste deutsche Geschichte sei nicht Bestandteil des Unterrichts, war die Antwort. Und dabei waren die Kommunisten fünfundvierzig Jahre, zwei Generationen lang, nach den Nazis in Gardelegen gewesen!

Am Abend hatte der evangelische Pfarrer uns zu einer Bürgerversammlung in das Gemeindezentrum eingeladen. Als wir eintrafen, war der Saal bis auf den letzten Platz besetzt, und die Leute standen sogar vor der Tür, um zuzuhören. Wir Gäste saßen an einem langen Tisch, den Bürgern von Gardelegen gegenüber. Joe Behrens hatte früher der evangelischen Kirche eine Menorah geschenkt, die nur bei festlichen Anlässen benutzt wurde. Jetzt stand der Pfarrer auf und sagte: «Ein Mann bat einmal einen Rabbi, ihm zu sagen, wo Gott wohnt. Und der Rabbi antwortete: ‹Überall dort, wo er willkommen ist.›» Dann zündete er die Kerzen auf der Menorah an, wandte sich an uns und fügte hinzu: «Willkommen.»

Wir hatten keine Reden vorbereitet. Gisela Bunge stellte uns vor, und dann herrschte Schweigen, einfach nur Schweigen. Nach einer Weile sagte ich: «Als ich hier lebte und vor allem, als ich von hier fortging, waren die Bürger von Gardelegen nicht schüchtern. Damals hattet ihr viel zu sagen, meistens nichts Nettes. Wir sind eure ehemaligen jüdischen Nachbarn, die am Leben geblieben sind, und jetzt sind wir zurückgekommen, um euch zu besuchen.» Eine alte Frau stand auf und weinte: «Wie konnte Gott das nur zulassen? Menschen, die mich liebten und für mich sorgten, wurden gefoltert und umgebracht. Wie konnte Gott das nur zulassen?» Ich trat zu ihr und legte ihr tröstend den Arm um die Schultern. Offensichtlich trauerte sie um eine ausgelöschte jüdische Familie, die sie wie ihr eigenes Kind behandelt hatte. Ihre angenommene Mutter hatte Selbstmord begangen, und der Rest der Familie war umgebracht worden. Ich war beinahe versucht zu erwidern, dass Gott damals wohl nicht aufgepasst habe, sagte aber lieber nichts.

Danach stand eine andere Frau auf, die ich sofort als ein Mitglied der Familie M. erkannte, denen die Buchhandlung in Gardelegen gehört hatte. Sie galten in der Stadt als Heuchler, weil sie ständig ihr Fähnchen in den Wind hängten, je nachdem, wer die letzte Wahl gewonnen hatte. Diese Frau lamentierte, dass «diejenigen, die geschwiegen haben», recht daran getan hätten. Dadurch wollte sie nur vertuschen, dass ihre Familie zu den Mitläufern gehört hatte. Eisiges Schweigen war die Antwort auf ihren Einwurf. Sie sah genauso aus wie ihre Mutter, die meine Eltern damals, mit denen sie eigentlich befreundet war, wie heiße Kartoffeln fallen gelassen hatte, als Hitler auftauchte. Als Nächster erhob sich ein Mann und sagte: «Sie kennen mich nicht, mein Name ist Horn.» Ich erwiderte: «Wenn du Wolfgang Horn bist, bist du der Sohn meines Lehrers im ersten Schuljahr.» Er nickte bestätigend und ich fuhr fort: «Ich kann mich noch gut an deinen Vater erinnern, weil er mich wegen Schwatzens mit dem Stöckchen verprügelt hat.» Ein allgemeines Raunen ging durch den Saal. Einige der Anwesenden oder deren Eltern waren wahrscheinlich ebenfalls von Lehrer Horn oder einem anderen Lehrer verprügelt worden.

Alle drängten nach vorne. Ein Mann sagte: «Du kennst mich nicht, mein Name ist Fritz Schulz.» Ich erwiderte: «Wenn du aus Jerchel (der Name eines nahe gelegenen Weilers) bist, dann weiß ich ganz genau, wer du bist, nämlich der Sohn von Fritz und Lieschen Schulz. Du siehst genauso aus wie dein Vater!» Er war der Sohn der armen Bauern, bei denen ich als Kind eine Woche verbracht hatte. Fritz' Mutter litt an schlimmem Asthma, und die ganze Familie war davon überzeugt, dass mein Vater ihr das Leben gerettet hatte. Die Schulzes hatten alles riskiert, um meinen Eltern in ihren letzten, verzweifelten Tagen in Deutschland etwas zu essen zu bringen. Fritz sagte zu mir: «Deine Mutter hat mir eine Spielzeugdampfmaschine geschenkt, die deinem Bruder Helmut gehörte. Sie funktioniert immer noch. Möchtest du sie zurückhaben?» «Nein», erwiderte ich, «wenn du sie all die Jahre behalten hast, dann bedeutet sie dir viel mehr als uns.» Wir umarmten einander. Und so ging es ständig weiter. Zwei lange vergessene Klassenkameraden traten vor, der Chauffeur meines Vaters, ein Mädchen, das auf uns aufgepasst hatte, als wir Kinder waren, der Bäcker und viele andere. Jemand schenkte mir ein Klassenfoto von meinem ersten Schuljahr, und ich sah mich als kleinen Jungen mit abstehenden Ohren. Meine Mutter hatte immer darauf bestanden, dass ich eine Mütze tragen und die Ohren hineinstecken sollte. Ich fragte nach den Klassenkameraden in der Volksschule, mit denen ich befreundet gewesen war, bevor die Nazis unsere Freundschaft zerstörten. Zwei waren in Russland gefallen; andere waren aus Gardelegen weggezogen. Mein sadistischer Klassenlehrer auf dem Gymnasium war ohne jede Spur verschwunden. Die Tochter unseres Bäckers, eine Frau in meinem Alter, erinnerte sich, wie mein verhasster Klassenlehrer ihren Vater ständig aufgefordert hatte, das Schild «Juden sind hier nicht erwünscht» im Schaufenster aufzustellen. Aber ihr Vater hatte sich damals standhaft geweigert, was in jener Zeit großen Mut erforderte. Danach hatte sich der Lehrer immer Teilchen umsonst geben lassen.

Schließlich fragte jemand, wo ich am 17. April 1945 gewesen sei. Das war der Tag, an dem wir Freudenstadt in Schutt und Asche gelegt hatten, weil sich die SS-Leute nicht ergeben wollten. Ich erzählte ihnen die Geschichte und stellte dann die Frage, die mich schon seit Jahren beschäftigte: «Warum? Warum wurde diese Stadt zerstört? Für was hat die SS gekämpft? Was hat Hitler euch außer Niederlage und Schande hinterlassen?» Alle schüttelten den Kopf und verdrehten die Augen zum Himmel. Als die Bürgerversammlung schließlich vorbei war, hatte ich das Gefühl, alte Bekanntschaften erneuert zu haben, obwohl vielleicht die gegenseitigen Vorbehalte noch nicht vollständig ausgeräumt waren. Nicht nur die Juden waren fast spurlos aus Gardelegen verschwunden, sondern die Nazis offenbar auch!

Später fragte mich Gisela, ob ich wüsste, warum ich gerade nach dem 17. April 1945 gefragt worden sei. Das war offenbar der Tag gewesen, an dem die Kirche bombardiert wurde und mehr als ein Dutzend Personen umkamen. Es ging das Gerücht, ich hätte die Bomben abgeworfen, was natürlich völlig absurd war, wenn man bedenkt, dass Gardelegen in diesem Krieg überhaupt keine Rolle gespielt hat. Aber es wurde mir wieder einmal klar, wie beschränkt der Horizont dieser Menschen war. Vielleicht hatte einer unserer Flieger die Bomben nur abgeworfen, um leer zur Basis zurückzukehren; vielleicht war das Flugzeug auch durch Flakfeuer beschädigt worden. Gardelegen war als Ziel jedenfalls völlig irrelevant!

Die Feierlichkeiten zum 800. Jahrestag sollten am nächsten Morgen beginnen, aber ich wollte meine Familie nicht der allgemeinen Aufmerksamkeit aussetzen. Meine Frau und meine Kinder hatten ja nur sehen wollen, wo ich aufgewachsen war. Es war gut, dass wir einigen Menschen begegnet waren, die meinen Eltern geholfen hatten, aber jetzt reichte es auch. Wir kauften ein paar Zeitungen, auf deren Titelseiten wir erstaunlicherweise abgebildet waren, und verließen die Stadt.

Unser nächster Stopp war Berlin, wo wir im Hotel Kempinski wohnten. Gegenüber lag die Synagoge, die mein Großvater gelegentlich zu Gottesdiensten besuchte. Ebenfalls in der Nähe befanden sich die Wohnungen meiner Onkel Hans und Fritz, die wir auch auf Anhieb fanden. Wie durch ein Wunder hatte der kleine Süßwarenladen unter dem Viadukt für die S-Bahn, wo meine Großmutter Süßigkeiten für mich kaufte, die Zerstörung der Stadt überlebt. Das Haus in der Klopstockstraße hingegen, wo meine Großeltern gewohnt hatten, war durch ein neues ersetzt worden, das allerdings genauso aussah wie das alte. Wir machten eine Stadtrundfahrt durch das historische Berlin und sahen auch die Überreste der Mauer. Am Abend gingen wir in den Wintergarten, das Vorbild für das Musical «Cabaret».

Nach einem kurzen Aufenthalt in Brunsbüttelkoog, wo wir das Grab meines Großvaters Hermann besuchten, fuhren wir wieder nach Hause. Schon während des Rückflugs und auch danach dachte ich die ganze Zeit über unseren Besuch in Gardelegen nach. Gisela Bunge ging mir nicht mehr aus dem Kopf. Sie tat, was ihr Gewissen ihr befahl. Um sie dabei zu unterstützen, überredete ich meinen Sohn Michael und meinen Bruder Hal, dass wir drei Gisela durch finanzielle Mittel unterstützen sollten, damit sie die Geschichte der Juden der Stadt drucken lassen und als Unterrichtsmaterial ab der elften Klasse Schulen zur Verfügung stellen konnte.

In der Zeit nach unserem Besuch bekam ich zahlreiche Briefe aus Gardelegen, in denen es häufig um Erinnerungen an meine Eltern ging. Viele der Schreiber bedauerten, dass sie damals nicht mehr für meine Eltern getan hatten.

Kurz darauf schrieb Gisela, sie habe einen Dokumentarfilm gesehen, der sie tief beeindruckt habe – «Kitty», die Geschichte einer jungen polnischen Jüdin, die Unglaubliches erlitten hat. Sie wurde zunächst von den Russen verfolgt, dann von den Nazis als Zwangsarbeiterin missbraucht und schließlich nach Auschwitz deportiert. Bei Kriegsende hätte Kitty eine deutsche Familie, die sich versteckt hatte, töten können, hat es jedoch nicht getan, weil sie sich nicht wie ein Nazi benehmen wollte. Gisela wollte diesen Film gerne in Kirchen und Schulen zeigen. Ich kannte das preisgekrönte Video, weil mein alter Freund Peter Morley Regie geführt hatte. Zehn Jahre zuvor hatte ich die TV-Premiere in seinem Londoner Haus erlebt. Es dauerte einige Zeit, aber dann erreichten wir mit Peters Hilfe, dass Gisela die ergreifende Geschichte in Schulen und Kirchen zeigen durfte. Seitdem haben Tausende von Deutschen den Film gesehen.

Ich beschloss, irgendetwas in Gardelegen zum Andenken an meine Eltern in die Wege zu leiten, aber der Gedanke an eine Plakette oder ein Steinmonument gefiel mir nicht. Stattdessen schlug ich einen Preis für den besten Schüleraufsatz über ein historisches Thema vor, stieß damit aber auf Widerstand bei den Schuldirektoren und bei Pastor Diekmann, denen das Verfahren zu schwierig erschien. Wer sollte die Jury bilden? Was wäre, wenn der falsche Schüler ausgewählt würde? Nach einer Weile begriff ich, dass ein Aufsatzwettbewerb, der an amerikanischen Schulen ganz normal ist, in Deutschland eine kleine Revolution verursachen würde, und da ich nicht die Absicht hatte, das Schulsystem in Gardelegen zu reformieren, zog ich meinen Vorschlag wieder zurück.

Gisela schlug vor, Kittys englischsprachige Autobiographie ins Deutsche zu übersetzen und das Buch zusammen mit ihrer Geschichte der Juden von Gardelegen in Schulen zu verteilen. Darin sollte dann eine passende Widmung zum Gedenken an meine Eltern enthalten sein.

Sie erzählte mir auch, dass seit unserem Treffen im Gemeindezentrum immer mehr alte Leute zu Pastor Diekmann kämen, um mit ihm über die Nazizeit zu sprechen. «Dein Besuch hat die Flasche der Erinnerungen entkorkt», schrieb sie, «und jetzt wollen sie reden, bevor sie sterben.»

Nach unserer Reise nach Gardelegen stiftete mein Sohn Michael, einer der Sponsoren der Ben Gurion Universität in Israel, einen Platz zu Ehren Giselas in einem Hörsaal des Universitätsgebäudes, das den Namen seiner Tochter trägt. Es gefiel mir, dass Gisela dadurch in unserer Mitte stand. Da ich wusste, dass sie eine hohe Auszeichnung der deutschen Regierung für ihre humanitäre Arbeit abgelehnt hatte, bat ich die Universität, eine Plakette mit einem Zitat anzubringen, bevor Gisela ablehnen konnte.

Jetzt ist sie als aufrechte Deutsche in Israel inmitten der Sonnenfeldts und ihrer Verwandten, der Goldmans, verewigt. Sie nahm die Ehrung voller Freude an.

Das nächste Mal kehrte ich als Ehrengast des 60. Jahrestags der Kristallnacht am 9. November 1998 nach Gardelegen zurück. Dieses Mal begleiteten mich meine Tochter Ann und mein Neffe Walter Sonnenfeldt, um sich anzuschauen, wo ihre Väter aufgewachsen waren. Im Haus von Giselas Tochter empfing uns Lottie Behrens, die ich das letzte Mal vor sechzig Jahren gesehen hatte, als ich fünfzehn und sie zwölf war. Sie hielt sich sehr aufrecht, wirkte jung für ihr Alter und hatte strahlend blaue Augen und ein Lächeln wie ein junges Mädchen. Lottie hatte, wie bereits erwähnt, Auschwitz und den berüchtigten Arzt Dr. Mengele überlebt. Als Zwangsarbeiterin hatte sie im Konzentrationslager ihre Zehen verloren, sie trug jedoch speziell angefertigte Schuhe und man merkte es ihr nicht an. Weinend umarmten wir uns.

Lottie war aus Australien angereist und ich aus Amerika, um eine Ausstellung mit Fotos und Geschichten der Familien Sonnenfeldt und Behrens zu eröffnen. In meiner Rede sagte ich: «Ich freue mich, hier unter Freunden und Familienmitgliedern zu sein. Ich möchte, dass jeder sich an die Opfer des Nationalsozialismus erinnert und sich dafür einsetzt, dass wir nie wieder religiöse Vorurteile, Rassendiskriminierung oder totalitäre Regimes zulassen. Meiner Ansicht nach ist die Gemeinschaft der Menschen bedeutender als jede religiöse, ethnische, politische oder nationale Gruppierung. Ich lade Sie alle herzlich ein, sich ihr anzuschließen.» Daraufhin sagte jemand aus dem Publikum «Amen». Lottie hielt keine Rede, und mir wurde klar, dass sie ihre schrecklichen Erinnerungen mit niemandem teilen wollte. Ihre Anwesenheit jedoch war ein Beispiel für den Geist der Versöhnung, die dem Hass ein Ende bereitet, auch wenn sie das Unverzeihliche nicht vergeben kann.

Die Schulzes aus Jerchel luden uns zu einem Festmahl in ihrem Haus ein. Ich konnte mich noch gut an das Strohdach, den kleinen Blumengarten vor dem Haus und die primitiven Ställe für ihren Ochsen, die Kuh und das Schwein, alles unter demselben

Dach, erinnern. Jetzt hatte Fritz ein Auto; das Häuschen war frisch gestrichen, an den blitzblanken Fenstern hingen Spitzengardinen, und das Dach war wunderschön mit roten Dachziegeln gedeckt. Als wir eintraten, fielen mir sofort die moderne Küche und das Badezimmer auf, es gab Fernseher und Zentralheizung. Das hatten sie alles nach der Wiedervereinigung angeschafft, erzählte er mir. Elisabeth, seine Frau, hatte ein «Altmark»-Essen zubereitet, was typisch für diese Gegend ist, und mit Freude saßen wir mit dieser Familie zusammen, die so viel riskiert hatte, um meinen Eltern zu helfen. Nach dem Essen zeigten sie uns ihren modernen Stall, in dem sie immer noch ein Schwein hielten, ihre Kaninchenkäfige und die Hühner im Hof.

Die Schulzes hatten unter dem kommunistischen Regime vierzig Jahre lang ein schweres, entbehrungsreiches Leben geführt. Jetzt endlich, auf ihre alten Tage, ging es ihnen in einem wirklich demokratischen Deutschland besser denn je.

Lottie fuhr wieder nach Australien, mein Neffe musste aus geschäftlichen Gründen nach Berlin, und Ann und ich fuhren den Rhein entlang, wobei wir auch einen Abstecher nach Heidelberg machten. Ann beschloss, dass ihre Kinder ebenfalls unbedingt einmal nach Gardelegen fahren mussten.

Am 8. November 1999 gehörte ich zur amerikanischen Delegation anlässlich des zehnten Jahrestags des Falls der Berliner Mauer. Ich wurde gebeten, bei dem Gedenkessen in einer Villa in Schwanenwerder, einer Insel im Wannsee, eine Rede zu halten. Unter anderem sagte ich bei dieser Gelegenheit:

«Wir sollten daran denken, dass Goebbels' Haus hier ganz in der Nähe war. Er stachelte die Deutschen auf, Juden und andere ‹Untermenschen› zu töten. Ebenfalls in der Nähe liegt die berühmte Wannsee-Villa, in der auf Befehl von Göring die Vernichtung der europäischen Juden geplant wurde, aber auch das Heim von Walter von Rathenau, dem deutsch-jüdischen Patrioten, der von rechtsradikalen Fanatikern als Verräter abgestempelt und erschossen wurde. Mein Onkel und meine Tante kamen zum Picknick und Bootfahren hierhin, und ich hatte in der

Vorkriegszeit wundervolle Verabredungen mit Fritzie an diesem Ort. Ich hoffe sehr, dass sie den Holocaust überlebt hat.

Morgen feiern wir den zehnten Jahrestag des Mauerfalls. Übermorgen ist der 61. Jahrestag der Kristallnacht, dieses berüchtigte Datum brutaler Zerstörung, Plünderung und des Mordes auf staatlichen Befehl. An all diese Dinge wollen wir denken, und jetzt lassen Sie uns die Gläser auf das neue Deutschland unserer Gastgeber erheben.»

Am nächsten Tag hörten wir im Rathaus von Berlin wieder, wie die russische Armee und Polizeiabteilungen auf Befehl von Michail Gorbatschov nicht eingegriffen hatten, als die Deutschen, die sich nach Freiheit sehnten, die Mauer einrissen. Gorbatschov war ebenso anwesend wie Helmut Kohl, der «Kanzler der Einheit», und George Bush sen., der die Ereignisse aus dem entfernten Washington begleitet hatte. Als die Festlichkeiten vorüber waren, blieb Gorbatschov noch eine Weile, eine nachdenkliche, einsame Gestalt. Seine Frau Raissa war gerade vor ein paar Wochen gestorben. Ich trat zu ihm und sagte: «Mr. President, Sie werden immer mein Held sein. Sie haben dieses Wunder vollbracht, den friedlichen Übergang eines autoritären Regimes zu einer Demokratie, das gewaltlose Ende einer diktatorischen Herrschaft. Sie haben menschliche Werte über die Dialektik gestellt.» Sein Gesicht hellte sich kurz auf, aber ich merkte deutlich, dass er in Gedanken ganz woanders war. Er hat doch so viel erreicht, dachte ich. Warum grübelt dieser Mann, weil er das Unmögliche nicht schaffen konnte?

Nach den Feierlichkeiten in Berlin fuhr ich nach Gardelegen, wo am Tag zuvor der Kristallnacht gedacht worden war. Dieses Mal traf ich mit einem elften Schuljahr zusammen, und es war eine völlig andere Begegnung als drei Jahre zuvor.

In der Stadtbücherei war kaum noch ein Platz frei. Die Schüler sahen nicht anders aus als amerikanische Kinder auf der High School. Blue Jeans, Pferdeschwänze, Ringe in Ohren und Nase, Tattoos, Mädchen mit und ohne BH, Jungen mit Irokesenschnitt. Auch die Lehrer waren leger gekleidet, was zu meiner

Zeit undenkbar gewesen wäre. Nachdem Gisela Bunge mich vorgestellt hatte, fragte ich, wer Englisch spräche, und alle Hände flogen hoch. Wow! Dann fragte ich, wer denn schon einmal im Ausland gewesen sei, und wieder gingen alle Hände nach oben. Paris, London, Madrid, Italien und sogar Amerika wurden genannt. Sie hatten Giselas «Kitty»-Video gesehen, und sie hatten ihre Geschichte der Juden von Gardelegen gelesen.

Ein Mädchen fragte: «Wie haben Sie sich als amerikanischer Soldat gefühlt, wenn Sie deutsche Soldaten, Ihre Landsleute, getötet haben?» «Weißt du», erwiderte ich, «Nazi-Deutschland hat mich als Juden ausgespuckt. Ich hatte zwar kein Verbrechen begangen, aber man nahm mir meine Staatsbürgerschaft, obwohl meine Familie seit Generationen deutsch war. Aber die Nazis, nicht ich, haben entschieden, ich sei ein Feind. Euren Großeltern hat man erzählt, Juden wie ich seien Untermenschen und verdienten es nicht zu leben. Als amerikanischer Soldat kämpfte ich für Demokratie und für die Rechte aller Menschen, auch in Deutschland. Dafür riskierte ich mein Leben. Weißt du, wofür eure Großväter gekämpft haben oder kämpfen mussten? Für was haben sie ihr Leben riskiert?» Niemand antwortete und ich fügte hinzu: «Ich habe deutsche Soldaten nicht getötet, weil ich sie hasste, sondern weil ich es tun musste.» Wieder herrschte Schweigen. Dann fuhr ich fort: «Ihr wisst, dass Hitlers Ziele Eroberung, Hass und Vernichtung waren, während wir für die Rechte der Menschen kämpften. Das sind noch heute meine höchsten Werte, und ich hoffe, das gilt auch für euch. Wenn ihr die Wahl hättet, wofür würdet ihr kämpfen? Für das Gute oder das Böse? Wir wollen hoffen, dass wir in Zukunft nur noch mit unseren Stimmen kämpfen müssen und nie mehr mit Waffen.»

«Erzählen Sie uns, wie die Nazis in Deutschland die Macht ergriffen haben. Sie waren doch dabei. Erzählen Sie es uns», baten sie und ich erwiderte: «Das klingt, als ob es eine einfache Frage sei, aber sie ist nicht so leicht zu beantworten. Seid ihr sicher, dass ihr es hören wollt?» «Ja. Unsere Großeltern wollen uns nichts darüber erzählen, aber wir wollen es wissen», sagten ein paar Schüler. «Es gibt verschiedene Erklärungen», erwiderte ich, «manche meinen, Hitler habe nur den heftigen Hass und die Angst vor Juden, Zigeunern, Russen und anderen Völkern ans Licht geholt, vergiftete Gefühle, die seit jeher im deutschen Volk schlummerten. Andere sagen, Hitler habe das deutsche Volk erst verführt, dann versklavt und schließlich tödlich getroffen mit seinen Versprechen, die Welt zu beherrschen. Er begann einen Krieg, in dem Millionen Unschuldiger und Millionen von Deutschen umkamen. Als ich noch in Gardelegen lebte, glaubte ich Hitlers Lügen. Er behauptete, er müsse seine Gegner verhaften, um Recht und Ordnung in Deutschland zu erhalten; er entließ Richter, damit niemand etwas gegen die Handlungsweise seiner Sturmtruppen unternehmen konnte. Aber er verschaffte auch den vielen Arbeitslosen Arbeit. Als die Wehrmacht das Rheinland wiederbesetzte, jubelten die Deutschen, weil sie glaubten, ihre Ehre sei wiederhergestellt, und sie dachten, Hitler könne gar nichts Falsches tun. Und noch während er den Angriff auf Polen vorbereitete, behauptete er, er hasse den Krieg. Danach war er Oberkommandeur, und alle mussten ihm gehorchen, sodass es zu spät war, ihn aufzuhalten. Zu Anfang, als man ihn noch hätte stoppen können, hat niemand etwas gegen Hitler unternommen, weil die Deutschen seinen Lügen und Versprechungen glaubten. Auch England und Frankreich unternahmen nichts gegen ihn, und letztlich konnte er nur mit der geballten Militärmacht seiner Feinde geschlagen werden. Als das Ende näher rückte, wollte er Deutschland und die Deutschen mit sich in den Tod ziehen. Habt ihr eure Großeltern jemals gefragt, wie sie es empfunden haben, für einen Lügner und Kriminellen zu kämpfen? Was kann man daraus lernen?»

Jemand fragte: «Kann das noch einmal passieren?», und ich antwortete darauf folgendermaßen: «Ich hoffe nicht, aber du kannst etwas dazu beitragen, dass es nie mehr geschieht. Du musst deine Freiheit und die Freiheit der Presse und der Medien bewahren. Du musst dafür eintreten, dass jeder seine Meinung äußern darf, und darfst nie Politiker unterstützen, die verlangen, dass Richter und Lehrer nach ihren Regeln arbeiten. Lass dich von bösen Menschen nicht täuschen und unterstütze keine Politiker, die

Sündenböcke für ihre Probleme suchen. Wenn du dich daran hältst, wird es nie wieder geschehen, und du wirst dich nie zum Werkzeug des Bösen machen lassen.»

Nun, damit hatte ich ihnen etwas zum Überlegen gegeben, und wir diskutierten eine ganze Zeit lang darüber.

«Gibt es in Amerika auch Antisemitismus?», lautete eine weitere Frage. «Ja», erwiderte ich, «das gibt es, und es gibt auch Feindseligkeit gegenüber Schwarzen, Latinos, Polen, Italienern, Griechen und Orientalen, Katholiken und Atheisten. Aber in Amerika garantieren die Gesetze und die Verfassung Freiheit und Gleichheit für jeden Bürger, ob er nun zur Mehrheit oder zu einer Minderheit gehört. Unter Hitler wurde der Antisemitismus zu einer nationalen Pflicht für alle arischen Bürger, eure Großeltern, und wenn Vorurteile und Hass in Mord münden, so wird daraus ein Holocaust. Wenn jedoch das Recht aller Minderheiten durch die Macht des Staates geschützt wird, so bekommt man eine diversifizierte Gesellschaft, wie wir sie heute in Amerika haben und wie auch ihr sie in Deutschland habt. Ihr müsst eure Freiheit und eure Verfassung hoch schätzen.»

Diese Kinder hatten vergeblich versucht, von ihren Großeltern eine Erklärung darüber zu bekommen, was in Deutschland während des Nationalsozialismus geschehen war und warum fremde Armeen ihr Land besetzt hatten. Bei manchen von ihnen spürte ich die Angst davor, vielleicht Träger eines verborgenen ethnischen oder rassischen Virus zu sein, und sie suchten im Grunde nach einem Rezept, um dagegen immun zu werden.

Sie fragten, ob meiner Meinung nach die menschliche Natur in Amerika und Deutschland unterschiedlich sei. «Ich bin keine Autorität auf diesem Gebiet», erwiderte ich, «aber ich glaube nicht. Menschen reagieren und interagieren je nach der Umgebung, in der sie leben. Eine gesunde und offene Gesellschaft bringt das Beste in den Menschen zum Vorschein, während ein repressives, autoritäres politisches Regime das Schlechteste hervorbringt. Ihr könnt euch gegen Bigotterie und Hass wappnen, indem ihr versteht, was in Nazi-Deutschland geschehen ist, und es nicht wieder geschehen lasst.»

Über mein Zusammentreffen mit den Oberstufenschülern wurde in der lokalen Presse ausführlich berichtet, und später druckte die Zeitung auch zahlreiche Briefe der Kinder ab, mit denen ich gesprochen hatte.

Diese jungen Deutschen von heute haben viel mehr mit meinen amerikanischen Enkeln gemeinsam als mit mir, als ich in ihrem Alter war. Ich wuchs in einer Gesellschaft auf, die die Kriege verherrlichte, die Deutschland gewonnen hatte. Wir verehrten Uniformen und legten uns Stöcke wie Gewehre über die Schulter. Man brachte uns bei, die Welt draußen zu verachten und zu hassen; wir waren vergiftet durch die «Dolchstoßlegende», von Deutschlands Niederlage, und wir stellten Autoritäten nicht in Frage.

In diesem Klima konnte Hitler die Deutschen leicht davon überzeugen, dass er ihnen «Autarkie», nationale ökonomische Selbständigkeit, verschaffen konnte. Als ich ein Kind war, kannte ich niemanden, der ins Ausland reiste, aber heutzutage fahren die jungen Deutschen ganz selbstverständlich in andere Länder; sie kennen amerikanische Fernsehprogramme, gute wie schlechte, und sind «online» mit ihren Computern. Das Land, in dem sie leben, steht ökonomisch betrachtet mit seinen europäischen Nachbarn in einem so offenen und gegenseitigen Austausch wie die amerikanischen Einzelstaaten untereinander. Heute begreifen denkende junge Menschen, warum es fast zehn Millionen Deutsche das Leben gekostet hat, Hitler absolute Macht zu geben.

Sie fragen sich auch, ob sie noch einmal auf einen Führer hereinfallen könnten, und solange sie sich das fragen, sind wir alle in Sicherheit.

Auch ich habe eine Frage, in der es um mich geht. Als Jugendlicher litt ich darunter, dass ich nicht in die Hitlerjugend eintreten konnte. Meine früheren Freunde marschierten zu Marschmusik und sangen Nazi-Lieder, sie zelteten und wanderten – und übten ihre Körper und ihren Geist für den Ruhm des Vaterlandes. Wenn Hitler kein Antisemit gewesen oder ich kein Jude gewesen wäre, wäre ich dann nicht auch verführt worden, in die Hitlerjugend einzutreten? Wäre auch ich auf Hitlers Träume von

Weltherrschaft hereingefallen, auf «Deutschland über alles», was eigentlich bedeutete «Nieder mit allen anderen»? Vielleicht hätte auch ich es nicht besser gewusst.

Es ist so leicht zu behaupten, man hätte nicht in den vergifteten Apfel gebissen, wenn er einem nie angeboten worden ist.

Ich habe Amerikaner sagen hören: «Wenn ich dort gewesen wäre, hätte ich zu meinen Freunden gehalten; ich hätte nie zugelassen, dass ihnen etwas geschieht!» Tatsächlich? Hätten sie wirklich ihre Freunde beschützt, obwohl die Regierung Medien und Gerichte kontrollierte, obwohl das Leben der Bürger bedroht war, wenn sie nicht diejenigen, die als Feinde des Staates galten, ablehnten? Ging das überhaupt in einem Land, wo Menschen ins Gefängnis geworfen oder hingerichtet wurden, weil sie ausländische Rundfunksender hörten, wo nur Hasstiraden in den Zeitungen standen und wo man von der Regierung angeklagt und eingesperrt wurde, wenn man sich dem Antisemitismus und Fremdenhass nicht anschloss oder auch nur fragte, was den Nachbarn passiert war? Machen sich diese Möchtegern-Gegner Hitlers etwas vor, oder wissen sie nur nicht Bescheid über totalitäre Regimes?

An wen hätten sie sich denn um Hilfe wenden wollen? An eine politische Partei? Es gab keine. An ein Gericht? Es gab nur Nazi-Richter und -Anwälte. An eine Kirche? Die Kirchen hatten Mittagspause. Diejenigen, die den Verfolgten halfen oder auch nur das Regime in Frage stellten, waren wie Nackte, die einer bis an die Zähne bewaffneten Armee gegenüberstehen. Wacht auf, ihr selbst ernannten Retter der Unterdrückten! Erfindet keine Welt, die es nicht gab! Wir sollten lieber bescheidener sein und Respekt vor der Geschichte haben.

Unter den Nazis riskierten Menschen ihr Leben, ihren Besitz und das Leben ihrer Kinder, wenn sie auch nur den kleinsten Versuch machten, anständig zu sein. Die umfassende Dokumentation über Nazi-Verbrechen bei den Nürnberger Prozessen umfasst nicht nur die Untaten derer, die Hitler begeistert unterstützten, sondern auch Berichte vom Heldentum vieler Deutscher, die alles riskierten, um Hitlers Opfern zu helfen.

Und was liegt zwischen den beiden Extremen?

Die große Mehrheit der Deutschen «arrangierte» sich mit Hitler, nachdem er die uneingeschränkte Macht hatte. Sie jubelten ihm zu, als Deutschland unbesiegbar zu sein schien, und später, als sie ihre Nemesis in ihm erkannten, waren sie machtlos. Sie bestiegen Hitlers Schiff, weil sie glaubten, er nähme sie auf eine historische Reise mit, während ihr angebeteter Führer das Schiff in Wahrheit in die Katastrophe steuerte.

In Gardelegen, wie überall in Deutschland, trugen viele blaue Arbeiterhemden, bevor Hitler kam. Manche legten die braunen und schwarzen Hemden der SA und SS an, als er an die Macht kam, und später trugen sie das Feldgrau der Wehrmacht, um als stolze Soldaten zu dienen. Nach dem Krieg gab es in Ostdeutschland rote Hemden, weil die Sowjets regierten, und schließlich zogen sie, genau wie ihre Brüder in Westdeutschland, weiße Hemden an, weil die Einheit ihnen neuen Wohlstand gebracht hatte. Haben sie sich darunter jemals verändert? Was für eine Farbe wird das nächste Hemd haben? Und doch, unterscheiden sie sich darin wirklich so sehr von anderen Menschen überall auf der Welt?

Wenn ich über mein Leben nachdenke, sehe ich die Tugenden meiner preußischen Erziehung und verabscheue ihre Makel. Ich akzeptiere und verehre die kostbaren moralischen und humanistischen Werte meines jüdisches Erbes. Meine Eltern brachten mir bei, aufrichtig, mutig und ehrgeizig zu sein; in England wurde mein Sinn für Fairness so geprägt, dass Doppelmoral für mich nie in Frage kam. Als ich amerikanischer Bürger wurde, lernte ich die Verfassung und das Grundgesetz zu achten und meine Ziele voller Mitgefühl für diejenigen, die Hilfe brauchen, zu verwirklichen. Ich bin mit einem offenen Geist gesegnet, und für mich bedeutete Leben immer lernen. Ja, ich nehme mir die Freiheit, meine Werte zu wählen und hochzuhalten und Vorurteile und Ignoranz zurückzuweisen. Und ich habe gelernt, meine Fehler nicht zu leugnen.

War mein Leben vorherbestimmt? Wie hat mich meine Geburt in einem Berliner Krankenhaus geformt, meine Jugend in einer deutschen Kleinstadt, meine jugendliche Freiheit im nationalsozialistischen Berlin, mein glückliches Leben in einem englischen Internat, meine lebensbedrohliche Ozeanüberquerung in einem britischen Gefängnisschiff, meine Abenteuer im australischen Busch, meine Erfahrung als Vorarbeiter im kolonialen Indien, meine zweite, von U-Booten bedrohte Ozeanüberquerung, meine triumphale Ankunft in New York, mein Leben in Freiheit als Gewerkschaftselektriker in Baltimore, mein Militärdienst als Combat Scout und Chefdolmetscher bei den Nürnberger Prozessen, mein Sprint durch die Johns Hopkins University, mein Erfolg als Ingenieur und Erfinder, mein beruflicher Aufstieg bis in die höchste Führungsetage, mein Weg von einer behüteten Kindheit über Verfolgung in der Jugend, ein wundervolles, gefährliches Heranreifen zum Mann bis hin zu einem abenteuerlichen Leben als Erwachsener? Wie haben mich all diese Lebensstationen geformt? Wurde ich deshalb zu einem glücklich verheirateten Ehemann und Vater und, für kurze Zeit, sogar zum Hüter meiner alten Eltern? Wurde ich deshalb zum Witwer, wandelte erneut auf späten Freiersfüßen und heiratete noch einmal, sodass ich jetzt fünfzehn Enkelkinder habe, ein Segler bin, der die Weltmeere besegelt hat? Habe ich deshalb überall neue Freunde gefunden, sogar in Gardelegen? Und bin ich deshalb nach Deutschland zurückgekehrt, um mit den Deutschen über Hitler und sein Gefolge und über den Nationalsozialismus zu sprechen?

Die Gardelegener lauschen verblüfft den Erzählungen aus meinem und dem Leben meines Bruders, der viele Jahre lang mit den Mächtigsten dieser Welt zusammenarbeitete. Sie bezeichnen uns als lebende Legenden, weil unsere Lebensgeschichten weit über ihren Horizont gehen. Für mich jedoch sind meine Besuche in Gardelegen und die Freunde, die ich dort gefunden habe, ein wichtiger Teil meines interessanten Lebens.

Epilog

Im Dezember 2001 entdeckten David Harris, der geschäftsführende Direktor des American Jewish Committee (AJC), und ich bei einem Mittagessen, dass wir sehr ähnliche Ansichten über zeitgenössische deutsch-jüdische Beziehungen und das Bedürfnis nach einer wirklichen Versöhnung zwischen Juden und Deutschen vertraten. David bat mich, in Deutschland unter der Ägide der Leiterin des Berliner AJC, Deirdre Berger, über meine Erfahrungen während der Hitlerzeit und der Nürnberger Prozesse zu sprechen.

Die evangelische Kirche schloss sich mit dem AJC zusammen und arrangierte meinen Vortrag im Französischen Dom in Berlin. Meine Rede und die anschließende Diskussion mit dem Publikum wurden von der deutschen Presse aufgegriffen und in Rundfunk und Fernsehen übertragen. Drei Tage später, nach der überraschenden Pressekonferenz, von der ich in der Einleitung berichtet habe, hielt ich die Eröffnungsrede im Nürnberger Dokumentationszentrum, an der Stelle, wo sich früher einmal Hitlers Parteitag befunden hatte. Bundespräsident Johannes Rau hatte das Gebäude gerade als Museum und Bildungszentrum für Menschenrechte der Öffentlichkeit übergeben. Aufgrund des Presserummels um meine Person und des Interesses am Thema erwarteten meine Gastgeber großen Publikumszulauf.

Und so stand ich, einst ein kleiner, jüdischer Junge aus Gardelegen, jetzt seit achtundfünfzig Jahren amerikanischer Staatsbürger, in diesem ehemaligen Nazi-Monument. Nicht weit von meinem Podium entfernt, von einer riesigen Bühne herunter, die damals von einem gewaltigen Hakenkreuz dominiert wurde, hatte Hitler die Deutschen in seinen Bann geschlagen, indem er ihnen vorgaukelte, sie seien die Herrenmenschen, zum Herrschen bestimmt und dazu geschaffen, Millionen von Untermenschen wie mich zu vernichten. Eine Stunde, bevor ich ans Mikrofon trat, hatte ich im angrenzenden Museum noch einmal Hitlers Litanei vom jüdischen Verrat, von «Blut und Eisen» und unbesiegbarer Nazi-Macht gehört. Ich hatte alte Wochenschau-Filme von den riesigen Aufmärschen der Sturmtruppen gesehen, die ihren Führer grüßten, Soldaten mit Stahlhelmen, die die Waffen der Wehrmacht präsentierten. Ich dachte daran, wie wir vor den Nazis gezittert hatten. Heute hörte sich Hitler an wie ein lächerlicher Schmierenschauspieler, aber vor siebzig Jahren hatte die Welt vor ihm gezittert, und die Deutschen hatten ihn angebetet.

In meiner Rede erwähnte ich zunächst die Geschichte meiner Familie, die seit Jahrhunderten in Deutschland gelebt hatte, erzählte von meinem Leben als jüdischer Heranwachsender in Nazi-Deutschland und davon, wie ich vor fünfzig Jahren die Nürnberger Prozesse erlebt hatte. Ich führte dem Publikum noch einmal vor Augen, wie Hitler eine ganze Generation verführt hatte, die danach strebte, nach der Niederlage im Ersten Weltkrieg und dem Versailler Vertrag ihr Selbstbewusstsein wiederzugewinnen. Die Tatsache, dass Frankreich und England vor Hitler zitterten, nährte seinen Größenwahn und die Selbstachtung der Deutschen. Weil er Erfolg mit seiner Politik hatte, hielt Hitler die Schwäche seiner Gegner für einen Beweis seiner Unfehlbarkeit und grenzenlosen Macht ... bis er es schließlich übertrieb und als geschlagener Mann Selbstmord beging. Allerdings befahl er vorher noch dem deutschen Volk, mit ihm in den Tod zu gehen. «Für was?», fragten ihn am Ende seine Mitarbeiter und ich heute mein Publikum.

Hitlers Gefolgsleute ließ ich an jenem Abend in Nürnberg für sich selber sprechen. Da war Göring, der sich die Macht anmaßte zu entscheiden, wer Jude war und wer nicht. Er war der joviale Dicke, der die «Endlösung der jüdischen Frage» anordnete. Da war Höß, der pedantische Kommandant von Auschwitz, der sauer reagierte, als man ihn beschuldigte, über drei Millionen Menschen getötet zu haben – «die richtige Zahl beläuft sich auf nur zweieinhalb Millionen», korrigierte er seine Ankläger. Und da war Hans Frank, der nationalsozialistische Topjurist, der erklärt hatte, Gesetz und Verfassung seien für Deutschland irrelevant geworden und es zähle nur noch das im Dritten Reich, was der Führer wolle.

«Bevor er zum Galgen ging», erzählte ich meinen Zuhörern, «äußerte Frank: ‹Ich weiß jetzt, dass sein (Hitlers) Weg immer mehr dem eines schrecklichen Abenteurers ohne Gewissen oder Ehrenhaftigkeit glich.› Hören Sie auch, was Albert Speer, Hitlers Reichsminister für Bewaffnung und Munition, sagte: ‹Ich erkannte, dass das Führerprinzip voller unglaublicher Fehler steckte. Die Verbindung zwischen diesem System und Hitler hatte schreckliche Katastrophen zur Folge.› Und wissen Sie, was Feldmarschall Keitel antwortete, als er gefragt wurde, wie er handeln würde, wenn er noch einmal in dieser Position wäre? Er ächtze nur: ‹Ich würde lieber den Tod wählen, als mich noch einmal in das Netz solch verbrecherischer Methoden hineinziehen zu lassen.›»

«Haben wir aus der Geschichte etwas gelernt?», wurde ich nach meiner Rede immer wieder gefragt. «Ja», erwiderte ich, «dazu gibt es ein aktuelles Beispiel. Nach dem Terroranschlag auf Amerika am 11. September bat Präsident Bush den Kongress um uneingeschränkte Macht, um dem Terrorismus entgegentreten zu können. Die Kongressabgeordneten jedoch antworteten ihm: ‹Formulieren Sie Ihre Forderungen, und wir stimmen darüber ab.› So bewahrte der amerikanische Kongress die Demokratie in Amerika selbst in einem echten Notfall, indem er die Verfassung beachtete, die schon seit über zweihundert Jahren unser Schutzschild ist. Die Deutschen und die zivilisierte Welt haben für einen Fehler in der Weimarer Verfassung und den Eifer, mit dem sie ihr Heil in einer autoritären Regierung gesucht haben, schrecklich bezahlt. Die Weimarer Verfassung ermächtigte Hindenburg, Bürgerrechte per Dekret aufzuheben, wie etwa das Versammlungsrecht des Volkes, die Immunität der gewählten Abgeordneten und die Kontrolle der Regierung durch die Gerichte. Indem er sich selbst als Verteidiger von Recht und Gesetz proklamierte, überredete Hitler Hindenburg, jenes schicksalhafte Gesetz zu erlassen, das dem Führer alle Macht gab. So wurden Demokratie und Gerechtigkeit in Deutschland mit einem Federstrich zerstört. Hitler, der nie mit der Mehrheit der Stimmen gewählt worden war, konnte seine Gegner in Konzentrationslager schicken, und das Deutsche Parlament wurde eine Rumpflegislatur, das sich selber abwählte. Hitler hat Deutschland durch den Missbrauch der Verfassung erobert. Ich hoffe, Sie wissen es alle zu schätzen, dass Sie jetzt eine Verfassung haben, die wie unsere die Freiheit garantiert. Unsere wie Ihre Verfassungen kann niemand mit einem Federstrich zerstören, und Sie sollten sie ehren und stützen.»

Jemand fragte, ob Hitler nicht eine Nation vorgefunden habe, die begierig nach autoritärer Führerschaft war.

«Ja», erwiderte ich, «als Hitler kam, sehnten sich die Deutschen nach der Wiederherstellung der Autorität, unter der sie vor dem Ersten Weltkrieg ein besseres Leben geführt hatten. Sie ließen sich willig verführen. Heute haben Sie Ihre Stadt Nürnberg zu einem Symbol der Achtung und dem Schutz der Menschenrechte, einschließlich der Minderheiten, erklärt, und ich hoffe, dass Sie sich nie wieder dazu verführen lassen, anderen die Schuld an Ihren Problemen zu geben oder zu glauben, dass, wer die Macht hat, auch das Recht auf seiner Seite hat.»

Die Zuhörer in Nürnberg wollten, wie schon andere Deutsche, mit denen ich vorher zusammengekommen war, meine Meinung darüber hören, wie all das in Deutschland geschehen konnte. Ob wohl auch sie fürchteten, einen geheimen Virus in sich zu tragen?

An jenem Abend, an dem auch mein Sohn Larry und meine Enkelin Sara im Publikum saßen, hielt ich eine einstündige Rede und beantwortete danach eine weitere Stunde lang Fragen. Ich, der jüdische Junge, der Deutschland verlassen musste, um der Vernichtung zu entgehen, stand jetzt hier als Zeuge der Geschichte des Dritten Reiches genau an der Stelle, an der Hitler seine Hasstiraden verbreitet hatte. Er war tot, geächtet und entehrt, ich aber lebte. Ich hatte den Glauben an mich und meinen Nächsten nie verloren. Nach einer Weile versuchte ich, den Fragenden, die in mir den historischen Experten sahen, Einhalt zu gebieten, indem ich sie daran erinnerte, dass ich lediglich hier sei, um von meinen Erfahrungen bei den Nürnberger Prozessen zu berichten. «Aber Sie waren doch dabei und wir nicht», entgegneten sie mir immer wieder.

Schließlich bat ich der Diskussion ein Ende zu machen, und ich bot all denen meine Hand, die zu einer Familie von Menschen mit gleichen Rechten, einer Gesellschaft, einer Nation und einer Welt gehören wollten, die niemanden ausschließt. Der tosende Applaus, der folgte, war eine der aufwühlendsten Erfahrungen meines Lebens.

Die Ovationen des Publikums markierten für mich in diesem Augenblick das Ende einer langen Lebensreise. Das stimmte allerdings nicht ganz, wie ich bald herausfinden sollte. Aufgrund der Presseberichte über meinen Auftritt in Nürnberg wurde ich vier Monate später als Hauptgast in eine der wichtigsten deutschen Fernseh-Talkshows eingeladen. Millionen hörten nun ebenfalls das, was ich bereits in Nürnberg gesagt hatte. Die Sendung wurde insgesamt fünf Mal auf verschiedenen Kanälen ausgestrahlt.

Die Welt zu durchstreifen war für mich eine Lernerfahrung. Das Leben ist es immer noch. Ich bin meiner Mutter verpflichtet, die mir das Leben rettete, und auch Anna Essinger, die meinem Bruder und mir die rettenden Internatsplätze in England gab. Und ich verehre meinen Vater, der mir beibrachte, stets integer, fair und voller Mitgefühl zu sein und an das Gute im Menschen zu glauben, selbst wenn man es nicht erkennen kann.

In allen Phasen meines Lebens haben mich wundervolle Mentoren unterstützt und inspiriert, selbst heute noch, wo ich beinahe achtzig bin. Sie gaben mir wiederum die Kraft, talentierten Männern und Frauen zu helfen.

Schon früh wurde ich von den Winden des Schicksals getrieben, und ich musste mich vorsehen, dass ich nicht an den Klippen zerschellte. Als später der amerikanische Traum lockte, griff ich nach den Sternen. Mit sechzig konnte ich mein restliches Leben planen, und als ich siebzig war, wagte ich es, in meinem eigenen kleinen Boot die Meere zu überqueren – ganz nach Plan.

Wir wissen nicht, was das Schicksal für uns bereithält. Wir wissen nur, wer wir sind, und wir streben nach dem, was wir sein wollen. Ich bin dankbar dafür, nicht ausgelöscht worden zu sein wie meine jüdischen Zeitgenossen und ihre Familien oder umgekommen zu sein wie die arischen Gefährten meiner Kindheit, die Hitlers Soldaten wurden. Ich bin dankbar dafür, dass ich nie in Versuchung geriet, bösen Führern zu folgen. Ich hatte *Mehr als ein Leben* in einer interessanten Zeit, und ich war nie eine Geisel des Schicksals.

Danksagung

Dieses Buch wäre nie geschrieben worden, wenn nicht meine Enkel vor zehn Jahren in der Schule über amerikanische Einwanderer hätten berichten müssen. Sie fragten mich nach meiner Vergangenheit, und nachdem ich mit ihnen geredet hatte, wollten ihre Eltern und sogar ihre Großmutter, dass ich, fünfzig Jahre, nachdem ich in den Vereinigten Staaten angekommen war, meine Lebenserinnerungen für die Familie niederschreibe. Bis dahin wusste kaum jemand etwas über meine Kindheit in Nazi-Deutschland und meine abenteuerliche Reise um die ganze Welt.

Nachdem mein Sohn Michael mit mir nach Deutschland gereist war, drehte er seinen Videofilm über meine Kindheit und Jugend dort, und die ersten Kapitel dieses Buches basieren auf dem Interview, das er mit mir geführt hat.

Ohne die Ermutigung von Leslie Gelb, Vorsitzender des Council of Foreign Relations, ehemals Redakteur bei der *New York Times*, und Henry Grunwald, früherer Chefredakteur des *Time Magazine* und US-Botschafter in Österreich, hätte es dieses Buch nicht gegeben. Die beiden überzeugten mich davon, dass ich eine Geschichte zu erzählen habe.

David Harris, Generalsekretär des American Jewish Committee (AJC), und Deirdre Berger, Leiterin der Berliner Geschäftsstelle, organisierten eine Vortragsreise für mich, die von angesehenen deutschen Institutionen zusammen mit dem AJC gesponsert wurde. Mein deutsches Publikum fragte immer wieder, wann ein Buch von mir erscheinen würde, und so war ich gezwungen, es endlich fertig zu schreiben.

Bill Hanna, mein Literaturagent, erkannte schon früh, dass an meinem Schreibstil gearbeitet werden musste, und so brachte er mich mit Noel Rae zusammen, der die großartige Fähigkeit besitzt, redundante Formulierungen und unklare Ausdrucksweisen zu entfernen, ohne dabei die Substanz zu beschädigen. Bill und Noel gilt mein Dank, weil sie das Gewicht dieses Buches so reduziert haben, dass es die Muskeln meiner Leser und Leserinnen nicht überstrapaziert.

Zahlreiche Freunde und Verwandte haben mein Manuskript vor und nach der Bearbeitung gelesen, und ich werde ihnen ewig dankbar sein für ihr Interesse und ihre wertvollen Vorschläge. Lewis Smoler, mein Zahnarzt, schenkte dem Manuskript die gleiche Aufmerksamkeit wie meinen Zahnwurzeln, und seine Frau Carol, Sozialarbeiterin und Psychiaterin, stellte genau die richtigen Fragen. Ihre Kommentare nach mehrfachem Lesen waren für mich von unschätzbarem Wert.

Zwar war ich kein Jack Welsh oder Tom Watson, aber ich habe doch eng mit den Mächtigen im amerikanischen und globalen Business zusammengearbeitet. Lloyd Schermer, der ehemalige Aufsichtsratsvorsitzende der Smithsonian Instituion und der American Newspaper Publisher's Association, vormals Vorstandsvorsitzender von Lee Enterprises, Inc., einem Juwel unter den amerikanischen Unternehmen, las das Manuskript mit kritischem Blick und ermutigte mich, es veröffentlichen zu lassen. Kein Mann hatte jemals einen treueren Freund!

Meine Tochter Ann, die Öffentlichkeitsarbeit macht, hat mir nicht nur wertvolle Vorschläge hinsichtlich meines Schreibstils gegeben, sondern hat auch dafür gesorgt, dass in großen Zeitungen Artikel über mich erschienen, die bei Verlagen und zukünftigen Lesern Interesse weckten.

Normalerweise würde man erwarten, dass ich an dieser Stelle meiner treuen Sekretärin danke, aber ich habe keine. Ich habe das ganze Manuskript selber auf meinem PC geschrieben, und die Tatsache, dass alle Versionen des Manuskripts in den Tiefen der Festplatte noch vorhanden sind, macht mich ein wenig nervös. Hoffentlich halten Sie die endgültige Version in Händen! Rose

Servedio danke ich dafür, dass sie mein Manuskript ausgedruckt und kollationiert hat, und Kathleen Dunleavy dafür, dass sie alles, was ich geschrieben habe, archiviert hat. Ohne sie wäre ich verloren gewesen! Peter Lohmann, der verlegerische Geschäftsführer des Scherz Verlages, zeigte als einer der Ersten Interesse an meinen Lebenserinnerungen. Seine Cheflektorin Dörhe Binkert hat mir mit ihrer warmherzigen Art in der Zeit vor der Publikation immer beruhigend und ermutigend zur Seite gestanden.

Mein Dank gilt auch Theda Krohm-Linke, die aus meinem englischen Entwurf die deutsche Fassung geschaffen hat. Mir wäre das nicht möglich gewesen. Allerdings ist mein Deutsch immer noch so gut, dass ich ihren eleganten Stil, ihre präzise Übertragung dessen, was ich sagen will, und ihre sensible Wortwahl zu schätzen weiß. Das Ergebnis ihrer Arbeit gefällt mir so gut, dass ich bereits einige ihrer besten Passagen übersetzt habe, um die englische Version zu verbessern.

Ich danke Herrn Professor Dr. Klaus Kastner, ehemaliger Präsident des Landgerichts Nürnberg-Fürth, dass er mein Manuskript überprüft hat und mir dabei behilflich war, etwaige auch kleine Fehler zu vermeiden. Das scharfe Auge eines Richters und großen Experten, was die Nürnberger Prozesse angeht, war eine große Unterstützung. Ich bedanke mich besonders!

Keinesfalls möchte ich vergessen zu erwähnen, wie dankbar ich meiner Frau Barbara bin. Für sie, die ordentlichste aller Hausfrauen, war es unmöglich, regelmäßig mein Arbeitszimmer aufzuräumen, weil der Teppich Teil meines Ablagesystems ist. Während ich täglich oft bis zehn Uhr abends am Computer saß, musste sie sich allein beschäftigen, und dann hörte sie sich geduldig die endlosen Klagen und Sorgen eines Erstlingsautors an. Sie hat jedoch nicht nur unter mir gelitten, sondern hat mir auch in stilistischen und Geschmacksfragen sehr geholfen. Wenn dem Leser dieses Buch gefällt, dann verdient Barbara viel Lob für ihre unermüdliche Hilfe!

Ich kann leider nicht alle mit Namen aufführen, die mich so großzügig unterstützt haben, aber viele von ihnen sind im Buch erwähnt. All denen, die mein Manuskript gelesen und redigiert haben, möchte ich an dieser Stelle noch einmal meinen Dank ausdrücken.

Ich widme dieses Buch Gisela Bunge und ihren Kindern und Enkeln, alles aufrechte Deutsche, von denen Sie lesen werden. Und auch vielen anderen Freunden in Gardelegen, die, ob im Museum, in der Evangelischen Kirche und der Zeitung dazu beigetragen haben, dass meine Besuche dort so eindrucksvoll wurden. Darum ist Gardelegen nicht mehr meine alte, aber eine ganz neue Heimatstadt! Ich widme es meinen Eltern, die mir die beste Mischung aus deutschen und jüdischen Werten mit auf meinen Lebensweg gegeben haben. Und ich widme es meiner ersten Frau Shirley, die meine Lebensgeschichte nur vom Hörensagen kannte, und meiner zweiten Frau Barbara, meinen Kindern und Enkelkindern, die jetzt alle wissen, woher ich stamme und wer ich war und bin.

Dezember 2001; Richard und Ehefrau Barbara mit fünfzehn Enkelkindern: Sara, Adam, Gilian, Andrew, Joya, Patricia, Margaret, Forest, Alexander, Peter, Ellen, Henry, Daniel, Isaac und Sophia